The Reformation in the 21st century
:Perusing "The Human Revolution"

佐藤 優
Masaru Sato

21世紀の宗教改革

――小説『人間革命』を読む

潮出版社

21世紀の宗教改革——小説『人間革命』を読む　目次

装丁・本文デザイン
金田一亜弥
写真
野辺竜馬

21世紀の宗教改革

——小説『人間革命』を読む

序章　21世紀の宗教改革

創価学会員とのある邂逅

創価学会は世界宗教である。インドで生まれ、中国を経由《けいゆ》して日本に至った仏教が、今度は、西方に還《かえ》って世界宗教となるのである。世界宗教が生まれ、成長する、まさに宗教改革の過程の中でわれわれは生きている。

筆者は、創価学会員ではない。プロテスタントのキリスト教徒である。そして、同志社大学神学部と大学院神学研究科でプロテスタント神学を専攻《せんこう》した。大学院を修了した後は、牧師にならず、外務省で勤務した。しかし、外務省で勤務しながらも、鈴木宗男事件に連座《れんざ》して外務省を去ることになった後も、神学研究を続けた。そして、現在もキリスト教関係の著作もたくさん出版している。筆者は六師外道《ろくしげどう》のさらに外側にいるキリスト教徒であるにもかかわらず、創価学会のファンだ。

こういう気持ちは相互的なようだ。筆者は、曙橋《あけぼのばし》（東京都新宿区）に住んでいる。最寄り駅は、都営新宿線曙橋駅だが、ときどき東京メトロ四谷三丁目駅を利用する。そこで、見知らぬ婦人から声をかけられることがある。だいたい、こんなやりとりだ。

婦人「あんた、佐藤優さんだよね」

佐藤「そうです」

婦人「『潮』の連載は読んでるよ。最近、本を書いたんだってね。いい本だって評判だよ。私も買って読むからね」

佐藤「どうもありがとうございます」

婦人「それから、あんた、幸せになるよ。頑張ってね」

佐藤「ありがとうございます」

こういう場のやりとりでは、深く詰めないが、いい本とは、拙著《せっちょ》『地球時代の哲学　池田・トインビー対談を読み解く』（潮出版社）か『創価学会と平和主義』（朝日新聞出版）を指しているものと思われる。四谷三丁目駅は、創価学会本部や関連施設から地下鉄の最寄り駅なので、恐らく筆者に声をかけてきたのは、創価学会の婦人部員と思う。こういう経験をすると、筆者はとてもうれしい思いがする。他宗教を信じる作家の作品でも、創価学会員が虚心坦懐《きょしんたんかい》に読んでくださるからだ。

また、平和安全法制や集団的自衛権の問題について激しく議論が行われていた頃、創価学会員の学生から、「平和安全法制に賛成した公明党の姿勢をどう思いますか。戦争が近づくのではないかと不安です。公明党は創価学会と価値観を共有しているのでしょうか」というような質問もよく受けた。

それに対して、「心配することない。公明党は創価学会の平和主義をきちんと踏《ふ》まえて行動している。僕は創価学会員でもないし、公明党員でもないので、第三者として事態を客観的に観《み》ることができる」。そう言ってまず、二〇一四年七月一日の閣議決定の後、「公明新聞」の取材に対し筆者が述べた内容について説明した。

安全保障をめぐる今回の与党協議を見ていて、非常に重要だったことは、責任を持って政治に関与する連立与党の公明党がきちんと対応したことだ。

連立を離れてしまえば、格好のよいことはいくらでも言えただろう。しかし、影響は何も与えられなくなってしまう。そこで公明党は、安易な道ではなくより厳しい道を選び、現実の中で「平和をどう担保するか」に取り組んだ。そして、その結果は「公明党の圧勝」と言ってよい。それは閣議決定の全文を虚心坦懐に読めば分かることだ。

今回の問題は、個別的自衛権と警察権の範囲で全部処理できる内容だったと、私は考える。(中略)その意味で、個別的自衛権の枠を超えることが一切ないという枠組みを、安倍首相の「集団的自衛権という言葉を入れたい」というメンツを維持しながら実現したわけで、公明党としては、獲得すべきものは全部獲得したと、私は考えている。だから「公明党が苦しい言い訳をしている」などという指摘は、なぜ、そんな認識が出てくるのか不思議でならない。

実際に、私が知る外務省関係者やOBの間では、「これでは米国の期待に応えられないのではないか」と、今回の閣議決定に対する評価は高くない。むしろ集団的自衛権の行使を熱望していた人たちの野望を、今回の閣議決定で抑え込んだ形になっているというのが現実である。

例えば、ホルムズ海峡での機雷除去に日本は参加できない。ここの国際航路帯はオマーンの領海内を通っており、そこを封鎖するため機雷を敷設すれば、国際法上、直ちに宣戦布告となり、戦争状態の場所には自衛隊は行けないということになる。こうした個別のことを見ていけば、懸念された問題は一つ一つ公明党が除去したことになる。

だから「公明党は平和の党ではなくなった」とか、「首相に圧《お》されて公明党が折れた」などと言う人は、ちゃんと閣議決定の内容を読んでいるのだろうかと思ってしまう。むしろ、もし今回、創価学会を母体とし、平和という価値観を共有している公明党が連立与党に加わっていなかったならば、直《す》ぐにでも戦争ができる閣議決定、体制になっていたのではないかと思う。首相が心の中でやりたいと考えたことがあり、もしかすると戦争につながる大変な危険があるかもしれないという状況の中で、公明党は理路整然と、しかも礼儀正しく押し止めたというのが、今回の事柄の本質だと、私は思っている。

「『平和の党』の看板に傷が付いた」などと悔しがることも全くない。むしろ、戦争がなく、平和が維持できるのならば、看板なんかボロボロに傷付いてもいいではないか。それが公明党の特長であり、誇りではないか、と私は言いたい。
正しい世界観と、正しい信念を持って一貫して行動し、今回も現実的に平和を担保したのだから、公明党の皆さんは、党員や支持者の方々も含めて、堂々と自信を持って進んでほしい。（二〇一四年七月六日付「公明新聞」）

一貫していた公明党の姿勢

その後も公明党の姿勢は、ぶれずに一貫していた。平和という基本的価値から、創価学会と価値観を共有する人々によって組織されている公明党が逸脱《いつだつ》するなどという発想が、そもそも非現実的なのである。平和安全法制案の審議が本格化する前であるが、二〇一五年六月八日、ニッポン放送「高嶋ひでたけのあさラジ！」の特別番組（生放送）で、私は山口那津男《なつお》公明党代表と対談した。その中で、こんなやりとりがあった。

山口　法律の面でも現実の面でも、国際社会に合わせなきゃならないという圧力がとても強かったですね。しかし日本のような憲法、そして考え方をとっている国はほかにありませんので、そこを外してしまうと引きずられてしまう。ですから「これまでの日本の憲法の考え方、あくまで日本の憲法中心にいくのですよ。国際集団安全保障があったとしても、それは日本の憲法に合う部分はともにやってもいいけれど、憲法を捨てて国際的な流れに追随していくということはいけませんよ」ということをはっきり決めておくことが大事であると……。

佐藤　これはいまも変わっていないわけですね。

山口　はい、変わっていません。

佐藤　ここは非常に重要です。（中略）あと、もう一つ、去年の七月二日の公明新聞に〈外国の防衛それ自体を目的とする、いわゆる集団的自衛権は今後とも認めない。憲法上、許される自衛の措置は自国防衛のみに限られる。いわば個別的自衛権に匹敵するような事態にのみ発動されるとの憲法上の歯止めをかけ、憲法の規範性を確保した〉とあります。ここのところもいまも変わっていないですね？

山口　変わっていません。集団的自衛権というのは、あくまで国際法の考え方だと申し上げました。国際法からいくと、自分の国を守るためのものも、それから仲のいい他国を守るための武力行使も両方含まれているんですね。ですから両方含まれた概念でいま、集団的自衛権、集団的自衛権とレッテルを貼って非難をする人が各党にいますけれど、そうではない。日本の憲法の考え方はあくまで日本を守るために武力を使うということは許されている。その限界をきちんと決めましょうというのが私たちのアプローチです。他国を守るためだけに日本が武力を使うということ、その意味での集団的自衛権は認めませんということをはっきり申し上げて、安倍総理もそのことははっきりおっしゃっているわけです。

佐藤　そこが大切なポイントだと思うのです。（佐藤優『90分でわかる日本の危機』扶桑社新書、二〇一五年、一二九〜一三〇頁）

全国で放送された生番組で、山口氏は、「他国を守るためだけに日本が武力を使うということ、その意味での集団的自衛権は認めません」とはっきり述べ、その後の行動も一貫している。

現実的な平和に向けた努力

筆者は二〇一四年の平和安全法制については、消極的賛成という立場をとる。その理由は、過去、自衛隊が行ったインド洋での給油やイラクでの後方支援について、曲芸《きょくげい》のような理屈によって個別的自衛権で説明するよりも、集団的自衛権としたほうが、国際法的に説得力があるからだ。

ただし、平和安全法制を手放しで支持できないのは、この法制を濫用《らんよう》して自衛隊を個別的自衛権と関係なしに地球の裏まで送ることを考えている外務官僚と自民党の国会議員がいるからだ。それだから、平和安全法制に対して懸念《けねん》を持った人たちがいても、それは不思議なことではないと考える。

こういう筆者の認識について、平和安全法制が成立した直後、「公明新聞」のインタビューで率直に述べた。

――平和安全法制に対する評価は。

公明党の主張に沿って評価するならば百点満点だ。公明党は、今回の平和安全法制は、昨年7月1日の閣議決定から一歩も出ていないと言っている。昨年の閣議決定は、集団的自衛権と個別的自衛権が重なる範囲を明確にしたものだ。これで、なし崩し的に個別的自衛権の解釈を広げて、実は集団的自衛権の範囲に大幅に踏み込んで活動する、といったことはできなくなった。

また、日本の防衛に必要な活動は問題なくできるのだから、憲法9条を改正する必要もなくなった。

一方で、今回の法制度は、人によって異なる解釈ができる余地がある。だから、法整備で終わり、ではなく、いかに昨年の閣議決定の趣旨を守って運用するかが重要になる。

——法制度の運用面で注意すべきことは。

例えば今の政権はホルムズ海峡の機雷除去に意欲を示す向きがあったが、それが現実的ではない、との答弁を引き出したのは、14日の山口那津男代表の委員会質問だ。通常、与党の議員から政権の勇み足をただすような質問が出されることは想定されない。だが、現実に平和を維持するためには、大規模なデモを繰り返すよりも、こうした着実な取り組みで懸念を一つ一つ払しょくしていくことのほうが、よほど力になる。

時に権力者は、実証性と客観性を欠いて、自分が望むように世の中を解釈しようとすることがある。だが、公明党には、人間主義と平和主義の信念に基づく確かなリアリズム（現実主義）と論理の力がある。公明党が今後やらなければならないことは、安全保障上の具体的な問題が出たときに、現実に即して客観的かつ論理的に考え、そして昨年の閣議決定に照らして安保法制を解釈して、平和を守っていくことだ。

――公明党の役割について。

昨年からの安全保障論議の中で、公明党の立ち位置は変化している。これまで、公明党は社会福祉、教育などの面で評価されてきたが、安全保障政策の主要な意思決定権者だとは言えなかった。しかし、昨年からは、重要な決定権者の一員になっており、国の中枢に与える影響力がますます強まっている。そこを過小評価しないことが重要だ。

私が理解する限り、公明党は、存在論的平和主義だ。つまり、公明党は、平和を創るために生まれ、平和を守るために活動し続ける存在だ。公明党は、現実の政治の場で、しっかりとその責務を果たしている。今後もしっかりと公明党を支持していくことが、そのまま現実の平和を維持することにつながる（以下、略）。（二〇一五年九月二十五日付「公明新聞」）

ここで述べたことが筆者の真意《しんい》である。公明党は、平和を創るために生まれ、平和を守るために活動し続ける存在だ。それは、公明党の支持母体で、価値観を共有する創価学会が存在論的平和主義という立場を取るからだ。人は、それぞれさまざまな状況に置かれている。現在、自分がいる状況から出発して、現実的に平和に向けた努力をするということが存在論的平和主義なのである。

公明党に所属する国会議員は、連立与党という現実の枠内《わくない》で最大限の努力をして、自衛隊を恣意《しい》的《てき》に動かそうとする勢力を封じ込めることに成功したのである。フルスペックの集団的自衛権を望む人々からすれば、今回採択された平和安全法制は「欠損品《けっそんひん》」である。創価学会の存在論的平和主義を体現《たいげん》した政治の専門家集団である公明党は、このような法律ならば成立しても、二〇一四年七月一日の閣議決定のラインは守られると考え、個別の法案の文言について、あえて厳密に詰めずに、玉虫色《たまむし》の箇所《かしょ》を残すという妥協策《だきょうさく》を取ったのだと思う。

政治の世界では、常に取り引きや妥協が必要とされる。憲法で定められた個別的自衛権を超える集団的自衛権の行使はないという根本を押さえたという点で公明党は勝利した。ただし、現実の政治力学を考慮《こうりよ》するとそのことを、あからさまに表現することは差し控えなくてはならないというところなのだろう。難しい問題で勝利したときは、「われわれは勝利した」と軽々に語ることができないのだ。それだから、筆者のように公明党の外部にいて、また創価学会員でもない立場の者が、創価学会と公明党の存在論的平和主義について語らなくてはならないのである。

率直に言うが、創価学会員には自己《じこ》の力を過小評価する傾向がときどきある。それだから、平和安全法制についても、創価学会の存在論的平和主義という価値観を共有する公明党の大勝利を等身《とうしん》大《だい》で評価することができないのだと思う。

創価学会の精神の正史『人間革命』

創価学会の存在論的平和主義を学ぶために最良のテキストが『人間革命』だ。

戦争《せんそう》ほど、残酷《ざんこく》なものはない。
戦争ほど、悲惨《ひさん》なものはない。

だが、その戦争はまだ、つづいていた。
愚《おろ》かな指導者《しどうしや》たちに、率《ひき》いられた国民《こくみん》もまた、まことに哀《あわ》れである。（池田大作《いけだだいさく》『人間革命第1巻』聖教ワイド文庫、二〇一三年、一五頁）

この『人間革命』の書き出しに、平和を希求《ききゆう》する池田大作氏の思想が凝縮《ぎようしゆく》されている。愚《おろ》かな指導者たちが、戦争を引き起こさないようにするために全身全霊《ぜんしんぜんれい》を尽くして戦ってきたのが池田氏なのである。そして、この池田氏の信念をすべての創価学会員が共有している。『人間革命』は、文学作品としても優《すぐ》れているが、その意義はそれだけにとどまらない。それは、〈『人間革命』は、創価学会の精神の正史である〉（前掲書三頁）からだ。創価学会公式サイトから、『人間革命』の意義について、簡潔にまとめた箇所を引用しておく。

「戦争ほど、残酷なものはない。戦争ほど、悲惨なものはない」――池田大作は、小説『人間革命』の冒頭に記しています。

執筆は、沖縄の地で始められました。１９６４年（昭和39年）のことです。日本で唯一の地上戦を経験した沖縄。戦争の悲惨さを、いやというほど味わった地から、平和と幸福の波を起こしていこうとの決意からでした。

この小説は、恩師・戸田城聖《とだじようせい》の生涯と、創価学会が一大民衆運動へと発展していくドラマをつづった全12巻の作品です。「一人の人間における偉大な人間革命は、やがて一国の宿命の転換をも成し遂げ、さらに全人類の宿命の転換をも可能にする」との主題で、宿命に泣いていた人々が、信仰を根本として蘇生していく姿が描かれています。（SOKAnet「創価学会について」、https://www.sokanet.jp/info/president/ikeda.html　注＊ルビは編集部、以下同じ）

まさに、〈一人の人間における偉大な人間革命は、やがて一国の宿命の転換をも成し遂げ、さらに全人類の宿命の転換をも可能にする〉とのテーマで描《えが》かれた創価学会の「精神の正史《せいし》」である。ところで、本書では『人間革命』第二版を用《もち》いる。初版ではなく、第二版を読み解くことに、創価学会が世界宗教に発展していくこととも関連する重要な意義がある。

ドクトリンの変化は生きた宗教の証

池田大作著『人間革命』は、創価学会の「精神の正史」である。それだから、『人間革命』を読み解く場合には、二〇一二〜一三年に刊行された『池田大作全集』一四四〜一四九巻に収録された第二版（同内容のものが聖教ワイド文庫からも刊行）を基準にしなくてはならない。それは、創価学会が生きている宗教だからである。

生きている宗教のドクトリン（教理）はもとより、教典（経典）も時代に応じて変化していく。キリスト教の場合でも、新約聖書、旧約聖書は、常に改訂、修正され続けている。例えば、プロテスタント教会で用いられている新約聖書のギリシア語原典は、「ネストレ－アーラント」（Nestle-

Aland）版と通称《つうしょう》されている。ドイツの聖書学者エベルハルト・ネストレ（Eberhard Nestle, 一八五一～一九一三年）が校訂《こうてい》し、その後、ドイツの聖書学者クルト・アーラント（Kurt Aland, 一九一五～九四年）が再校訂したため、こう呼ばれている。一九一三年に初版が発行されて以来、ギリシア語テキストの研究の進展にあわせて改訂が繰り返されており、最新版は、二〇一二年に刊行された第二八版である。筆者が同志社大学神学部と大学院で学んでいた頃（一九七九～八五年）は、一九七五年に刊行された第二六版を用いていた。

プロテスタントにとって、聖書は信仰の基本だ。それだからこそ、時代の変化に対応して、聖書のテキストや解釈が変更されていくのである。

『人間革命』の第二版が必要になった理由は、聖教ワイド文庫版の序文《じょぶん》（「文庫版発刊にあたって」）でていねいに説明されている。

池田大作名誉会長が一九六四年（昭和三十九年）十二月に、小説『人間革命』の執筆を開始してから、既に半世紀近くの歳月《さいげつ》が流れた。時代も、世界も、目覚ましい変化を遂《と》げた。この間に、SGI（創価学会インタナショナル）も結成され、仏法の人間主義の潮流は、世界百九十二カ国・地域に広がった。各国のメンバーは使命の地で広宣流布を推進して、良き市民を目指し、平和・文化・教育の道を大きく開いてきた。そのなかで『人間革命』も、英語をはじめ、フランス語、ドイツ語、スペイン語、イタリア語、ポルトガル語、韓国語、中国語、オランダ語の九言語に翻訳・出版され、世界各国で愛読されてきた。

『人間革命』は、創価学会の精神の正史である。文庫版発刊に先立ち、『池田大作全集』への収録・発刊にあたって、全集刊行委員会から問題提起がなされた。

――それは、この二十年ほどの間で宗開両祖《しゅうかいりょうそ》に違背《いはい》し、腐敗《ふはい》・堕落《だらく》してしまった宗門が、仏意仏勅《ぶついぶっちょく》の創価学会の崩壊《ほうかい》を企《くわだ》て、仏法破壊の元凶《げんきょう》と成り果てた今、『人間革命』を全集に収録する際にも、その点を考慮《こうりょ》すべきではないか、ということであった。

そうした経緯から全集刊行委員会が名誉会長に宗門関係の記述について再考を願い出たところ、名誉会長は熟慮《じゅくりょ》の末に、「皆の要請ならば」と、その意見を尊重し、推敲《すいこう》を承諾してくれた。

また、歴史の記述についても、原稿執筆後に新たな資料が発見、公開されていることなどから、再度、精察《せいさつ》し、「五十年後の、若い読者が読んでもよくわかるように、表現や表記等も、一部改めたい」との意向であった。そして、それが、小説『人間革命』第二版として、『池田大作全集』（第１４４巻〜第１４９巻）に収録、刊行の運びとなったのである。

聖教ワイド文庫には、この第二版を収め、新たな装丁で、順次、全十二巻が発刊されることになった。

この『人間革命』が、多くの皆様に愛読され、人類の未来を開く、新たな希望の光源となることを願ってやまない。（前掲、『人間革命　第1巻』三〜四頁）

この記述から第二版が必要となった理由は三つあることがわかる。

第一は、二次にわたる宗門事件を踏まえ、従来の記述では、創価学会と宗門の関係を、「精神の正史」として学ぶ学会員に誤解が生じてしまうおそれがあるからだ。

第二に、歴史記述に関して、新たな資料の公開と発見に対応した改訂が求められているからだ。

第三に、日本語が時代とともに変遷《へんせん》するからだ。若い世代に『人間革命』が読み継がれていくためには、表記や表現を一部、改める必要がある。

創価学会の生命力が改訂を求めた

これらの三つの理由は、「生きている宗教」である創価学会の生命力が「精神の正史」であるテキストの改訂を求めたのである。ここで特に重要なのは、宗門事件を踏まえた記述の変更だ。このことは、創価学会が世界宗教に飛躍《ひやく》する過程で、絶対に必要だったのである。その意味は、『人間革命』第二版の刊行開始から二年後に、より明確に教義解釈の変更という形を取ることになった。二〇一四年十一月七日に行われた全国総県長会議の席で、創価学会の原田稔会長は、創価学会会則教義条項の改正についての報告を行った。

私どもは、池田先生の指導のもと、昨年11月、広宣流布大誓堂《だいせいどう》の建立《こんりゅう》によって世界広布新時代を開幕《かいまく》し、日本も世界も、新たな歓喜の前進を開始いたしました。

広宣流布大誓堂にはすでに世界102カ国・地域の同志を迎えております。日本各地から、世界から、〝大誓堂へ、大誓堂へ〟という滔々《とうとう》たる信心の流れは着実に勢《いきお》いを増し、名実《めいじつ》ともに、創価学会の「世界広布新時代」、すなわち、世界宗教としてのさらなる躍動《やくどう》が開始されたのであります。

この世界広布の大いなる流れを決定づけたのは、ひとえに、池田先生の大闘争《だいとうそう》と未来を展望《てんぼう》する構想《こうそう》にあったことは、いうまでもありません。

とりわけ、平成３年（１９９１年）、日蓮正宗宗門が創価学会を破門《はもん》し、広宣流布を阻《はば》む魔《ま》の本性《ほんしょう》を現《あらわ》した際に、先生がその時を捉《とら》えて「魂《たましい》の独立」を宣言《せんげん》されたことが、重要な分岐点《ぶんきてん》でした。

その魂の独立から23年。先生の指導通り、世界広宣流布の歩《あゆ》みは日本において著《いちじる》しく伸展しただけでなく、世界１９２カ国・地域にまで広がる大発展を遂《と》げました。

この間、宗門と決別《けつべつ》してから入会した会員も多く、後継《こうけい》の青年部もたくましく成長し、前進を続けています。

明年は創価学会創立85周年、池田先生の会長就任《しゅうにん》55周年、ＳＧＩ発足《ほっそく》40周年の佳節《かせつ》であり、学会は、いよいよ世界宗教として、新たな段階へ飛翔《ひしょう》する時を迎えたのであります。

今回、こうした経緯《けいい》と世界教団としての発展の状況に鑑《かんが》み、学会の会則の第１章第２条の教義条項《きょうぎじょうこう》を、創価学会の宗教的独自性《どくじせい》をより明確にし、世界広布新時代にふさわしいものとするとともに、現在の創価学会の信仰の実践《じっせん》・実態に即《そく》した文言《もんごん》にするために、改正いたしました。

この改正は、本日、所定《しょてい》の手続きを経《へ》て、総務会で議決されましたので、ご報告いたします。

これまでの条文では「**この会は、日蓮大聖人を末法《まっぽう》の御本仏《ごほんぶつ》と仰《あお》ぎ、一閻浮提総与《いちえんぶだいそうよ》・三大《さんだい》秘法《ひほう》の大御本尊を信受《しんじゅ》し、日蓮大聖人の御書を根本として、日蓮大聖人の御遺命《ごゆいめい》たる一閻浮提広宣流布を実現《じつげん》することを大願《だいがん》とする**」となっておりました。

この会則は平成14年（２００２年）に改正されたものです。

当時、宗門との僧俗和合《そうぞくわごう》時代に信仰実践に励《はげ》んできた会員の皆さまの感情や歴史的な経過《けいか》を踏《ふ》まえ、この「一閻浮提総与・三大秘法の大御本尊」については、「弘安２年（１２７９年）の大御本尊」を指《さ》すとの説明を行っていました。

それを今回、次の通りにいたします。

「**この会は、日蓮大聖人を末法の御本仏と仰ぎ、根本の法である南無妙法蓮華経を具現《ぐげん》された三大秘法を信じ、御本尊に自行化他《じぎょうけた》にわたる題目を唱《とな》え、御書根本に、各人が人間革命を成就《じょうじゅ》し、日蓮大聖人の御遺命である世界広宣流布を実現することを大願とする**」（二〇一四年十一月八日「聖教新聞」）

時代に対応した教学の形成

この教義解釈の変更は、世界史的な出来事である。〈創価学会の宗教的独自性をより明確にし、世界広布新時代にふさわしいものとするとともに、現在の創価学会の信仰の実践・実態に即した文言にするため〉に改正が行われたのであるが、これは、池田氏が『人間革命』改訂について、〈熟慮の末に、「皆の要請ならば」と、その意見を尊重し、推敲を承諾してくれた〉ことの延長線上での出来事なのである。創価学会によって、仏教は世界史において初めて、実質的な世界宗教に変容《へんよう》しつつあるのだ。そのためには、時代状況に対応した教学の形成が大きな課題になる。この作業は、極めて大規模で、長期間にわたるものになると思われる。この宗教的、歴史的に極めて重要な意味を持つ仕事に創価学会教学部は真摯《しんし》に取り組んでいる。二〇一五年一月二十九～三十日の「聖教新聞」に創価学会教学部による「会則の教義条項改正に関する解説」が掲載《けいさい》された。そこでは、まず創価学会の宗教的独自性について、こう記《しる》されている。

> 「創価学会の宗教的独自性」は、会則に「各人が人間革命を成就し、日蓮大聖人の御遺命である世界広宣流布を実現することを大願とする」とあるように、三代会長の指導のもと、各人が自行化他の実践で人間革命を成就し、仏意仏勅《ぶっいぶっちょく》である世界広宣流布を事実の上で実現するための不惜《ふしゃく》の実践を貫《つらぬ》く教団《きょうだん》であるという点にある。
> その自覚《じかく》と使命感に立つ以上、学会が「生きた宗教」として、時代の変化や広布の伸展の段階によって、現実的な課題として現れてくる事態や、将来起こりうる課題に責任を持って対応していくことは当然である。

事実、三代会長なかんずく池田名誉会長は、これまでもさまざまな課題に対応し、広宣流布の道を切り開いてこられた。

一例《いちれい》を挙《あ》げれば、昭和45年（1970年）の本部総会で、名誉会長は「広宣流布は、流れの到達点《とうたつてん》ではなく、流れそれ自体であり、生きた仏法の、社会への脈動《みゃくどう》なのであります」と語った。

そして、あらためて、それまで日蓮正宗の一部で唱えられていた「国立戒壇《こくりつかいだん》」という表現は用いない、戒壇建立《こんりゅう》は純粋《じゅんすい》な信徒《しんと》の総意《そうい》、すなわち民衆《みんしゅう》によるものだとの立場を内外《ないがい》に表明し、「信教《しんきょう》の自由」を定めた日本国憲法下《けんぽうか》で、国内の広宣流布を進めていくうえでの無用《むよう》な社会的摩擦《まさつ》を生じないような対応《たいおう》を行った。

また、同47年（72年）から連載された『私の釈尊観《しゃくそんかん》』『私の仏教観』などの著作《ちょさく》では、学問的な研究の成果《せいか》を踏《ふ》まえ、釈尊の事跡《じせき》、法華経《ほけきょう》の成立年代《せいりつ》などに言及《げんきゅう》し、人間釈尊の生涯《しょうがい》を通して、仏教の源流《げんりゅう》の実像《じつぞう》に迫《せま》った。

ここでは法華経の成立を紀元1世紀と推定《すいてい》する学問的研究を受け入れたうえで、仏教の正統《せいとう》な系譜《けいふ》を考察《こうさつ》されている。

こうした事例《じれい》に示《しめ》されるように、世界を舞台《ぶたい》に広宣流布を推進する教団として、その伸展とともに新たに生じた課題《かだい》に対応して、教義解釈の見直しを行うことは、当然のことである。むしろ、世界の文化・思想を視野《しや》に入れ、実証的《じっしょうてき》研究も取りいれながら、現代における人類救済の思想を発信《はっしん》していくことこそが、真に世界広宣流布実現のために前進している教団としての使命であるといえよう。（二〇一五年一月二十九日「聖教新聞」）

池田氏は、〈広宣流布は、流れの到達点ではなく、流れそれ自体であり、生きた仏法の、社会への脈動なのであります〉と指摘することによって、創価学会の宗教的目的が日本という狭《せま》い枠ではなく、地球規模で行われることを明確にした。また、釈尊《しゃくそん》の事跡《じせき》、法華経《ほけきょう》の文献学的研究についても、世界の文化・思想を視野に入れ、実証的研究も取りいれながら、現代における人類救済の思想を発信していくという方針を明確にしている。

さらに日寛上人《にちかんしょうにん》の教学を見直す必要性について教学部はこう説明する。

> これまで学会では、日蓮正宗の教義解釈を尊重し、「弘安2年の御本尊」を根本の本尊とする、との日寛上人の解釈を採用《さいよう》してきた。
>
> 日寛上人の教学には、日蓮大聖人の正義を明らかにする普遍性《ふへんせい》のある部分と、要法寺《ようぼうじ》の法《ほう》主《しゅ》が続き、疲弊《ひへい》した宗派《しゅうは》を護《まも》るという要請《ようせい》に応《こた》えて、唯一《ゆいいつ》正統性を強調する時代的な制約《せいやく》のある部分があるので、今後はこの両者を立て分けていく必要がある。日蓮正宗が完全に大聖人の仏法に違背《いはい》した邪教《じゃきょう》と化《か》した今、学会は正統の教団として、世界宗教にふさわしい教義の確立という立場から見直しを行っていく。
>
> その意味で、日寛教学の一大秘法、六大秘法という用語は、今後用いない。
>
> なお、こうした立て分けを行い、日寛上人の教学を見直していくという立場をとったとしても、「日寛上人書写の御本尊」を受持《じゅじ》することには何の問題もない。なぜならば「日寛上

人書写の御本尊」も根本の法である南無妙法蓮華経を具体的に現された「本門の本尊」であるからである。（二〇一五年一月三十日「聖教新聞」）

この説明には説得力がある。キリスト教の歴史に照らして解釈するならば、十六世紀のマルティン・ルターによる宗教改革に匹敵《ひってき》する大きな変化を創価学会は、仏教の世界に引き起こしているのである。その原点となるのが、創価学会の「精神の正史」である『人間革命』で、その第二版を読むことによって、世界宗教となった創価学会の「魂の独立」を実感できるのである。

「魂の独立」を確立し、全世界で祈りが共有される

二〇一五年は、創価学会が世界宗教に発展していくうえで、極《きわ》めて重要な年だった。この年の戦略的重要性について、同年元旦号の「聖教新聞」で明確な方針が示された。そこにはこう記されている。

「世界広布新時代　躍進の年」が開幕　平和の世紀を民衆の力で
学会創立85周年
第3代会長就任55周年

ＳＧＩ発足40周年

さあ船出《ふなで》しよう！　「平和の世紀」の大海原《おおうなばら》へ！――学会創立85周年の２０１５年「世界広布新時代　躍進の年」が、晴《は》れやかに開幕した。池田名誉会長は、全同志のますますの健《けん》勝《しょう》と多幸《たこう》を祈念《きねん》し、「新年の歌」を詠《よ》み贈《おく》った。本年は、第３代会長就任《しゅうにん》55周年、ＳＧＩ（創価学会インタナショナル）発足《ほっそく》40周年など、幾重《いくえ》にも重要な佳節《かせつ》を刻《きざ》む。ＳＧＩ発足にあたり、名誉会長は呼《よ》び掛《か》けた。「自分自身が花を咲《さ》かせようという気持ちでなくして、全世界に妙法という平和の種を蒔《ま》いて、その尊《とうと》い一生を終わってください。私もそうします」と。以来40星霜《せいそう》。創価の民衆の連帯は世界１９２カ国・地域にまで拡大した。平和の種子《しゅし》があの地この地で希望と幸福の大輪と咲き薫《かお》る時代が、今、到来している。

新年の歌　名誉会長　池田大作

苦《く》も楽《らく》も
分《わ》かつ同志《とも》こそ
わが命《いのち》
万年《まんねん》　轟《とどろ》く
不二《ふに》の凱歌《がいか》を

夢《ゆめ》に見た
励《はげ》まし社会の
創造へ
創価の女性は
希望の陽光《ひかり》と
後継《きみ》たちが
走り走りて
凱旋門《がいせんもん》
正義のメロスよ
金《きん》の道《みち》　征《ゆ》け

二〇一五年　元旦

〈一人の人間における偉大《いだい》な人間革命は、やがて一国の宿命《しゅくめい》の転換をも成《な》し遂《と》げ、さらに全人類の宿命の転換をも可能にする〉

池田名誉会長は小説『人間革命』第1巻の「はじめに」で、そうつづった。

創価三代の会長に厳然《げんぜん》と貫《つらぬ》かれてきた信念と行動とは、いったい何か。それは全人類の宿命転換を成し遂げ、この地球上から、戦争の悲惨《ひさん》と民衆の不幸を根絶《こんぜつ》することにほかならない。「願《ねがわ》くは我《わ》が弟子《で》等《しら》・大願《だいがん》ををこせ」（御書1561ページ）と、日蓮大聖人は叫《さけ》ばれた。広宣流布という最《もっと》も崇高《すうこう》な大願は、初代会長から2代会長へ、2代から3代へ、そして3代から世界中の弟子たちへと受《う》け継《つ》がれ、地球の平和建設《けんせつ》を担《にな》う一大民衆勢力《せいりょく》が、堂々《どうどう》と築《きず》かれたのである。（二〇一五年一月一日「聖教新聞」）

小説『人間革命』は生きている信仰の書なのである。池田大作名誉会長が、この作品の「はじめに」で記した〈一人の人間における偉大な人間革命は、やがて一国の宿命の転換をも成し遂げ、さらに全人類の宿命の転換をも可能にする〉という思想は、創価学会が世界宗教に発展していくことによって新たな段階に入った。

元旦の「聖教新聞」は、この記事を〈我《われ》らは、どこまでも師と共《とも》に！　全世界の同志と共に‼
――「誓願《せいがん》」の弟子が立ち上がる時は〝今〟である。／「世界広布新時代　躍進の年」を、異体同《いたいどう》心《しん》の団結で朗《ほが》らかに勝ち進もう〉という言葉で結《むす》んでいる。

勤行要典改定は「魂の独立」の集大成

二〇一五年は学会員が「異体同心の団結」を見事に示し、二〇一四年十一月の教義解釈の変更によって宗門からの「魂《たましい》の独立」を最終的に完遂《かんすい》し、世界宗教として展開していく基盤《きばん》を組織的にも理論的にも実践的にも整《ととの》えた。その集大成が「勤行要典《ごんぎょう》」を新たに制定したことであると筆者は見ている。

キリスト教徒にとって「主《しゅ》の祈《いの》り」は極めて重要である。祈ることなくしてキリスト教は成立しない。祈りのときに同じテキストである「主の祈り」を唱《とな》えることで、国家、民族、文化の差異《さい》を超克《ちょうこく》して、キリスト教徒は同じ共同体に帰属《きぞく》していることを実感する。筆者の理解では、「勤行要典」で、全世界のSGI（創価学会インタナショナル）メンバーが、祈りを共有するということが、創価学会が世界宗教に発展しているという何よりの証拠なのである。

二〇一五年十一月十七日の「聖教新聞」は、「勤行要典」を新たに制定することの経緯《けいい》と意義についてこう報じた。

世界の平和と人類の幸福を実現しゆく世界広宣流布《こうせんるふ》へ、192カ国・地域のSGI（創価学会インタナショナル）の同志と心一つに前進！——85周年となる11・18「学会創立記念日」の佳節《かせつ》を迎《むか》え、世界宗教としての一層の発展を期《き》して、「創価学会『勤行要典《ごんぎょうようてん》』」が新たに制定《せいてい》された。制定の発表にあたって16日、原田会長から趣旨説明《しゅしせつめい》があった。

原田稔会長は、制定の経緯についてこう述べている。

世界広布新時代を迎え、今般《こんぱん》、新たに「創価学会『勤行要典』」を制定しました。

創価学会は、日蓮大聖人を末法《まっぽう》の御本仏《ごほんぶつ》と仰《あお》ぎ、根本《こんぽん》の法である南無妙法蓮華経を具現《ぐげん》された三大秘法《さんだいひほう》を信じ、御本尊《ごほんぞん》に自行化他《じぎょうけた》にわたる題目《だいもく》を唱《とな》え、御書《ごしょ》根本に、各人が人間革命を成就《じょうじゅ》し、日蓮大聖人の御遺命《ごゆいめい》である世界広宣流布を実現することを大願《だいがん》とする教団です。

創価学会は、２００４年（平成16年）９月に創価学会の「勤行」および「御祈念文」の制定を行《おこな》い、従来《じゅうらい》のいわゆる「五座三座」を改《あらた》め、「方便品・自我偈《じがげ》の読誦《どくじゅ》と唱題《しょうだい》」による独《どく》自《じ》の勤行方式を確立《かくりつ》しました。

今回は、世界宗教として、新たな飛翔《ひしょう》の時を迎え、日蓮大聖人の仏法の本義《ほんぎ》に基《もと》づき、創価学会の宗教的独自性をより明確にするため、「創価学会『勤行要典』」を制定しました。

「創価学会『勤行要典』」の制定にあたりましては、池田先生のご了承《りょうしょう》をいただいた上で、会則《かいそく》に則《のっと》り、師範会議と最高指導会議の賛同《さんどう》を得《え》て、制定するに至《いた》ったものです。

既《すで》に二〇〇四年九月に創価学会は独自の勤行方式を確立している。この時点で既に世界宗教化が視界に入っていたのだと思う。原田会長は、勤行の方式について説明する。

まず、名称《めいしょう》は「創価学会『勤行要典』」と定《さだ》めました。

勤行の方式については、初めに御本尊に向《む》かって題目を三唱し、その後、直《ただ》ちに方便品・自我偈の読誦に入ることにしました。従来、朝の勤行の際に行っていた「諸天供養《しょてんくよう》」については、最初の題目の中にその意義《いぎ》を込《こ》めることといたします。その他の方式は変わりません。従《したが》って、朝・晩の勤行、並びに会館等での勤行は、いずれも同じ勤行方式となります。

「三代会長」の名前を明記した重要性

これに続く原田会長の御祈念文についての説明で、創価学会の教義解釈の改正を踏まえていることが明確になっている。教学の観点からも、創価学会が世界宗教に発展していることを示す重要な内容であると筆者は見ている。

御祈念文については、「御本尊への報恩感謝」「三代会長への報恩感謝」「世界広宣流布の祈念と回向《えこう》」を御祈念の項目《こうもく》とします。先に述《の》べた理由から「諸天供養」の御祈念文は定めないことといたしました。

第一の「御本尊への報恩感謝」の項目については、昨年の会則の教義条項《きょうぎじょうこう》の改正《かいせい》の趣旨を踏《ふ》まえた内容といたしました。

日蓮大聖人が御書に「南無妙法蓮華経」を「法華経《ほけきょう》の肝心《かんじん》」と度々《たびたび》、仰《おお》せになっていることから、根本の法である南無妙法蓮華経を現《あらわ》された御本尊を、「法華経の肝心・南無妙法蓮華経の御本尊」と分《わ》かりやすい簡潔《かんけつ》な表現にしました。そして、この御本尊に深く報恩感謝申し上げ、御本尊根本の信心を誓《ちか》います。

また、御本尊を現された日蓮大聖人を「末法の御本仏」と仰ぎ、報恩感謝申し上げ、大聖人直結《ちょっけつ》の信心を誓います。

さらに、日興上人《にっこうしょうにん》が御本尊根本の大聖人の教えを正しく継承《けいしょう》されたことに報恩感謝します。

第二の「三代会長への報恩感謝」の項目については、世界広宣流布の潮流を永遠たらしめるために、独立した項目とし、牧口常三郎先生、戸田城聖先生、池田大作先生の「三代会長」のお名前を入れるとともに、「三代会長」を「広宣流布の永遠の師匠」として仰ぐことを明記《めいき》しました。

創価学会は、日蓮大聖人の仏法を世界に広宣流布することを大願とする教団です。

創価学会が広宣流布を実現しゆくためには、「三代会長」に貫《つらぬ》かれる「師弟不二《ふに》」と「死《し》身弘法《しんぐほう》」の「学会精神」を永遠に継承していく以外《いがい》ありません。

日々の信仰実践の中で「三代会長」を「広宣流布の永遠の師匠」と仰ぎ、師弟不二の信心を確認していくことが重要です。

そうした趣旨から、「三代会長」の死身弘法の御徳《おんとく》に報恩感謝申し上げるとともに、その指導を実践し、その精神を受け継ぐことを誓います。

第三の「世界広宣流布の祈念と回向」の項目については、「世界広宣流布大願成就」とし、創価学会が、日蓮大聖人の御遺命である世界広宣流布を実現しゆくことを明確にすることとしました。

なお、御本尊に対する報恩感謝の「南無《なむ》し奉《たてまつ》り」は、「南無し」に、また、回向についても「亡《な》くなられた会員・友人」に、という分かりやすい表現にしました。

筆者の理解では、ここで特に重要なのが、創価学会三代会長の報恩感謝において、〈独立した項目とし、牧口常三郎先生、戸田城聖先生、池田大作先生の「三代会長」のお名前を入れるとともに、「三代会長」を「広宣流布の永遠の師匠」として仰ぐことを明記し〉たことだ。キリスト教が世界宗教として展開することができたのも、イエス・キリストという名があるからこそだ。キリスト教神学で、仏教の教学に相当する分野は、組織神学になる。そして組織神学において、要《かなめ》になるのがイエス・キリストの名を冠《かん》したキリスト論だ。

キリスト教の場合、祈りの最後に「この祈りをイエス・キリストの御名により御前に献《ささ》げます。アーメン」と唱える。イエス・キリストという名とともに立ちもすれば倒れもするのがキリスト教の特徴なのである。このような特徴を持っていたから、キリスト教は世界宗教になることができた。牧口常三郎先生、戸田城聖先生、池田大作先生の「三代会長」の名を日々の勤行で祈念することは、創価学会が世界宗教として展開することの何よりの担保《たんぽ》になると筆者は考える。

さらにその宗教に固有の専門語を、多くの人が理解できる一般的な言葉に言い換えることも、キリスト教は常に行っている。それだから、時代の経過による言語の変化に応じて聖書が何度も改訳されるのである。「回向《えこう》」を「亡くなられた会員・友人」に言い換えるように、仏法の専門語を一般にわかりやすい言葉に言い換えることも世界宗教にとっては重要なのである。

原田会長は、「勤行要典」を新たに制定することの意義を総括してこう述べる。

いよいよ、創価学会が世界宗教として大きく飛翔していく「時」を迎えました。私どもは、ますます、「三代会長」、なかんずく池田先生への報恩感謝の思いを深めるとともに、師弟誓願の決意も強く、全会員が総立《そうだ》ちとなって、世界広布新時代の拡大へ、勇《いさ》んで新たな出発をしていこうではありませんか。

原田会長の趣旨説明を読むと、創価学会が「魂の独立」を確立し、世界宗教に発展していくうえで、「勤行要典」が重要な歴史的偉業であるということがわかる。結論を先に述べると、池田氏が小説『人間革命』の「はじめに」で述べた〈一人の人間における偉大な人間革命は、やがて一国の宿命の転換をも成し遂げ、さらに全人類の宿命の転換をも可能にする〉というテーゼを「勤行要典」を新たに制定するという形で具体化したのである。

この点からも小説『人間革命』の「はじめに」を精読することが重要になる。次章から、小説『人間革命』のテキストに即した読み解きを始める。

第1章 「精神の正史」を小説で表現する

「はじめに」（五～八頁）
「黎明《れいめい》」（一五～一八頁）

小説『人間革命』が生まれた経緯

小説『人間革命』には、本文に入る前に「はじめに」と題された序文が付されている。ここで池田大作氏は、この小説が生まれることになった経緯について、こう記《しる》している。

私が、戸田城聖先生《とだじょうせいせんせい》の伝記小説《でんきしょうせつ》を、いつの日か書《か》くにいたるであろうと、人知《ひとし》れず心《こころ》に決めてから、久《ひさ》しい歳月《さいげつ》が過《す》ぎた。

昭和《しょうわ》二十六年（一九五一年）春《はる》、「聖教新聞《せいきょうしんぶん》」発刊《はっかん》の直前《ちょくぜん》、ある日、先生はポケットを押《お》さえながら言われた。

「小説を書いたよ。いよいよ新聞を出すからには、小説だって載《の》せなければならないだろう」

先生は、いそいそと嬉《うれ》しそうであった。

第一号の原稿《げんこう》は、先生のポケットの中に収《おさ》まっていた。

これが、妙悟空《みょうごくう》著《ちょ》の小説『人間革命《にんげんかくめい》』誕生《たんじょう》の一瞬《いっしゅん》であった。

この時、私は即座《そくざ》に思《おも》った。

〝私もまた、いつの日か、続《ぞく》『人間革命《にんげんかくめい》』ともいうべきものを書《か》かねばならない〟と。(池田大作『人間革命　第1巻』聖教ワイド文庫、二〇一三年、五～六頁)

池田氏が、沖縄において、この小説の冒頭《ぼうとう》の、〈戦争《せんそう》ほど、残酷《ざんこく》なものはない。／戦争ほど、悲《ひ》惨《さん》なものはない〉という世界宗教史に残る有名な言葉を書き始めたのが、一九六四年十二月二日のことである。なぜ、沖縄でこの小説が書き始められたかについて、創価学会はこう説明する。

池田名誉会長が『人間革命』の執筆を開始した地は、日本で唯一、太平洋戦争の地上戦が行われ、多くの一般市民が犠牲となる悲惨と苦汁をなめた沖縄でした。
名誉会長はのちに「その朝、私は一人、文机に向かい、万年筆を握ると、原稿用紙の第一行に力を込めて書き始めた。『人間革命』——そして、『第一章　黎明一』と続けた……」と、当時を回想しています。「戦争ほど、残酷なものはない。／戦争ほど、悲惨なものはない」

との言葉で始まる『人間革命』の執筆開始は、人類の平和と幸福の「黎明」を開きゆく闘争を開始する、高らかな宣言でもあったのです。

以後、名誉会長は激務の合間をぬい、時には高熱を押して執筆を続けました。体調を崩し、口述をテープに吹き込むこともありました。『人間革命』全12巻は、完結まで28年あまりの歳月をかけ、聖教新聞での連載は１５０９回に及びます。

池田名誉会長は現在も、『人間革命』の続編である、小説『新・人間革命』を聖教新聞紙上に連載。新聞連載の回数は日本の新聞小説で最多となりました。（SOKAnet「12月の広布史」、https://www.sokanet.jp/kaiin/kofushi/12.html）

小説の形態をとった理由

ただし、この小説を書こうと決意したのは、その一三年前のことであった。言い換えるならば、池田氏は『人間革命』の構想を一三年間温めていたのである。ただし、その構想が具体化する過程で、戸田城聖・創価学会第二代会長の一言が、重要な意味を持つことになる。

昭和《しょうわ》二十六年（一九五一年）春《はる》、「聖教新聞《せいきょうしんぶん》」発刊《はっかん》の直前《ちょくぜん》、ある日、先生はポケットを押《お》さえながら言われた。

「小説を書いたよ。いよいよ新聞を出すからには、小説だって載《の》せなければならないだろう」

先生は、いそいそと嬉《うれ》しそうであった。

第一号の原稿《げんこう》は、先生のポケットの中に収まっていた。

これが、妙悟空著《みょうごくうちょ》の小説「人間革命《にんげんかくめい》」誕生《たんじょう》の一瞬《いっしゅん》であった。

この時、私は即座《そくざ》に思《おも》った。

〝私もまた、いつの日か、続《ぞく》『人間革命《にんげんかくめい》』ともいうべきものを書《か》かねばならない〟と。

そしてまた、昭和《しょうわ》三十二年（一九五七年）夏《なつ》、軽井沢《かるいざわ》での一夜、思《おも》えばご逝去《せいきょ》の八カ月前であった。

先生《せんせい》は静養中《せいようちゅう》であり、既《すで》にお体《からだ》は非常《ひじょう》に弱《よわ》っていた。私は、さまざまなご指示《しじ》をいただいた末《すえ》に、談《だん》たまたま上梓《じょうし》されたばかりの単行本《たんこうぼん》『人間革命』に移《うつ》った。

「大作《だいさく》、俺《おれ》の『人間革命』どうだい？」

先生は、出来栄《できば》えを気にしているらしかった。

私は恐縮《きょうしゅく》したが、率直《そっちょく》に申《もう》し上《あ》げた。

「読《よ》ませていただきました。前半《ぜんはん》は極力《きょくりょく》、小説《しょうせつ》そのものとしてお書きになられたと思います。後半《こうはん》は、先生の貴重《きちょう》な体験《たいけん》をもとにした記録《きろく》として、私は特《とく》に感銘《かんめい》いたしました」

「そうか。自分《じぶん》のことを一から十まで、うまく書くわけにはいかないからなー」

先生は呵々大笑《かかたいしょう》された。

私は、その声《こえ》の響《ひび》きのなかに、先生のご生涯《しょうがい》を通《とお》して、先生のご精神《せいしん》を誤《あやま》たず後世《こうせい》に伝《つた》えるのは、私の使命《しめい》であり、先生《せんせい》の期待《きたい》であることを知った。
そして、時を待《ま》っていたのである。（前掲、『人間革命　第1巻』五～七頁）

このやりとりの過程で、池田氏は、創価学会の「精神の正史」である『人間革命』は、小説の形態で書かれなくてはならないと確信した。自《みずか》らの歴史について書籍を刊行する宗教団体は珍《めずら》しくない。通常、それは、客観性と実証性を重視する近代的な歴史学の枠組《わくぐ》みで書かれる。そのような作業ならば、当該宗教を信仰していない歴史学者が書くことも可能である。しかし、「精神の正史」をそのような方法で書くことはできない。創価学会は、「仏法《ぶっぽう》を実践《じっせん》する目的《もくてき》は、個人《こじん》の一生成仏《いっしょうじょうぶつ》を実現《じつげん》するとともに、自他共《じたとも》の幸福《こうふく》を確立《かくりつ》していくこと」（創価学会教学部編『教学入門』聖教新聞社、二〇一五年、四七頁）にあると考える。それならば、師弟不二《していふに》の関係に基《もと》づいて、信仰が、読者の身体と魂に伝わる形態で、創価学会の「精神の正史」も書かれなくてはならない。ここで池田氏は、ゲーテの自伝『詩と真実』から触発を受けている。

先生のおっしゃる通《とお》りである。自分《じぶん》のことを、一から十までうまく書《か》くわけにはいかない。ゲーテは、その自伝《じでん》にさえ『詩《し》と真実《しんじつ》』“Dichtung und Wahrheit”と題《だい》した。このドイツの原語《げんご》を、日常《にちじょう》の平明《へいめい》な言葉《ことば》に訳《やく》すならば、「ウソとマコト」ということにもなる。それが彼《かれ》の自伝である。
ゲーテは、なかなかの正直者《しょうじきもの》といわなければならない。人間《にんげん》の網膜《もうまく》に映《うつ》った単《たん》なる事実《じじつ》が、ことごとく真実を語《かた》っているとは限《かぎ》らない。いや、真実を歪《ゆが》め、真実を嘘《うそ》にすることもあろう。ここが、大事《だいじ》なところだと思《おも》う。ゲーテをはじめ、優《すぐ》れた作家《さっか》たちが、心《こころ》を千々《ちぢ》に砕《くだ》いたのは、まさにこの一点《いってん》にこそあったからである。そして一見《いっけん》、仮構《かこう》と思われるその先《さき》に、初《はじ》めて真実の映像《えいぞう》を刻《きざ》みあげることができる。（前掲書七頁）

具体的には、「精神の正史」を小説の形で表現するにあたって、以下の構成を取ると予告している。


　私もまた、先生の真実の姿《すがた》を永遠《えいえん》に伝えるために、心を砕かねばならぬ。

　先生に縁《えん》する登場人物《とうじょうじんぶつ》は、おそらく数百人になんなんとするだろう。これらの登場人物《じんぶつ》のうち、牧口常三郎先生《まきぐちつねさぶろうせんせい》と戸田城聖《とだじょうせい》先生など、実名《じつめい》は一部《いちぶ》の人とし、あとは仮名《かめい》とすることをご承知願《しょうちねが》いたい。実在《じつざい》の一人《ひとり》の人物が、時には二人《ふたり》の仮名を必要《ひつよう》とすることもある。あるいは実在の二人の人物が、一人の人格《じんかく》として仮名で登場《とうじょう》することもあろう。また、三人が一人にしぼられ、いや無数《むすう》の人びとが、たった一人の人物を名乗《なの》って現《あらわ》れてくるかもしれない。

　ともあれ、一人の人間《にんげん》における偉大《いだい》な人間革命《かくめい》は、やがて一国《いっこく》の宿命《しゅくめい》の転換《てんかん》をも成《な》し遂《と》げ、さらに全人類《ぜんじんるい》の宿命の転換をも可能《かのう》にする——これが、この物語《ものがたり》の主題《しゅだい》である。（前掲書七〜八頁）

実名を用いるのはごく一部の人に限定し、それ以外の登場人物については、実在の一人を二人に分割し、二人以上を一人とすることがあると断《ことわ》っている。そうすることによって、〈一人の人間における偉大な人間革命は、やがて一国の宿命の転換をも成し遂げ、さらに全人類の宿命の転換をも可能にする〉という、信仰の核心《かくしん》を正しく伝達することができると池田氏は考えている。

「一直線に天に向かって」

ちなみに池田氏自身も、この小説の中では、山本伸一という人物名で登場する。

小説『人間革命』に登場する「山本伸一」は、池田名誉会長のペンネームです。

1949（昭和24）年1月、戸田第二代会長が経営する出版社に入社した若き日の名誉会長は、少年雑誌の編集を任され、「山本伸一郎」のペンネームで、ベートーベンの伝記などを執筆しました。戸田会長は「山に一本の大樹が、一直線に天に向かって伸びてゆく」と、このペンネームを評し、若き弟子の奮闘を温かく見守ったのです。

戸田会長は、「妙悟空」のペンネームで、戦時中の獄中体験などをつづった小説『人間革命』を聖教新聞に連載していました。『人間革命』『新・人間革命』執筆の際に用いる、「法悟空」というペンネームの由来について、名誉会長は「(仏法の原理からいえば）妙は師、法は弟子となる。私の師は戸田先生である」と述べています。

「恩師の真実を伝える伝記を書き残すことは、私の青春時代からの誓いであった」「先生のご生涯は、そのまま一個の人間の偉大なる人間革命の軌跡であり、それを書き残すことによって、万人に人間革命の道を開くことが可能になると確信していたからである」と『人間革命』のあとがきにつづった池田名誉会長。二つのペンネームには、恩師・戸田会長の偉業を世界に宣揚《せんよう》することを誓う、池田名誉会長の真情が込められているのです。（SOKAnet「12月の広布史」、https://www.sokanet.jp/kaiin/kofushi/12.html）

「山に一本の大樹が、一直線に天に向かって伸びてゆく」という山本伸一という名前の中に、やがて創価学会が「一直線に天に向かって」、まさに世界宗教として展開していくという意味が含まれているのである。

『人間革命』本文の最初の章は、「黎明」と題されている。その始まりの言葉は、戦争を憎《にく》み平和の実現に尽力《じんりょく》する世界宗教である創価学会の特徴を端的《たんてき》に示している。

戦争《せんそう》ほど、残酷《ざんこく》なものはない。
戦争ほど、悲惨《ひさん》なものはない。
だが、その戦争はまだ、つづいていた。
愚《おろ》かな指導者《しどうしゃ》たちに、率《ひき》いられた国民《こくみん》もまた、まことに哀《あわ》れである。
人びとは、八年に及《およ》ぶ戦火《せんか》に、親《おや》を失《うしな》い、子を失っても、その苦《くる》しみに耐《た》えてきた。

しかし、一九四五年（昭和《しょうわ》二十年）七月ごろには、いつ米軍《べいぐん》が本土《ほんど》に上陸《じょうりく》するかわからないという重苦《おもくる》しい空気《くうき》が、人びとの心《こころ》を締《し》めつけていた。（前掲、『人間革命　第1巻』一五頁）

戦争は、基本的に国家の行為である。民衆が平和を望んでいても、為政者《いせいしゃ》が戦争に向かって舵《かじ》を切ることがある。また、権力者やエリート層による情報操作によって煽動《せんどう》された民衆が戦争を望むこともある。しかし、真の宗教人たちは、どのような状況においても真摯《しんし》に平和を望む。戸田城聖氏もそのような宗教人だ。

信仰で結ばれた家族の絆

戦時体制の中、一九四〇年に宗教団体法が施行され、国家による宗教団体への統制が強まった。創価学会の前身である創価教育学会の活動に対しても、特別国家高等警察（特高）が刑事を派遣するなど、学会活動も当局の監視下に置かれた。そして、一九四三年七月に学会幹部が一斉に逮捕《たいほ》された。戸田氏も七月六日朝、治安維持法違反、不敬罪の容疑で逮捕され、二年におよぶ獄中《ごくちゅう》生活を余儀《よぎ》なくされた。その二年後、七月三日に戸田氏は釈放されることになった。

七月三日、午後《ごご》七時――。

豊多摩《とよたま》刑務所《けいむしょ》（中野《なかの》刑務所）の、いかめしい鉄《てつ》の門《もん》の外側《そとがわ》には、さっきから数人《すうにん》の人影《ひとかげ》が立ちつくしていて、人影の絶《た》えた構内《こうない》を、じっとみつめていた。かれこれ二時間にもなる。辺《あた》りは閑散《かんさん》としていた。周囲《しゅうい》には、高いコンクリートの塀《へい》が、長々《ながなが》と巡《めぐ》らされていた。

蒸《む》し蒸しした一日が終《お》わって、今、ひんやりとした風《かぜ》が、武蔵野《むさしの》の林《はやし》から遠《とお》くそよぎ始めてきた。

その時、鉄門《てつもん》の右《みぎ》の隅《すみ》にある小さな鉄の扉《とびら》から、一人《ひとり》の、やせ細《ほそ》った中年《ちゅうねん》の男《おとこ》が、いそぎ足《あし》で出てきた。手には大きな風呂敷包《ふろしきづつ》みをかかえている。そのいそぎ足がもつれた。門の外《そと》に立ちつくしていた人影は、この時、なにやら鋭《するど》く口走《くちばし》ると、さっと駆《か》けよった。

「おお！」

出てきた男のメガネが、キラリと光《ひか》り、思《おも》わず立ち止《ど》まって、顔《かお》をあげた。

「幾枝《いくえ》、迎《むか》えに来たのか。家は無事《ぶじ》か」

「焼《や》けません。みんな元気《げんき》です」

「そうか。よかった、よかった。もう、心配《しんぱい》するな。本当《ほんとう》に苦労《くろう》かけたなぁ」

男《おとこ》は、いたわるように、妻《つま》に向かって言った。

「叔父《おじ》さん、お帰《かえ》りなさい」

「おお、一雄《かずお》も来たか」

「お帰りなさい」

「おや、姉《ねえ》さんも来てくれましたか」

出迎《でむか》えたのは、妻、実姉《じっし》と、その子の三人である。（前掲書一五〜一七頁）

当局による激しい弾圧《だんあつ》の下での、共通の信仰で結ばれた家族の絆がいかに強力であるかが、この記述からうかがえる。さらに、さりげない筆致《ひっち》で、戸田氏が衰弱《すいじゃく》している状況についてこう描く。


　男は、浴衣《ゆかた》の着《き》ながしで、長身《ちょうしん》の体《からだ》は飄々《ひょうひょう》としていた。風《かぜ》が裾《すそ》を払《はら》った。瞬間《しゅんかん》、脛《すね》が現《あらわ》れたが、それは肉《にく》が落《お》ち、か細《ぼそ》い棒《ぼう》のように見える。笑《わら》いかけていた妻の幾枝《いくえ》は、はっと胸《むね》を突《つ》かれ、手を伸《の》ばして、大きな風呂《ふろ》敷包《しきづつ》みを、ひったくるように受け取ると、甥《おい》の一雄が、それに手を添《そ》え、受け止《と》めるようにして肩《かた》に担《かつ》いだ。

「こりゃ、案外《あんがい》、重《おも》いや」

　四人の頬《ほお》には、明《あか》るい笑いが浮《う》かんだ。誰《だれ》もが、一種《いっしゅ》の興奮《こうふん》に駆《か》られている。言いたいことが、胸《むね》にぎっしり詰《つ》まっているのに、それがもどかしく、なかなか言葉《ことば》にならない。四人は黙《だま》ったまま、高い塀《へい》に沿《そ》って、静《しず》かに歩《ある》きだしていった。

　二人《ふたり》の女性《じょせい》は、もんぺ姿《すがた》で、防空頭巾《ぼうくうずきん》を肩《かた》に掛《か》けている。青年《せいねん》は、鉄《てつ》カブトを背中《せなか》につるし、足《あし》にゲートルを巻《ま》いていた。いつ来るかもしれぬ、空襲《くうしゅう》に備《そな》えての服装《ふくそう》である。この三人の先《さき》に立って肩を張《は》り、足を運《はこ》ぶ中年《ちゅうねん》の男《おとこ》だけが、まるで風呂《ふろ》帰《がえ》りのような浴衣姿《ゆかたすがた》で、異様に目立った。（前掲書一七～一八頁）

戸田氏の脛《すね》の肉が落ちて、か細い棒のようになっているのは、獄中の極端《きょくたん》な食糧不足のせいだ。

第2章 現実世界こそ宗教が活躍する場

「黎明」(一八〜三五頁)

戦災の焼け野原に立って

豊多摩刑務所《とよたまけいむしょ》から釈放《しゃくほう》された戸田城聖氏は、焼け野原となった東京の様子を自分の目で見る。

空襲に次《つ》ぐ空襲で、街《まち》は暗黒《あんこく》に等《ひと》しい。

いつか、夜の帳《とばり》が下《お》りていた。

長《なが》い塀が切れて、右《みぎ》に曲《ま》がった。路上《ろじょう》には、ほとんど人影《ひとかげ》もない。しばらく行くと、右側《みぎがわ》の家並《いえな》みは続《つづ》いていたが、左側《ひだりがわ》はぽっかり穴《あな》の開《あ》いたように、荒廃《こうはい》した闇《やみ》が、果《は》てもなく広《ひろ》がっていた。言うまでもなく、戦災《せんさい》の焼《や》け野原《のはら》である。

浴衣の男は、立ち止《ど》まって、確《たし》かめでもするように、闇をじっと見透《みす》かした。

「ほう!」

彼《かれ》は、大きく息《いき》を吐《は》くと、また歩きだした。

彼《かれ》は、これまでに、拘置所《こうちしょ》の独房《どくぼう》で、高い小さな窓《まど》が、火炎《かえん》の反射《はんしゃ》で赤《あか》く染《そ》まる夜を、幾《いく》夜《よ》となく経験《けいけん》はしていた。そのたびに、不気味《ぶきみ》な空襲《くうしゅう》のサイレンに耳《みみ》をそばだて、戦争《せんそう》の推《すい》移《い》に胸《むね》を痛《いた》めて、深《ふか》い思《おも》いに沈《しず》んだものだ。

だが、焼《や》け野原《のはら》を目《ま》の当《あ》たりにするのは、今夜《こんや》が初《はじ》めてなのである。(池田大作『人間革命 第1巻』聖教ワイド文庫、二〇一三年、一八~一九頁)

既に、戦争は末期《まっき》に達していている。ただし、そのような見方は、一九四五年八月十五日に天皇がポツダム宣言を受諾《じゅだく》し、日本が降伏《こうふく》したことをラジオ放送で伝えたことを知っているわれわれの見方である。

同年七月三日、戸田氏が釈放された時点では、誰もが日本は徹底抗戦《てっていこうせん》をすると信じていた。しかし、日本に勝利の展望《てんぼう》がないことは、庶民も気づいていた。

既《すで》に、前年《ぜんねん》十一月、マリアナ諸島《しょとう》などを基地《きち》として、米軍機《べいぐんき》は都市《とし》への無差別爆撃《むさべつばくげき》を開始《かいし》していた。その後、焼夷弾攻撃《しょういだんこうげき》によって、五月までに、東京《とうきょう》、大阪《おおさか》などの大都市のほとんどを焼き払《はら》い、さらに六月からは、連日《れんじつ》にわたって、地方《ちほう》の小都市を空襲していた。

この時まで、首都《しゅと》・東京と、その近郊《きんこう》だけで、約《やく》八十万戸《こ》の住宅《じゅうたく》が失《うしな》われ、民間人《みんかんじん》の死傷者《ししょうしゃ》は十五万人に及《およ》び、約三百五十万の罹災者《りさいしゃ》が巷《ちまた》にあふれていた。空襲被害《ひがい》は、本土全体《ほんどぜんたい》では、その三倍《ばい》に達《たっ》していたであろう。

これらの詳細《しょうさい》な事実《じじつ》を、彼は、もちろん知る由《よし》もなかったが、そのおおよそは直覚《ちょっかく》していた。（前掲書一九頁）

「あたかも何事もなかったがごとく」

戸田氏は、歩きながら、親戚、友人、知人の状況について妻から聞き出す。そして、多くの人が戦争で死んだことを知る。


彼は、道々《みちみち》、妻《つま》に向かって、親戚《しんせき》、知友《ちゆう》の安否《あんぴ》を、次《つぎ》から次へ尋《たず》ねだした。下町《したまち》は、ほとんど全滅《ぜんめつ》であることも知った。かろうじて、山《やま》の手《て》の知人《ちじん》のうち、半数《はんすう》が助《たす》かっているにすぎない。しかも、その戦争《せんそう》は、まだ終《お》わっていなかった。

「こんな、ばかげたことを、いつまで、やっているんだ！」

彼《かれ》は、吐《は》き出《だ》すように、誰《だれ》に言うともなく、激《はげ》しい口調《くちょう》でつぶやいた。その声《こえ》は闇《やみ》に消《き》えたが、彼の怒《いか》りは燃《も》え盛《さか》っていたのである。

〝戦争をやって、誰が喜《よろこ》ぶか！　平和《へいわ》と幸福《こうふく》への願《ねが》いは、人びとの共通《きょうつう》の念願《ねんがん》であるはずだ。ところが、近代《きんだい》日本の歴史《れきし》は、十年に一度といってよいほど、国運《こくうん》を賭《と》しての戦火《せんか》に突入《とつにゅう》し、そのたびに多大《ただい》な犠牲《ぎせい》を払《はら》って、甚大《じんだい》な不幸《ふこう》に見舞《みま》われてきた。この日本の運命《うんめい》を、なんとか転換《てんかん》できないものか……〟

この時、彼の胸中《きょうちゅう》に去来《きょらい》していたものは、当時《とうじ》、戦争の渦中《かちゅう》にあった人びとの感慨《かんがい》とは、全《まった》く隔絶《かくぜつ》していた。

彼には、獄中《ごくちゅう》にあっても、罪《つみ》の意識《いしき》など、あろうはずはなかった。なんの悔恨《かいこん》もなかった。反省《はんせい》も必要《ひつよう》としなかった。（前掲書一九～二〇頁）

ここに書かれている〈こんな、ばかげたことを、いつまで、やっているんだ！〉という叫《さけ》びが、創価学会の原点にある。

国家の行為で行われる戦争の惨禍《さんか》から、民衆をどのようにして救うかが創価学会にとって、常に重要な課題なのである。戦争に反対するという信仰を持ち続けたことが、刑事犯罪とされる国家の方が異常なのである。それだから、戸田氏は逮捕歴があるということをまったく気にしていない。

異常な時代状況の中では、「あたかも何事もなかったがごとく」普通に生活していくことが重要だ。これは、時の政府が進める戦争に向けた動員に参加しないということだ。これには強い意志力が必要とされる。

戸田氏は、この戦争を始めた原因が誤《あやま》った信仰にあることを正確に理解している。

軍部政府《ぐんぶせいふ》は、いかにも愚劣《ぐれつ》で、狂信的《きょうしんてき》で、わが同胞《どうほう》に対してすら暴力的《ぼうりょくてき》で、不条理《ふじょうり》であった。そのような狂信をもたらしたものの根源《こんげん》が、軍部政府の精神的支柱《せいしんてきしちゅう》であった「国家神道《こっかしんとう》」にほかならないことを、彼《かれ》は、骨身《ほねみ》に染《し》みて熟知《じゅくち》していたからである。

彼は四十五歳《さい》になっていた。入獄前《にゅうごくまえ》は二十数貫《かん》もあった。いまは十二、三貫もない。この出獄《しゅつごく》は、戦時下《せんじか》の一未決囚《いちみけつしゅう》の、平凡《へいぼん》な保釈出所《ほしゃくしゅつしょ》の風景《ふうけい》と人は思《おも》うかもしれない。しかし、この浴衣《ゆかた》の着《き》ながしで出獄した、坊主頭《ぼうずあたま》の中年《ちゅうねん》の男《おとこ》こそ、戸田城聖《とだじょうせい》その人であったのである。（前掲書二一頁）

当時の日本では、正邪《せいじゃ》が転倒《てんとう》していた。正しい人が投獄《とうごく》され、悪事に手を染める人々が国家権力の中枢《ちゅうすう》に居座《いすわ》っていた。

考《かんが》えようによっては、獄中《ごくちゅう》よりも獄外《ごくがい》にこそ、悪人《あくにん》が多くはびこっていた。一国《いっこく》の前途《ぜんと》を憂《うれ》え、民衆《みんしゅう》の側《がわ》に立って戦《たたか》った人物《じんぶつ》が獄につながれる一方《いっぽう》、民衆を不幸《ふこう》に陥《おとしい》れた指導者《しどうしゃ》が、そのまま生《い》き長《なが》らえる現実《げんじつ》ほど、この世《よ》の不条理《ふじょうり》はない。社会《しゃかい》の正邪《せいじゃ》、善悪《ぜんあく》を測《はか》る基準《きじゅん》が、まるで正反対《せいはんたい》になっていたのである。

いったい、人間《にんげん》をほしいままに裁《さば》く資格《しかく》が、誰《だれ》にあるだろうか。人間が裁かれるとするならば、それは普遍《ふへん》の法《ほう》によってであり、権力者《けんりょくしゃ》の自分勝手《じぶんかって》な考えによって裁かれるべきではない。その人間の気ままな心《こころ》を制御《せいぎょ》するために法律《ほうりつ》があり、裁判制度《さいばんせいど》がある。

しかし、法律も制度も、人間が解釈《かいしゃく》し、運用《うんよう》するものであるから、その時代《じだい》・社会の底流《ていりゅう》に、永久不変《えいきゅうふへん》の根本的《こんぽんてき》な原理《げんり》が確立《かくりつ》されていない限《かぎ》り、公正《こうせい》な裁判は望《のぞ》むべくもないだろう。（前掲書三二頁）

ここで重要なのは、〈法律も制度も、人間が解釈し、運用するものであるから、その時代・社会の底流に、永久不変の根本的な原理が確立されていない限り、公正な裁判は望むべくもない〉という戸田氏の認識だ。

表面的には、人権を尊重する法律や裁判制度を導入しても、それを支える正しい価値観を欠いてしまえば、制度は形骸化《けいがいか》する。法律や制度を正しく運用するためには、正しい価値観に基づいた人を、立法、司法、行政に送り出していかなくてはならない。

信仰は、この世界の現実に関与する中で磨《みが》かれていくという創価学会の考え方の基本がここにも現れている。

庶民の知恵に学ばなくては

『人間革命』では、時の政府の戦争推進政策とは、まったく別の位相《いそう》で庶民の生活が営《いとな》まれていることが生き生きと描かれている。

今、ところどころガラス窓《まど》が破《やぶ》れ、薄汚《うすぎたな》い山手線《やまのてせん》の電車《でんしゃ》の、風変《ふうが》わりな一乗客《いちじょうきゃく》、かの長身《ちょうしん》の中年《ちゅうねん》の男《おとこ》が、誰《だれ》であるかを知る人はなかった。

車内《しゃない》の一隅《いちぐう》に、職人風《しょくにんふう》の男が、四、五人固《かた》まって、電車の走《はし》る音《おと》にも負《ま》けないほど大声《おおごえ》を張《は》り上《あ》げて、何事《なにごと》か盛《さか》んに議論《ぎろん》を戦《たたか》わせている。

戸田《とだ》は、ふと耳《みみ》を澄《す》ました。焼夷弾《しょういだん》の殻《から》に関《かん》する議論である。

「なにしろ、アメリカの、あの鉄《てつ》はなんというのだろう。質《しつ》はべらぼうなもんだ。あれでシャベルを作《つく》ってみたが、すごいのができる」

一人《ひとり》の男が、得意《とくい》そうに身《み》ぶり手ぶりで説明《せつめい》しだした。すると、もう一人の男が、それをさえぎって言った。

「いや、わしは、あれで包丁《ほうちょう》を作ってみたが、いいね。一つの殻で十丁は取れる」

「なに、十丁？　そんなに取れるもんか。いいとこ五、六丁だろう」

それまで黙《だま》っていた小柄《こがら》の男が、勢《いきお》い込《こ》んで口《くち》をはさんだ。包丁の発明家《はつめいか》は、憤然《ふんぜん》となった。

「ばかいえ。十丁は大丈夫《だいじょうぶ》だい」

「そんなに欲《よく》ばったって、だめだ。せいぜい五、六丁《ちょう》さ」

「いや、取れる。十丁は絶対《ぜったい》に大丈夫《だいじょうぶ》だ」

職人気質《しょくにんかたぎ》は、頑固《がんこ》に衝突《しょうとつ》した。（前掲書三三〜三四頁）

ここで、米爆撃機《ばくげきき》から投下された焼夷弾の殻から、シャベルや包丁を作ったことを自慢している男たちも、空襲で生命の危険にさらされた。しかし、こうやって「あたかも何事もなかったがごとく」普通の生活を営んでいる。ここに戸田氏は、民衆の底力があるという現実を認識した。

さらに一人の男が述べた〈アメリカの、あの鉄はなんというのだろう。質はべらぼうなもんだ〉という言葉には、日米の製鉄技術の差に対する正しい認識が含まれている。庶民は、この戦争に勝ち目がないということは、十分わかっている。そのような状況下で、日々生き残っていくのに必死なのだ。

戸田氏は、庶民の知恵に学ばなくてはならないと無意識のうちに思い、男たちに近づいて、話しかけた。

戸田《とだ》は、微笑《ほほえ》んだ。敵《てき》の焼夷弾《しょういだん》の弾片《だんぺん》の鉄屑《てつくず》から、シャベルを作《つく》り、包丁《ほうちょう》を作る庶民《しょみん》のたくましい知恵《ちえ》に、敬意《けいい》を表したくなった。

彼《かれ》は、立ち上がって、彼らの方《ほう》へ歩《あゆ》み寄《よ》ったが、この時、電車《でんしゃ》はスピードを落《お》とし、目黒《めぐろ》駅《えき》に入《はい》っていた。彼は、降《お》り際《ぎわ》に、この熱心《ねっしん》な討論者《とうろんしゃ》たちに声《こえ》をかけた。

「やぁ、皆《みな》さん、ご苦労《くろう》さん。シャベルと包丁、うんと作ってくださいよ」

一団《いちだん》の人《ひと》びとは、一瞬《いっしゅん》、怪訝《けげん》な面持《おもも》ちで顔《かお》を見合《みあ》わせた。仲間《なかま》の誰《だれ》かの知り合いかと思《おも》ったのである。見ず知らずの他人《たにん》だとわかると、みんな愉快《ゆかい》そうに、どっと笑《わら》い声《ごえ》をたてた。

職人たちを乗《の》せた電車は、発車《はっしゃ》した。彼らは、暗《くら》いプラットホームに浴衣《ゆかた》の男《おとこ》の姿《すがた》を見ると、一斉《いっせい》に窓《まど》から体《からだ》を乗り出し、「さようなら、おやすみぃー」と叫《さけ》びながら、盛《さか》んに手を振《ふ》った。彼らは、自分《じぶん》たちの実用新案《じつようしんあん》に、見知《みし》らぬ男からの加勢《かせい》を得《え》て、にわかに自信《じしん》を深《ふか》めたのであろう。（前掲書三四〜三五頁）

このエピソードは、電車の中での、些細《ささい》な出来事のように見える。しかし、そうではない。重要な宗教的意味がある。宗教は、彼岸《ひがん》的、すなわちあの世に救《すく》いを求めるということではない。現実に人間が生きているこの世界が、宗教が活躍する場なのである。戦時下のどのように苦しい状況においても、宗教人は、自身の信仰を基準に生活し、戦わなくてはならない。

戸田氏は、刑務所から保釈になったその瞬間から、信仰の戦いについて考えているのだ。その基本は、庶民である。電車の中で話していた男たちも、戦争で家族や友人を亡くしているはずだ。それでも、焼夷弾の殻からシャベルや包丁を作って懸命に生きようとしている。この庶民の生命力を強めることが宗教人としての務めなのである。

民衆こそ王者である基本思想に立って

戸田氏は、日本が近未来に敗北するという現実が見えていた。そして、戦争の廃墟《はいきょ》の上に新しい日本社会を建設することを、獄中にいたときからずっと考えていたのだ。民衆こそ王者であるという基本思想に立ってのみ、日本社会を再建設することができる。そのことを電車の中で男たちの話を聞くことで再確認したのである。

　戸田《とだ》は、何よりもまず、復讐《ふくしゅう》の念《ねん》に燃《も》えていた。しかし、軍部政府《ぐんぶせいふ》に対《たい》して、政治的《せいじてき》な報《ほう》復《ふく》を企《くわだ》てようとするのではない。老齢《ろうれい》の恩師《おんし》・牧口会長《まきぐちかいちょう》を獄《ごく》において死《し》にいたらしめ、彼自《かれじ》身《しん》を、二年の間《あいだ》、牢獄《ろうごく》で呻吟《しんぎん》せしめ、彼の肉親《にくしん》をかくも苦《くる》しめ、また幾千万《いくせんまん》の民衆《みんしゅう》に塗炭《とたん》の苦《くる》しみを与《あた》えた、目に見えない敵《てき》に対して、その復讐を心《こころ》に固《かた》く誓《ちか》っていたのである。

　およそ不幸《ふこう》の根源《こんげん》は、一国《いっこく》の政治や、社会機構《しゃかいきこう》の形態《けいたい》だけで、決定《けってい》できるものではない。より本源的《ほんげんてき》には、誤《あやま》った思想《しそう》や宗教《しゅうきょう》によるものである。

　戸田は、この日蓮大聖人《にちれんだいしょうにん》の鋭《するど》い洞察《どうさつ》が、寸分《すんぶん》の狂《くる》いもない真実《しんじつ》であることを、身《み》をもって知った。しかし、それを今、初《はじ》めて知ったわけではない。戦時下《せんじか》において、牧口常三郎《つねさぶろう》を会長とし、彼が理事長《りじちょう》であった創価教育学会《そうかきょういくがっかい》の、熾烈《しれつ》な戦《たたか》いは、この深《ふか》い信条《しんじょう》から発《はっ》していたのである。

　獄に入《はい》っても、戸田の信条は、破《やぶ》れはしなかったが、彼の戦いは、時に利《り》あらずして、ひとまず敗《やぶ》れたことを、いやでも知らなければならなかった。（前掲書二二頁）

　創価学会という主語に、勝利という述語が含まれている。創価学会は必ず勝利する。しかし、その過程において、一時、後退しなくてはならないときもある。そのときは虚勢《きょせい》を張るのではなく、一時的敗北を認めることが重要だ。その上で、勝利に向けての体制を構築する事業に戸田氏は従事していくのである。

第３章 創価学会の教育法の源流

「黎明」（三六〜五二頁）

創価教育の実践の場

戸田城聖氏が逮捕、投獄されたのは、一九四三年七月のことであった。当時、東京に対する本格的な空襲はまだ行われていなかった。その後、二年の間に、米軍の無差別《むさべつ》爆撃によって、東京は文字通り廃墟《はいきょ》になってしまった。豊多摩刑務所から釈放されて、帰宅する途中、戸田氏は妻にある場所に立ち寄ろうと言う。現在のＪＲ山手線・目黒駅から東へ三〇〇メートルほど行ったところだ。

「うん、ちょっと焼《や》け跡《あと》を見ていこう」

戸田《とだ》は、妻《つま》を振《ふ》り返《かえ》り、顎《あご》をしゃくって方向《ほうこう》を示《しめ》した。横断《おうだん》した道路《どうろ》から、右《みぎ》に入《はい》る道《みち》がある。ゆるい下《くだ》り坂《ざか》であった。その右側《みぎがわ》に、彼《かれ》の時習学館《じしゅうがっかん》の焼け跡があったのである。辺《あた》り一面《いちめん》は、焼け野原《のはら》である。不気味《ぶきみ》に静《しず》まり返ったなかに、四人の足音《あしおと》だけが響《ひび》いた。焼け跡は、焼け落《お》ちたままになっている。既《すで》に二カ月余《あま》りの風化《ふうか》を経《へ》ていたが、それでも焦《こ》げた臭《にお》いは残《のこ》っていた。（池田大作『人間革命　第1巻』聖教ワイド文庫、二〇一三年、三六頁）

ここに二カ月前の空襲で焼け落ちる前まで、戸田氏が開いた私塾「時習学館」があった。

この焼け跡《あと》は、彼のかつての城《しろ》であった。一九二二年（大正《たいしょう》十一年）、牧口常三郎《まきぐちつねさぶろう》が三笠《みかさ》尋常小学校《じんじょうしょうがっこう》の校長《こうちょう》から白金《しろかね》尋常小学校の校長に異動《いどう》した時、戸田《とだ》は、小学校の教員《きょういん》を退職《たいしょく》し、翌年《よくねん》、時習学館《じしゅうがっかん》という私塾《しじゅく》を開いたのである。

二十三歳《さい》で、一国一城《いっこくいちじょう》の主《あるじ》になった彼は、この私塾において、恩師《おんし》・牧口の創価教育学《そうかきょういくがく》の実践《じっせん》を、何ものにも煩《わずら》わされず、行《おこな》うことができた。

どんな子《こ》どもでも、優等生《ゆうとうせい》にしてみせるというのが、彼の教育実践の確信《かくしん》であった。事実《じじつ》、彼の塾生《じゅくせい》の小学生たちは、どしどし一流《いちりゅう》の志望校《しぼうこう》に合格《ごうかく》し、進学《しんがく》した。

時習学館周辺《しゅうへん》の小学生たちの間《あいだ》では、「昼間《ひるま》の学校はだめだ、夜の学校でなければだめだ」といった噂《うわさ》が広《ひろ》がりだした。

昼間の学校、つまり尋常小学校は顔色《がんしょく》なかった。教員たちは、時習学館の名《な》を耳《みみ》にすると、不機嫌《ふきげん》になった。

夜の学校、つまり時習学館へ、夕方《ゆうがた》になると、少年少女《しょうねんしょうじょ》たちは、喜々《きき》として集《あつ》まるようになっていたのである。（前掲書三七〜三八頁）

当時の日本で、義務教育における国家の統制は、現在とは比較にならないほど強かった。教科書は、一種類の国定《こくてい》教科書しかなかった。中学校までの教育は、教師が生徒に一方的に知識を伝達し、詰め込むという暗記中心の方法が取られていた。戸田氏は、牧口常三郎・創価教育学会（創価学会の前身）会長の創価教育学に基づいて、人間主義に基づいた教育を時習学館で行ったのである。

昼間《ひるま》の学校《がっこう》では、型通《かたどお》りの授業《じゅぎょう》が行《おこな》われていたにすぎなかった。教育《きょういく》は、同じ鋳型《いがた》の機械《きかい》をつくるのが目的《もくてき》ではない。人間《にんげん》をつくるところに、教育の重要《じゅうよう》な意義《いぎ》があることを、若《わか》い教員《きょういん》たちは忘《わす》れていた。子《こ》どもたちは、代《か》わり映《ば》えのしない先生《せんせい》の話《はなし》に、飽《あ》き飽きしていたのである。

その点《てん》、戸田《とだ》の教育法は、実《じつ》に水際立《みずぎわだ》っていた。

彼《かれ》は、子どもたちの旺盛《おうせい》な好奇心《こうきしん》に応《こた》えて、具体的《ぐたいてき》な事実《じじつ》から、一つの数学的概念《すうがくてきがいねん》を認識《にんしき》させ、それから推理《すいり》を重《かさ》ね、いつの間《ま》にか複雑《ふくざつ》な、高度《こうど》な概念を理解《りかい》させる。この過程《かてい》は面《おも》白《しろ》くて、無理《むり》がない。そして、学問《がくもん》の楽《たの》しさを、子どもたちは、小さな胸《むね》に感得《かんとく》するにいたる。

子どもたちは、寒暖計《かんだんけい》のように鋭敏《えいびん》な反応《はんのう》を示《しめ》した。

戸田は、人格形成《じんかくけいせい》のための技術《ぎじゅつ》が、まさしく教育であると考《かんが》えた。優《すぐ》れた教育理念《りねん》を根底《こんてい》にもち、独創的《どくそうてき》な教育技術を身《み》につけた教師《きょうし》は、ぐいぐい生徒《せいと》を引《ひ》っ張《ば》っていくことができる。そうした教育者から、物事《ものごと》を認識する訓練《くんれん》を受け、いつしか人格《じんかく》の高みにまで導《みちび》かれた人は、まことに幸福者《こうふくもの》といわなければなるまい。（前掲書三八～三九頁）

教育とは、正しい師弟関係の形成と表裏一体《ひょうりいったい》の関係にある。師弟関係を通じて人格形成を行っていくのだ。人間は、常に形成への途上《とじょう》にある。教育は人間を形成する過程における重要な要素なのである。それだから、創価学会は会員の教育を重視するのだ。創価学会の教育法の源流の一つが時習学館にある。

抽象的な思考を身につける教育戦略

それでは、戸田氏の教育法は、具体的にどのようなものであったのだろうか。

彼《かれ》は、いつもニコニコしながら、「よう！」と声《こえ》をかけ、教室《きょうしつ》に入《はい》って来る。いたずらっ子たちは、慌《あわ》てて席《せき》に着《つ》き、「こんばんは」と頭《あたま》を下《さ》げる。今夜《こんや》は、どんな面白《おもしろ》いことがあるかと、期待《きたい》に目を輝《かがや》かせている。

彼は、子《こ》どもたちに笑《わら》いかけながら、口《くち》を切る。

「犬《いぬ》の欲《ほ》しい人は、いないか？」

一瞬《いっしゅん》、子どもたちは静《しず》まり返る。

「欲しい人には、犬をあげよう」

あちこちから、盛《さか》んに手があがる。

「先生《せんせい》、私にください」

「先生、ぼくにください」

「先生、ぼくにも……」

「先生、あたいにも……」

教室は騒然《そうぜん》となる。彼は、目を細《ほそ》めて教室を見渡《みわた》し、「さぁ、誰《だれ》にあげようか」と言いながら、くるりと後《うし》ろ向《む》きになって、黒板《こくばん》に向かってチョークを取る。（前掲書三九〜四〇頁）

ニコニコとして、教室に入り、子どもたちに〈よう！〉と声をかけることで、上から知識を伝授するという姿勢ではなく、人格的には対等《たいとう》な関係で子どもたちと接《せっ》するという姿勢を示す。そして、〈犬の欲しい人は、いないか？〉と子どもたちが、具体的なイメージを描きやすい質問をする。もちろん、戸田氏にはこのような具体的な問題から始めて、子どもたちに抽象的な思考を身につけさせるという教育戦略がある。

彼《かれ》は、黒板の真《ま》ん中《なか》に「犬《いぬ》」と大きく書《か》く。そして、子《こ》どもたちに向かって言う。

「これは、なんだ?」

「イヌ!」

「そう、確《たし》かに犬だね」

「はーい」

「間違《まちが》いないね」

「はーい」

「さぁ、欲《ほ》しい人は持《も》っていきなさい」

子どもたちは、一瞬《いっしゅん》、困惑《こんわく》してしまう。ややあって、一人《ひとり》の少年《しょうねん》が叫《さけ》ぶ。

「なんだ、字か!」

どっと教室《きょうしつ》に笑《わら》い声《ごえ》があがる。

戸田《とだ》は、犬の字を指《さ》して言う。

「イヌだね、間違いないね。さぁ、欲しい人にあげるよ」

確《たし》かに犬《いぬ》である。だが、もらっていくことはできない。子《こ》どもたちは、何が、どう間違《まちが》っているのか、それがつかめない。

彼《かれ》は、それが犬というものの、抽象化《ちゅうしょうか》された記号《きごう》であることを教《おし》えていく。(前掲書四〇

～四一頁）

数学は、非言語的な論理を操作する知《ち》の技法《ぎほう》だ。「犬」という意味が、日本語の文脈《ぶんみゃく》の中で決まっている。「犬」という言葉で、別の人が「馬」や「猫」を意味しているのでは、コミュニケーションが成立しない。数学の場合、数字や等号（＝）などの記号を用いるので、日常言語のような曖《あい》昧《まい》さは生じない。「抽象化された記号」という概念《がいねん》を理解しておけば、数学の勉強につまずくことはないと戸田氏は考えたのだ。

さまざまな、面白《おもしろ》い実例《じつれい》を重《かさ》ねながら、数学《すうがく》というものが、実《じつ》は数《かず》の記号のうえに成立《せいりつ》しているという概念《がいねん》を、小さい頭《あたま》に、知らず知らずに染《し》み込《こ》ませてしまうのだった。そして、これらの小さい頭は、自《みずか》らの力《ちから》で、活発《かっぱつ》な応用《おうよう》を始《はじ》める。よき種《たね》は、よき苗《なえ》となり、よき花《はな》が咲《さ》こう。よき少年《しょうねん》は、よき青年《せいねん》となる。よき青年は、よき社会《しゃかい》の指導者《しどうしゃ》と育《そだ》とう――これが、彼の信条《しんじょう》であった。

戸田《とだ》は、子どもたちに、的確《てきかく》なプリントを与《あた》えていった。そのプリントを、人に勧《すす》められて集大成《しゅうたいせい》してみると、独創的《どくそうてき》な算術《さんじゅつ》の指導書《しどうしょ》となった。これが、名著《めいちょ》として知られることになる、戸田城外著《じょうがいちょ》『推理式《すいりしき》指導算術』である。

彼は、この本を、自分《じぶん》が経営《けいえい》していた出版社《しゅっぱんしゃ》から発刊《はっかん》した。破天荒《はてんこう》な売《う》れ行きであった。やがて、発行部数《はっこうぶすう》は百万部を数《かぞ》えるにいたっている。

戸田の著書《ちよしよ》を使《つか》って学《まな》び、苦手《にがて》だった算術を克服《こくふく》し、首尾《しゆび》よく入学試験《にゆうがくしけん》を勝ち取った、かつての少年少女《しようねんしようじよ》も、少《すく》なくないはずである。（前掲書四一～四二頁）

真理《しんり》は具体的である。ほとんど小学生にとって、「学問のための学問」というような実用性を欠いた知は、意味がない。戸田式の算術をマスターすることで、学校の成績が向上するだけでなく、志望校の入学試験にも合格できるようになる。知の実用性を重視することも戸田氏の教育法の特徴だ。

しかし、横暴《おうぼう》な国家権力による不当《ふとう》逮捕で、戸田氏の教育活動は、物理的に不可能になってしまったのである。

逆境において一層信仰が深くなる

戸田《とだ》は、四日前に、巣鴨《すがも》の東京拘置所《とうきようこうちしよ》から、いきなり豊多摩刑務所《とよたまけいむしよ》へ移《うつ》された。理由《りゆう》は、わからなかった。そして、今日《きよう》、保釈出所《ほしやくしゆつしよ》となったのである。

混乱《こんらん》の時勢《じせい》で、わけもわからぬことであったが、おそらく三年の刑を三日ですませたのかもしれない。彼は、転重軽受《てんじゆうきようじゆ》（引用者註＊智慧の力、修善の功徳、護法の功徳によって、過去世の重い罪を転じて現世に軽くその報《むく》いを受けること）の法門《ほうもん》を信《しん》じた。

「これでいい、これでいい。みんな無事《ぶじ》で、こうして生きて会えたんだ。幾枝《いくえ》も無事だし、喬一《きょういち》も一関《いちのせき》に元気《げんき》でいるし、ぼくは、なんの文句《もんく》もない。これでいいんだ」

戸田は、一同《いちどう》の顔《かお》を見回《みまわ》して、自《みずか》ら頷《うなず》きながら、わが心《こころ》に納得《なっとく》させるように、しみじみとして言った。（前掲書五〇頁）

戸田氏はほんとうの信仰を持っている。信仰を持っている者は、過去を憂《うれ》えずに、常に前を見るのだ。

戸田の一人息子《ひとりむすこ》である喬一は、国民学校初等科《こくみんがっこうしょとうか》に通《かよ》っていた。空襲《くうしゅう》が激しくなると学童疎《がくどうそ》開《かい》が始《はじ》まった。一関に嫁《とつ》いでいた戸田の妹《いもうと》が、獄中《ごくちゅう》の戸田を案《あん》じて、進《すす》んで喬一を引き取った。

獄中で、これを知った戸田は、わが子に、次《つぎ》のような手紙《てがみ》を、さっそく書《か》き送《おく》った。

「一関《いちのせき》に疎開《そかい》したと聞いた。楠木正行公《くすのきまさつらこう》は十一歳《さい》でお父《とう》さんの志《こころざし》をついだ。お前も十だ。立派《りっぱ》な日本人となる為《ため》に、一人《ひとり》で旅《たび》に出る位《くらい》、なんでもない。強《つよ》く、正《ただ》しく、生きなさい。（中略《ちゅうりゃく》）一切《いっさい》の修養《しゅうよう》の大本《おおもと》は『丈夫《じょうぶ》』になること。強い男《おとこ》らしい身体をもつことだ。丈夫になるのは、一心《いっしん》に『丈夫』に俺《おれ》はなるとまずきめて、さてどうするかは、後《あと》は自分《じぶん》の工夫《くふう》だ。

お父さんとはまだまだ会えませぬが、二人《ふたり》で約束《やくそく》したい。朝何時《あさなんじ》でも君《きみ》の都合《つごう》のよい時、御本尊様《ごほんぞんさま》にむかって題目《だいもく》を百ペン唱《とな》える。その時お父さんも、同時刻《どうじこく》に百ペン唱えます。

そのうちに『二人の心《こころ》』が、無線電信《むせんでんしん》の様《よう》に通《かよ》うことになる。話《はなし》もできます。これを父子《おやこ》同盟《どうめい》としよう。お母《かあ》さんも、お祖父《じい》さんも、お祖母《ばあ》さんも、入れてあげてもよい。お前の考《かんが》えだ。時間を知らせて下《くだ》さい」

彼《かれ》は、獄中《ごくちゅう》から、喬一《きよういち》に、このような激励《げきれい》を送《おく》りながら、朝夕《あさゆう》二千遍《べん》の唱題《しょうだい》のあとに、家《か》族《ぞく》のおのおのに、百遍の題目を唱えて回向《えこう》していた。（前掲書五〇～五一頁）

獄中で、題目を唱えることによって、運命を転換していくのである。刑務所の厚い壁《かべ》に阻《はば》まれていても、題目の力は、全く失われない。否、むしろ逆境において、信仰が一層《いっそう》深くなるのである。

看守も黙認する信心の強さ

また、敗戦《はいせん》の必至《ひっし》を確実《かくじつ》に予見《よけん》していた彼は、御本尊に、あらゆる一切《いっさい》のことを祈念《きねん》していた。

独房《どくぼう》には、もちろん御本尊《ごほんぞん》はなかった。ロウソクも線香《せんこう》も、あるはずはない。彼《かれ》は、差《さ》し入《い》れの牛乳《ぎゅうにゅう》ビンの蓋《ふた》をためて、それを糸《いと》で通《とお》し、数珠《じゅず》を作《つく》った。それは、獄中《ごくちゅう》での壮絶無比《そうぜつむひ》の戦《たたか》いであった。

〝大御本尊様、私と妻《つま》と子との命《いのち》を納受《のうじゅ》したまえ。妻と子よ、汝《なんじ》らは、国外《こくがい》の兵《へい》の銃剣《じゅうけん》に倒《たお》れるかもしれない。国外の兵に屈辱《くつじょく》されるかもしれない。しかし、妙法《みょうほう》の信者《しんじゃ》・戸田城聖《とだじょうせい》の妻として、また子と名乗《なの》り、縁《えん》ある者《もの》として、霊鷲山会《りょうじゅせんえ》（引用者註＊「霊鷲山」は古代インドのマガダ国の首都・王舎城の東北に位置した山の名。「会」は「会座《えざ》」「法会《ほうえ》」の略で、説法の集会のこと。法華経の説法は、この霊鷲山が舞台となっていることから霊鷲山会といわれる）に詣《もう》でて、大聖人《だいしょうにん》にお目通《めどお》りせよ。必《かなら》ず、厚《あつ》くおもてなしを受けるであろう……〟

彼の祈念《きねん》は、死線《しせん》のなかにあって、強《つよ》い覚悟《かくご》のものであった。また、獄中で初《はじ》めて体得《たいとく》した、不可思議《ふかしぎ》な法悦《ほうえつ》の境涯《きょうがい》から、祈《いの》りの叶《かな》うことも確信《かくしん》していた。

今、彼は、遂《つい》に自由《じゆう》を獲得《かくとく》したのだ。出獄《しゅつごく》の時から、この晩餐《ばんさん》に至《いた》るまで、彼は饒舌《じょうぜつ》なまでにしゃべり続《つづ》けた。二年間の、権力《けんりょく》による拘束《こうそく》から逃《のが》れた自由を、確《たし》かめでもするような調子《ちょうし》であった。（前掲書五一～五二頁）

何もない独房《どくぼう》で、戸田氏は牛乳ビンの蓋に糸を通して数珠《じゅず》を作った。刑務所の中で、これはリスクを負う行為だ。数珠を自作することは、刑務所の内規《ないき》に違反するからだ（筆者は、未決勾留《みけつこうりゅう》で東京拘置所《こうちしょ》の独房で暮らしたことがあるが、この種の「物作り」は規則で厳しく禁じられていた。もっとも数珠の差し入れは認められている）。戸田氏の信心の強さを目《ま》の当たりにして、看守《かんしゅ》も黙認《もくにん》したのであろう。

第4章 空襲下での誓い――「再建」への一歩

「黎明」（五四～五五頁）
「再建」（六二～六五頁）

暗幕に遮蔽された二階の一室で

戸田城聖氏が、豊多摩刑務所から釈放された一九四五年七月三日の夜も空襲警報のサイレンがなった。戸田氏は、あえて防空壕《ぼうくうごう》に退避《たいひ》せず、空襲下の静けさの中で、沈思黙考《ちんしもっこう》する。

一方、戸田城聖《じょうせい》は、暗幕《あんまく》に遮蔽《しゃへい》された二階《かい》の一室《いっしつ》で、仏壇《ぶつだん》の前に端座《たんざ》していた。空襲下の不気味《ぶきみ》な静《しず》けさが、辺《あた》りをつつんでいた。彼《かれ》は、しきみを口《くち》にくわえ、御本尊《ごほんぞん》をそろそろと外《はず》した。そして、かけていたメガネを取った。

　彼は、御本尊に顔《かお》をすりつけるようにして、一字一字、たどっていった。

〝確《たし》かに、この通《とお》りだ。間違《まちが》いない。全《まった》く、あの時の通りだ……〟

　彼《かれ》が、獄中《ごくちゅう》で体得《たいとく》した、不可思議《ふかしぎ》な虚空会《こくうえ》の儀式《ぎしき》は、御本尊《ごほんぞん》に、そのままの姿《すがた》で厳然《げんぜん》として認《したた》められていた。

　彼の心《こころ》は歓喜《かんき》にあふれ、涙《なみだ》は滂沱《ぼうだ》として頰《ほお》を伝《つた》わっていった。彼の手は、震《ふる》えていた。心に、彼は、はっきりと叫《さけ》んだのである。

〝御本尊様！　大聖人様《だいしょうにんさま》！　戸田《とだ》が、必《かなら》ず広宣流布《こうせんるふ》をいたします〟

　彼は、胸《むね》のなかに白熱《はくねつ》の光《ひかり》を放《はな》って、あかあかと燃《も》え上《あ》がる炎《ほのお》を感《かん》じた。それは、何ものも消《け》すことのできない、灯《ひ》であった。いうなれば、彼の意志《いし》を超《こ》えていた。広宣流布達成《たっせい》への、永遠《えいえん》に消えざる黎明《れいめい》の灯は、まさにこの時、戸田城聖《じょうせい》の心中《しんちゅう》にともされたのである。

　彼は、やがて御本尊を仏壇《ぶつだん》にお掛《か》けして、室内《しつない》を見渡《みわた》した。だが、今、この胸中《きょうちゅう》を、誰《だれ》に伝える術《すべ》もないことを知ったのである。（池田大作『人間革命　第１巻』聖教ワイド文庫、二〇一三年、五四～五五頁）

　戸田氏は、空襲を恐れない。それは、獄中で体得《たいとく》した虚空会《こくうえ》の儀式が、この暗幕で遮蔽《しゃへい》された戸田邸の二階の一室にも現存《げんそん》していたからである。虚空会とは、法華経見宝塔品《けんほうとうほん》第十一から嘱累品《ぞくるいほん》第二十二までの、虚空における釈尊の会座《えざ》のことだ。「虚空会」について、『教学入門』では、こう説明されている。

見宝塔品第《けんほうとうほんだい》11で、7種《しゅ》の宝《たから》で飾《かざ》られた巨大《きょだい》な宝塔《ほうとう》が大地《だいち》から湧現《ゆげん》して空中《くうちゅう》に浮《う》かびます。宝塔《ほうとう》の中《なか》にいた多宝如来《たほうにょらい》が、釈尊《しゃくそん》の法華経《ほけきょう》の説法《せっぽう》は真実《しんじつ》であることを保証《ほしょう》します（多宝《たほう》の証明《しょうみょう》）。

続《つづ》いて十方《じっぽう》の世界《せかい》、すなわち全宇宙《ぜんうちゅう》から、一切《いっさい》の仏《ほとけ》や菩薩《ぼさつ》が集《あつ》まって来《き》ます。

そこで釈尊《しゃくそん》が宝塔《ほうとう》の中《なか》に入《はい》り、多宝如来《たほうにょらい》と並《なら》んで座《すわ》ります（二仏並坐《にぶつびょうざ》）。法華経《ほけきょう》の説法《せっぽう》の場《ば》である霊鷲山《りょうじゅせん》にいた聴衆《ちょうしゅう》も、仏《ほとけ》の神通力《じんずうりき》によって虚空《こくう》（空中《くうちゅう》）に浮《う》かび、虚空《こくう》での説法《せっぽう》が始《はじ》まります。

見宝塔品第《けんほうとうほんだい》11から嘱累品第《ぞくるいほんだい》22までの12品《ほん》では、虚空《こくう》で説法《せっぽう》が行《おこな》われますが、これを「虚空会《こくうえ》」といいます。

これに対《たい》して、法師品第《ほっしほんだい》10以前《いぜん》と薬王菩薩本事品第《やくおうぼさつほんじほんだい》23以後《いご》では、霊鷲山《りょうじゅせん》で説法《せっぽう》が行《おこな》われます。それぞれ前霊鷲山会《ぜんりょうじゅせんえ》、後霊鷲山会《ごりょうじゅせんえ》といいます。

霊鷲山《りょうじゅせん》と虚空《こくう》という二つの場所《ばしょ》で3回《かい》の説法《せっぽう》の集《あつ》まりがあることから、「二処三会《にしょさんえ》」といいます。

虚空会《こくうえ》で釈尊《しゃくそん》は、釈尊滅後《しゃくそんめつご》の悪世《あくせ》における法華経《ほけきょう》の弘通《ぐつう》を弟子《でし》たちに勧《すす》めます。

そのなかでも、見宝塔品《けんほうとうほん》では六難九易《ろくなんくい》を説《と》いて、悪世《あくせ》に法《ほう》を弘通《ぐつう》することが、いかに困難《こんなん》であるかを示《しめ》して、滅後悪世《めつごあくせ》の弘通《ぐつう》を菩薩《ぼさつ》たちに勧《すす》めています。

提婆達多品第《だいばだったほんだい》12では提婆達多《だいばだった》の成仏《じょうぶつ》と竜女《りゅうにょ》の成仏《じょうぶつ》が説《と》かれ、悪人成仏《あくにんじょうぶつ》・女人成仏《にょにんじょうぶつ》が明《あ》かされます。

勧持品第《かんじほんだい》13では、悪世《あくせ》で法華経《ほけきょう》を弘通《ぐつう》する者《もの》を迫害《はくがい》する三類《さんるい》の強敵《ごうてき》を乗《の》り越《こ》えて弘教《ぐきょう》していくことを菩薩《ぼさつ》たちが誓《ちか》います。

しかし、従地涌出品第《じゅうじゆじゅっぽんだい》15で、釈尊《しゃくそん》はそれを制止《せいし》し、滅後《めつご》弘通《ぐつう》の真《しん》の主体者《しゅたいしゃ》として無数《むすう》の久《く》遠《おん》からの弟子《でし》（＝地涌《じゆ》の菩薩《ぼさつ》）を大地《だいち》の下方《かほう》から召《め》し出《いだ》します。

この従地湧出品《じゅうじゆじゅっぽん》から、本門《ほんもん》が始《はじ》まります。

如来寿量品第《にょらいじゅりょうほんだい》16で、釈尊《しゃくそん》を今世《こんぜ》ではじめて成仏《じょうぶつ》した（始成正覚《しじょうしょうがく》）のではなく、実《じつ》は遠《とお》い過《か》去《こ》に成仏《じょうぶつ》していた（＝久遠実成《くおんじつじょう》）と自身《じしん》の真実《しんじつ》の境地《きょうち》を明《あき》らかにしました（開近顕遠《かいごんけんのん》）。

分別功徳品第《ふんべつくどくほんだい》17から法師功徳品第《ほっしくどくほんだい》19までは、釈尊滅後《しゃくそんめつご》に法華経《ほけきょう》を受持《じゅじ》し弘通《ぐつう》する功徳《くどく》の素《す》晴《ば》らしさを語《かた》り、常不軽菩薩品第《じょうふきょうぼさつほんだい》20では釈尊《しゃくそん》自身《じしん》も過去世《かこせ》に不軽菩薩《ふきょうぼさつ》として難《なん》を耐《た》え忍《しの》んで法華経《ほけきょう》を弘通《ぐつう》して成仏《じょうぶつ》したことを明《あ》かします。

続《つづ》く如来神力品第《にょらいじんりきほんだい》21では、上行菩薩《じょうぎょうぼさつ》ら地涌《じゆ》の菩薩《ぼさつ》が滅後《めつご》に法華経《ほけきょう》を弘通《ぐつう》することを誓願《せいがん》し、それを受《う》けて釈尊《しゃくそん》は上行菩薩《じょうぎょうぼさつ》たちに法華経《ほけきょう》の肝要《かんよう》を付嘱《ふぞく》し、未来《みらい》の弘通《ぐつう》を託《たく》します。

付嘱《ふぞく》の儀式《ぎしき》の後《あと》、舞台《ぶたい》は再《ふたた》び霊鷲山《りょうじゅせん》に戻《もど》ります。（創価学会教学部編『教学入門』聖教新聞社、二〇一五年、一四九〜一五一頁）

広宣流布に向けた誓い

まさに、空襲下の暗い部屋の中で、戸田氏は、広宣流布に向けた誓いを立てる。この誓いは、それから七一年（二〇一六年現在）を経た現在、創価学会が世界宗教に変容する過程を通じて成就《じょうじゅ》しているのだ。一九四五年七月三日夜の出来事だ。

二十一世紀に生きる私たちは、暗幕に遮蔽された二階の一室で、戸田氏が御本尊に顔をすりつけるようにして、一字一字、たどっていったときから、一カ月と一二日で日本が敗戦することを知っている。しかし、戸田氏が広宣流布に向けた誓いを立てた時点で、多くの人々は、戦後のことにまで考えを巡《めぐ》らす余裕《よゆう》がなかった。

獄中で日蓮《にちれん》仏法《ぶっぽう》の真髄《しんずい》を体得した戸田氏だからこそ、戦後の「再建」について、明確な構想を打ち立てることができたのだ。一旦《いったん》、破滅《はめつ》してしまった日本を再建することが信仰的良心によって要請《ようせい》されているのだ。

池田大作氏は、戸田氏のこのときの思いを追体験《ついたいけん》し、適確な言葉でまとめている。

彼《かれ》は、夜明《よあ》けの空《そら》が白《しら》むころ、ふと目を覚《さ》ました。ガラス戸《ど》を開《あ》け放《はな》ち、夏《なつ》の朝《あさ》の冷《つめ》たい空気《くうき》を深《ふか》く吸《す》いながら、なおも床《とこ》の上に長々《ながなが》と横《よこ》たわっていた。ひっそり静《しず》まり返って、時の流《なが》れが、瞬間《しゅんかん》、止《と》まっているような、ひと時であった。

彼にとって、朝は大事《だいじ》な時間である。寝床《ねどこ》の上で、眠《ねむ》りから覚めた冴《さ》えた頭《あたま》で、誰《だれ》にも煩《わずら》わされずに、思索《しさく》にふけったり、さまざまな構想《こうそう》を、とことんまで練《ね》る習慣《しゅうかん》が、彼にはあった。

今、彼の頭のなかで、ものすごい速度《そくど》で回転《かいてん》しているのは、ただ一つ「再建《さいけん》」ということであった。言うまでもない、学会《がっかい》の再建である。また、それを、まず可能《かのう》にする、彼の事業《じぎょう》の再建の問題《もんだい》である。（前掲、『人間革命　第1巻』六二頁）

再建の糸口を握るために

国家の再建よりも社会の再建が先行《せんこう》する。社会の再建よりも人間の再建が先行する。創価教育学会（創価学会の前身）を再建し、人間革命を実行することによって、日本を根本から立て直し、そして地球的規模での広宣流布を行うことを、戸田氏は日本が戦争に敗北する以前から考えていたのである。

戸田氏はリアリストだ。空理空論《くうりくうろん》ではなく、現実の基盤を踏まえた上で、創価教育学会の再建について考える。宗教事業を行うためには、それを支える財源《ざいげん》が必要だ。戸田氏は、事業家としても傑出《けっしゅつ》した才能を持っていた。まず、戸田氏は自らの事業がどうなっているかを客観的に把握《はあく》しようとする。

彼は、獄中《ごくちゅう》で、彼の事業が全《まった》く挫折《ざせつ》していることを、既《すで》に承知《しょうち》していたが、その実態《じったい》を知る由《よし》もなかった。徴兵適齢者《ちょうへいてきれいしゃ》の社員《しゃいん》のほとんどは出征《しゅっせい》し、残《のこ》った従業員《じゅうぎょういん》の多くも、ほとんどが疎開《そかい》していた。

戦災《せんさい》を被《こうむ》った社屋《しゃおく》、麻痺《まひ》した経済状況《けいざいじょうきょう》――これら数々《かずかず》の悪条件《あくじょうけん》の積《つ》み重《かさ》なった実態――それを彼は、知らねばならぬと思《おも》った。

再建《さいけん》の糸口《いとぐち》を握《にぎ》るためには、彼《かれ》の数多《かずおお》い事業《じぎょう》の、生々《なまなま》しい実態《じったい》を知る必要《ひつよう》があった。実態を知らないで、事業の再建は不可能《ふかのう》であるからだ。（前掲書六二～六三頁）

正確な調査をせずに、信頼に足《た》るデータを入手することはできない。それだから、戸田氏は法律の専門家である弁護士に相談することにした。

戸田《とだ》は、決めた。彼の事業の残務整理《ざんむせいり》を、すべて委託《いたく》してある、渋谷《しぶや》の弁護士《べんごし》を、直《ただ》ちに訪問《ほうもん》することにした。万事《ばんじ》は、それからである。

さっそく、彼は勤行《ごんぎょう》をすませ、朝食《ちょうしょく》が終《お》わると、妻《つま》に夏服《なつふく》を出すようにと命《めい》じた。

幾枝《いくえ》は、彼の外出《がいしゅつ》を危《あや》ぶんで、盛《さか》んに反対《はんたい》した。

確《たし》かに、彼の衰弱《すいじゃく》は、歩行《ほこう》をも困難《こんなん》にしていた。昨夜《さくや》、豊多摩刑務所《とよたまけいむしょ》から自宅《じたく》まで、二時間以上《いじょう》も要《よう》したのである。

なんでまた、蒸《む》し暑《あつ》い日中《にっちゅう》に、出かけなければならないのか。どうして、それが今日《きょう》でなければならないのか。弁護士を自宅に呼《よ》んではいけないのか――幾枝は、さまざまな理由《りゆう》をあげて、頑強《がんきょう》に反対した。

しかし、彼の決心《けっしん》は、それ以上に頑強だった。

「いや、行く。心配《しんぱい》するな。大丈夫《だいじょうぶ》だとも。たくさんの書類《しょるい》が集《あつ》まっているはずだから、家に呼んだのでは、埒《らち》は明《あ》かん。こっちから行《い》って、なにもかも実態を調《しら》べてこなければ、どうしようもないじゃないか。麻《あさ》の洋服《ようふく》を出しなさい！」

険悪《けんあく》な雲行《くもゆ》きを察知《さっち》した舅《しゅうと》の松井清治《まついせいじ》は、苦笑《くしょう》しながら言った。

「幾枝《いくえ》、お前も一緒《いっしょ》に行きなさい。休《やす》み、休み、ゆっくり無理《むり》をしないで行けばいいじゃないか」

「ハッ、ハハハ……」と、戸田《とだ》は笑《わら》った。

「お父《とう》さん、幾枝は強《つよ》くなりましたなぁ」

「そりゃ、そうですよ。二年も銃後《じゅうご》の女性《じょせい》でしたからね」

幾枝の言葉《ことば》に、戸田は、また大笑《おおわら》いをして言った。

「銃後じゃないよ、牢後《ろうご》の女性だ」（前掲書六三～六四頁）

筆者も東京拘置所の独房に五一三日間収容されていた経験があるので、獄中生活で筋力がどれくらい弱ってしまうかが皮膚感覚《ひふかんかく》でわかる。ゆっくり一〇〇メートルを歩くことでも、一キロメートルを駆《か》け足《あし》したときと同じくらいの負担《ふたん》がかかる。

当時、筆者は京浜東北線与野駅《よのえき》のそばに住んでいた。二〇〇三年十月八日に保釈《ほしゃく》された二日後に、急ぎの用事があるために東京の弁護士事務所に打ち合わせに出かけたが、階段を上《のぼ》り下《お》りするときに心臓が激しく動悸《どうき》し、筋肉がほとんどついていないふくらはぎが引き攣《つ》りそうになった。それだから、戸田氏がどれくらい無理をしているかが皮膚感覚で理解できる。重要なのは、このような状況においても、戸田氏がユーモアを忘れないことだ。

幾枝夫人が〈そりゃ、そうですよ。二年も銃後の女性でしたからね〉と言ったのに対して、戸田氏は、〈銃後じゃないよ、牢後の女性だ〉と返している。家族にとって、戸田氏の逮捕、投獄は深刻な出来事であったはずだ。しかし、現在、戸田夫妻は、この苦難を笑いによって吹き飛ばすのである。

歴史は歩みを止めない

戸田は、麻の夏服《なつふく》を身《み》につけて、驚《おどろ》いた。まるで他人《たにん》の衣服《いふく》のように、ぶかぶかである。パナマ帽《ぼう》を被《かぶ》ってみると、これは目までずり落《お》ちた。丸坊主《まるぼうず》のためもあったが、頭《あたま》まで痩《や》せたらしい。

日差《ひざ》しを考《かんが》えて、幾枝はハンチングを出してきた。ハンチングの内側《うちがわ》の鞣《なめ》し革《がわ》は、びっしりカビが生《は》えている。幾枝《いくえ》は、それをキュウキュウと拭《ふ》きとった。

どうやら支度《したく》ができると、戸田《とだ》は玄関《げんかん》に立って、靴《くつ》を履《は》きながら言った。

「こりゃ、いかん」

靴まで、ぶかぶかであった。だが、靴の代《か》わりはなかった。幾枝は、しゃがんで、靴の紐《ひも》をきつく締《し》め直《なお》した。

「駆《か》け足《あし》するわけではないし、これで結構《けっこう》、結構」

戸田は、足をバタバタさせながら、無頓着《むとんちゃく》に言った。

久《ひさ》しぶりの外出《がいしゅつ》である。彼《かれ》には、遠足《えんそく》に行く小学生《しょうがくせい》のような楽《たの》しさがあった。

しかし、ステッキをつき、そろそろと一歩《いっぽ》一歩、足を踏《ふ》みしめて歩《あゆ》む彼の姿《すがた》は、長期療養《ちょうきりょうよう》患者《かんじゃ》の歩行練習《ほこうれんしゅう》に似《に》ていた。付《つ》き添《そ》うもんぺ姿の幾枝は、看護婦《かんごふ》に見えた。

――彼の再建《さいけん》の戦《たたか》いは、こうして一日の空白《くうはく》もなく、出獄《しゅつごく》した翌朝《よくあさ》から始《はじ》まったのである。

（前掲書六四～六五頁）

戸田氏は、長期療養患者の歩行練習のように、ステッキをつき、そろそろと一歩一歩、足を踏みしめて歩む。ここの表現は象徴的《しょうちょう》だ。

長い間、病気に罹《かか》っていたのは、日本人なのである。戦後の日本人に必要とされる歩行練習を、戸田氏は先取《さきど》りしているのだ。

歴史は歩みを止めない。それだから、戸田氏も、一日の空白も作ることなく、創価教育学会再建の戦いを始めなくてはならないのだ。その戦いを幾枝夫人が支えている。真の夫婦の愛は、このように信仰を基礎とした、創価教育学会再建の戦いに共に進んでいくという形で示されるのである。

第5章 核廃絶――創価学会の実践的課題

「黎明」（一五頁）
「終戦前後」（一〇九〜一一五頁）

使命感が肉体化している

一九四五年七月から八月初頭、東京での空襲はますます激しくなった。しかし、戸田城聖氏は、空襲警報が鳴《な》っても、決して防空壕に入ろうとしない。

戸田城聖《とだじょうせい》は、いくら空襲警報《けいほう》が鳴《な》っても、一度も防空壕《ぼうくうごう》には入《はい》らなかった。家族《かぞく》は、そのたびに防空壕に待避《たいひ》するよう彼を促《うなが》した。しかし、彼は頑《がん》として動《うご》かなかった。豪胆《ごうたん》というのではない。使命《しめい》に立つ彼《かれ》には、爆弾《ばくだん》で死《し》ぬということは絶対《ぜったい》ないとの、強《つよ》い確信《かくしん》があったからである。家族《かぞく》の待避《たいひ》については、彼は何も言わなかった。
彼は、戦況《せんきょう》については、一見《いっけん》、無関心《むかんしん》のごとくに見えた。訪《たず》ねる人びととは、沈着《ちんちゃく》に、そして独特《どくとく》のユーモアを交えながら、戦況について、世情《せじょう》について、日常生活《にちじょうせいかつ》について、さまざまに語《かた》り合《あ》った。しかし、心中《しんちゅう》には、来《きた》るべき時を感《かん》じていたのである。(池田大作『人間革命　第1巻』聖教ワイド文庫、二〇一三年、一〇九〜一一〇頁)

戸田氏は、創価学会の指導者として、最後に勝利することがわかっている。この使命感が肉体化《にくたいか》している。それが、爆弾で死ぬということは絶対ないという強い確信になるのである。ただし、戸田氏の姿勢は、「必勝の信念」を核《かく》とする観念論《かんねんろん》ではない。日蓮仏法に帰依《きえ》したことによる信実《しんじつ》の信仰があるので、冷静に状況を受け止めることができるのだ。そして、戦況を含む情勢《じょうせい》をユーモアを交えながら語っていったのである。どのように苦しい状況にいても、笑いを忘れないところに宗教人としての戸田氏の強さがある。

そして、八月六日、日本と日本人は、歴史的な事件に遭遇《そうぐう》する。

八月に入《はい》ると、一日夜から二日にかけて、六百機《き》にのぼるB29が、鶴見《つるみ》、川崎《かわさき》の工業地帯、さらに水戸《みと》、八王子《はちおうじ》、立川《たちかわ》へも分散攻撃《ぶんさんこうげき》をした。また、遠《とお》く富山《とやま》も、この日、空襲《くうしゅう》され、市《し》は炎上《えんじょう》した。
五日夜から六日には、B29四百機が、関東《かんとう》では前橋《まえばし》に、関西《かんさい》では西宮《にしのみや》と、本土全域《ほんどぜんいき》にわたり、思《おも》うがままに蹂躙《じゅうりん》した。

この八月六日、恐《おそ》るべきことが広島《ひろしま》に起《お》きた。この日、この朝《あさ》、人類史上初《じんるいしじょうはじ》めて原子爆弾《げんしばくだん》が実戦使用《じっせんしよう》されたのである。わずかB29三機が、広島上空《じょうくう》に飛来《ひらい》し、落下傘《らっかさん》が空《そら》に浮《う》かび、閃光《せんこう》が走《はし》った瞬間《しゅんかん》、広島《ひろしま》は一瞬《いっしゅん》にして廃墟《はいきょ》と化《か》してしまった。

その惨状《さんじょう》は、この世《よ》のものとも思《おも》えぬ、地獄《じごく》そのものであった。一発《いっぱつ》の爆弾《ばくだん》が、非戦闘員《ひせんとういん》である市民《しみん》、二十万の死傷者《ししょうしゃ》を生んだのである。戦争《せんそう》を呪《のろ》う声《こえ》は、巷《ちまた》に満《み》ちた。

誰《だれ》よりも、この事実《じじつ》に驚《おどろ》いたのは大本営《だいほんえい》であった。寝耳《ねみみ》に水《みず》である。

当初《とうしょ》は、この強力爆弾《きょうりょくばくだん》が、なんであるかも理解《りかい》できなかった。「広島へ、敵《てき》、新型爆弾《しんがたばくだん》」と発表《はっぴょう》された。数人《すうにん》の原子物理学者《げんしぶつりがくしゃ》は、東京《とうきょう》から広島に飛《と》んで、調査《ちょうさ》の結果《けっか》、原子核《かく》の爆発《ばくはつ》による最初《さいしょ》の原子爆弾であることを証言《しょうげん》した。(前掲書一一〇~一一一頁)

人類は、核兵器という、人類を含む地球の生物を文字通り壊滅《かいめつ》させてしまうことができる手段を手にした。日本も原子爆弾の原理については知っていた。仁科芳雄《にしなよしお》博士を中心とする理化学研究所の専門家たちは、一九四三年五月頃、ウランの分離によって原子爆弾が作れる可能性を報告書によって軍に提示《ていじ》したとされる。軍は原爆の威力《いりょく》に関する基本知識を持っていたにもかかわらず、反応は鈍《にぶ》かった。その結果、第二の原子爆弾が長崎に投下されることになる。

日本こそが平和な世界を現出すべき

この新型爆弾への対策《たいさく》として、防空総本部《ぼうくうそうほんぶ》は十一日、「白衣《はくい》を着《き》て、横穴《よこあな》へ待避《たいひ》せよ」などと発表しただけであった。

各新聞社《かくしんぶんしゃ》とも、この日あたりから、社説《しゃせつ》などで、ポツダム宣言《せんげん》に、やっと触《ふ》れだした。世論《よろん》が、ポツダム宣言に徐々《じょじょ》に耳《みみ》をそばだてきたからである。しかし、トルーマン大統領《だいとうりょう》の原子爆弾投下《とうか》は、戦争の早期終結《そうきしゅうけつ》を狙《ねら》ったものではあった。さらに深《ふか》く考《かんが》えてみると、必《かなら》ずしも早期終結のためばかりではなかった。

彼《かれ》は、日本の敗戦《はいせん》が時間の問題《もんだい》であることを、百も承知《しょうち》であった。ただ、終戦処理《しゅうせんしょり》にあたって、ソ連《れん》の発言権《はつげんけん》を封《ふう》じることを考《かんが》えていたのである。つまり、ソ連の参戦《さんせん》を見ることなく、勝利《しょうり》を収《おさ》めたかった。そのためには、戦争終結《せんそうしゅうけつ》を急《いそ》ぐ必要《ひつよう》に迫《せま》られていたのである。

既《すで》にアメリカは、ポツダムで三巨頭会談《さんきょとうかいだん》が開かれた前日《ぜんじつ》、つまり七月十六日に、原爆《げんばく》の実《じっ》験《けん》に成功《せいこう》していた。

対日戦《たいにちせん》を早期《そうき》に終結させるとともに、戦後《せんご》の国際政治《こくさいせいじ》で、ソ連に対《たい》して優位《ゆうい》に立つ――それには、原子爆弾《げんしばくだん》が一石二鳥《いっせきにちょう》であった。

広島《ひろしま》の一弾《いちだん》は、第二次大戦《だいにじたいせん》の終幕《しゅうまく》ではなく、米《べい》ソ冷戦《れいせん》の序幕《じょまく》の轟音《ごうおん》ともいえた。その犠牲《ぎせい》となったのが、日本であったのである。

七百年前の蒙古襲来《もうこしゅうらい》の際《さい》、日本は、攻撃武器《こうげきぶき》としての火薬《かやく》の洗礼《せんれい》を受けた。そして今、原爆という人類史《じんるいし》を画《かく》する破滅的《はめつてき》な兵器《へいき》の惨禍《さんか》を被《こうむ》ったのは、日本が世界《せかい》で最初《さいしょ》となった。この不運《ふうん》な宿命《しゅくめい》に思《おも》いをいたすならば、日本こそが、戦争のない平和《へいわ》な世界を、一日も早《はや》く現出《げんしゅつ》しなければなるまい。われわれは、その崇高《すうこう》な使命《しめい》をもつ一員《いちいん》であることを、強《つよ》く自《じ》覚《かく》したいものだ。戦争《せんそう》だけは、今後永久《こんごえいきゅう》に、断《だん》じて起《お》こしてはならないのである。（前掲書一一一～一一四頁）

核兵器廃絶《はいぜつ》は、創価学会にとって重要な原理原則だ。池田大作氏は、戸田氏の信念を踏まえた上で、〈この不運な宿命に思いをいたすならば、日本こそが、戦争のない平和な世界を、一日も早く現出しなければなるまい〉と記す。創価学会が、価値観を共有する人々を政治の世界に送り出しているのも、それが核兵器の廃絶を実現するための現実的な方策《ほうさく》と考えるからだ。

話を当時の軍部と政府の対応に戻す。

ところが、当時《とうじ》の軍部政府《ぐんぶせいふ》は、広島《ひろしま》の一発《いっぱつ》だけでは、自分《じぶん》の国が、いかなる状況《じょうきょう》にあるかも気づかなかった。

原爆投下《げんばくとうか》のその日、トルーマンの声明《せいめい》が、ラジオで発表《はっぴょう》された。

「われわれは、この科学史上最大《かがくしじょうさいだい》の賭《か》けに二十億《おく》ドルを投《とう》じ――そして、勝った。（中略《ちゅうりゃく》）今やわれわれは、それがいずれの都市《とし》であっても、日本が地上《ちじょう》に保有《ほゆう》するすべての生産施設《せいさんしせつ》を、迅速《じんそく》かつ完全《かんぜん》に消滅《しょうめつ》させる用意《ようい》が整《ととの》った。われわれは、彼《かれ》らのすべての造船所《ぞうせんじょ》、工場《こうじょう》、そして、通信網《つうしんもう》を破壊《はかい》するであろう。われわれは、本気《ほんき》である。われわれは、日本の戦争遂《すい》行能力《こうのうりょく》を徹底的《てっていてき》に壊滅《かいめつ》させるであろう。

七月二十六日に、ポツダムで日本に最後通牒《さいごつうちょう》を出したのは、日本国民《こくみん》を完全なる破滅《はめつ》から、救《すく》わんがためであった。しかし、日本の首脳部《しゅのうぶ》は受諾《じゅだく》を即時拒否《そくじきょひ》した。もし、彼らがこの宣《せん》言条項《げんじょうこう》を受け入れなければ、かつて地球上《ちきゅうじょう》で経験《けいけん》したことのない滅亡《めつぼう》の雨《あめ》が、彼らの上に降《ふ》り注《そそ》ぐことになるであろう」

原子爆弾《げんしばくだん》があることを表明《ひょうめい》した、このラジオ放送《ほうそう》を、日本の首脳部《しゅのうぶ》は、聞いていたはずである。だが政府《せいふ》は、単《たん》なる威嚇《いかく》として、黙殺《もくさつ》するほかに知恵《ちえ》はなかった。

原子爆弾の第二弾は八月九日、長崎《ながさき》に落《お》ちた。ここでも、一瞬《いっしゅん》に十数万の死傷者《ししょうしゃ》をみたのである。

また、この日の未明《みめい》に、ソ連《れん》は宣戦布告《せんせんふこく》し、満州《まんしゅう》（中国東北部《ちゅうごくとうほくぶ》）に侵入《しんにゅう》して来た。手薄《てうす》な関東軍《かんとうぐん》の戦線《せんせん》は、ひとたまりもなく総崩《そうくず》れとなった。

この九日の午前《ごぜん》十一時前、緊急《きんきゅう》に最高戦争指導会議《さいこうせんそうしどうかいぎ》が開かれた。

原爆投下《げんばくとうか》、そしてソ連の参戦《さんせん》は、軍部《ぐんぶ》に深刻極《しんこくきわ》まりないショックを与《あた》えた。これで、万事《ばんじ》休《きゅう》したのである。望《のぞ》みを託《たく》していた和平工作《わへいこうさく》の唯一《ゆいいつ》のルートも、消滅《しょうめつ》してしまった。本土決《ほんどけつ》戦《せん》を、あくまで呼号《こごう》し続《つづ》けてきた、その作戦《さくせん》も無《む》に帰《き》してしまった。

というのは、元来《がんらい》、本土決戦の戦略《せんりゃく》は、ソ連の参戦がないものとして立てられていたからである。すなわち、日ソ中立維持《ちゅうりついじ》を大前提《だいぜんてい》としての作戦であった。これで、手も足《あし》も出ない状態《じょうたい》となったわけである。もはや、道《みち》は無条件降伏《むじょうけんこうふく》に行き着《つ》くほかはなかった。(前掲書一一四〜一一五頁)

原爆とソ連参戦が、日本が降伏する直接的原因となったのである。しかし、より根源的には、民衆の利益を体現することができない愚かな指導者が日本の権力を掌握《しょうあく》していたので、このような事態になった。


戦争《せんそう》ほど、残酷《ざんこく》なものはない。

戦争ほど、悲惨《ひさん》なものはない。

だが、その戦争はまだ、つづいていた。

愚《おろ》かな指導者《しどうしゃ》たちに、率《ひき》いられた国民《こくみん》もまた、まことに哀《あわ》れである。(前掲書一一五頁)

この哀れな状況を、現実的に変化させることが創価学会にとっては、常に実践的な課題なのである。ここで重要なのが、戸田氏が一九五七年九月八日に行った「原水爆禁止宣言」である。

創価学会の基調になった核廃絶運動

> 学会の飛躍的な発展が注目されるなか、戸田は、後の創価学会の平和運動の基調となる宣言を発表しました。１９５７年（昭和32年）９月８日の「原水爆禁止宣言」です。
> また戸田は、東西冷戦が激化するなか、「地球民族主義」の理念を提唱し、「全人類が一つの地球民族であるとの自覚を持つべき」と主張しました。（SOKAnet「創価学会について」、https://www.sokanet.jp/info/president/toda.html)

核廃絶運動は、創価学会の基調《きちょう》になっている。例えば、戸田氏の「原水爆禁止宣言」から五二年後の二〇〇九年九月八日、池田大作ＳＧＩ（創価学会インタナショナル）会長は、「核兵器廃絶へ、民衆の大連帯を」と題する重要な歴史的提言を行った。

> 池田大作ＳＧＩ（創価学会インタナショナル）会長は、戸田会長が「原水爆禁止宣言」を発表した９月８日に寄せて、「核兵器廃絶へ　民衆の大連帯を」と題する提言を発表した。（2009年9月8日）
> 提言ではまず、世界で核拡散の脅威が高まる中、アメリカのオバマ大統領が「核兵器のない世界」への決意を表明するなど、変化の兆しが見られることに言及。この動きを確かな潮流へと高めるためには、歴史家のトインビー博士が促していたように、各国が自らの意志で必要な変革に踏み出せるよう、歴史の教訓を真摯《しんし》に学ぶ必要があると強調。その上で、戸田会長の「原水爆禁止宣言」の現代的意義として、「政治指導者の意識変革」「核兵器禁止の明

確なビジョン」「人間の安全保障のグローバルな確立」の3点を挙げ、人類の生存権を守る立場から核兵器を絶対悪と位置付けた先見性について論じている。

続いて、「核兵器のない世界」の実現に向け、（1）核軍縮（2）市民社会との協働体制（3）核拡散防止（4）「核兵器に依存しない安全保障」への移行（5）核兵器の禁止、の5項目にわたる提案を。核兵器ゼロに向けた保有国による軍縮促進のための措置をはじめ、国連に「核廃絶のための有識者パネル」を創設し、核拡散防止条約に「常設作業部会」を設置するプランを提唱。民衆のグローバルな連帯の力で「核兵器禁止条約」の基礎となる国際規範を確立することを呼びかけている。（SOKAnet「池田名誉会長の足跡」、https://www.sokanet.jp/sokuseki/koen_teigen/teigen/kakuhaizetsuhe.html）

この池田氏の提言は、米国のオバマ大統領の広島訪問という形で、現実になったのである。二〇一六年五月十日、米国のオバマ大統領が月下旬に行われる主要七カ国（G7）首脳会議（伊勢志摩サミット）に出席した後、同月二十七日に広島を訪問することを決定した。〈米ホワイトハウスは10日、「オバマ大統領が、安倍首相と一緒に歴史的な広島訪問をする」と明らかにした。安倍首相も10日夜、首相官邸で記者団に「オバマ大統領と共に広島を訪問することを決定した。訪問を心から歓迎する」と述べた。米国内への影響などの諸情勢を慎重に検討した結果、決定が訪日直前までずれ込んだ。／ローズ大統領副補佐官は10日朝、オバマ氏の広島訪問の意義について、「大統領は広島で『核なき世界』の理念のもとで平和と安全を追求するという米国の考え方を再確認する」とウェブ上のブログで明らかにした。原爆投下の決断について再評価はしないとしつつ、「大統領の（広島）訪問は戦時中に亡くなったすべての無実の人々に敬意を表する機会となる」とも述べた〉（二〇一六年五月十日「朝日新聞デジタル」）。

人間革命の一つの表れ

米軍の戦略爆撃機B29が、一九四五年八月六日に広島、同九日に長崎に原爆を投下した後、現職の米国大統領が被爆地である広島を訪《おとず》れたのは初めてのことだ。オバマ大統領は、核兵器の廃絶に対して強い思いがある。就任直後の二〇〇九年にチェコ共和国の首都プラハで、「核なき世界」の理念を全世界に向けて発信した。このオバマ氏の意欲に対して、ノーベル平和賞が授与された。

現実の国際政治で、オバマ大統領はイランや北朝鮮の核保有の動きを止めることができなかったが、核廃絶に向けた信念を持つオバマ氏がいなかったならば、イラン、北朝鮮だけでなく、他の諸国でも核拡散の動きが加速したであろう。オバマ大統領の努力については、正当に評価すべきだ。〈オバマ氏は09年に大統領として初訪日した際、記者会見で「広島、長崎を将来訪れることができれば非常に名誉なことだ」と明言。複数の米政府高官も今年に入り、取材に対し「大統領は訪問に強い関心を持っている」と語り、オバマ氏の意向に沿って訪問を検討してきた。／オバマ氏は過去3度の訪日では、いずれも被爆地訪問を見送った。米国では、原爆投下によって戦争終結が早まり、多くの米国人の命が救われたと正当化する主張が根強く、被爆地訪問への慎重論もあるためだ。／

しかし、オバマ政権下で10年にルース駐日大使（当時）が米政府代表として初めて平和記念式典に出席し、後任のケネディ大使も毎年式典に参加。この4月には、G7外相会合で訪日したケリー国務長官が米閣僚として初めて広島を訪れ、広島平和記念資料館（原爆資料館）も訪問。「すべての人が広島を訪れるべきだ」と語り、オバマ氏訪問の下地をつくった〉（前掲、「朝日新聞デジタル」）。

戸田氏の「原水爆禁止宣言」は、池田氏によって「核兵器廃絶」の思想に発展し、それがさまざまな人々に感化を与えたのである。自公連立政権の成立によって、創価学会と基本的価値観を共有する公明党の核兵器廃絶に向けた思想が、自民党、外務省に徐々に影響を与え、それがオバマ大統領の広島訪問という機運を創り出したと筆者は確信している。これも人間革命の一つの表れなのである。

第6章 敗戦の根本原因を見極め組織再建へ

「終戦前後」（一二四〜一二八頁）
「一人立つ」（一八七〜一八九頁）

混然とした不思議な雰囲気

一九四五年八月十四日、日本は連合国に対して、ポツダム宣言を受諾《じゅだく》すると通告した。そして、翌十五日正午、天皇がラジオ（いわゆる「玉音放送」）を通じて、日本政府がポツダム宣言を受諾し、連合国に降伏したことを告げた。

民衆からすれば、戦争は、突然始まり、突然終わったのである。国家意思の形成に、民衆が参与する余地《よち》はなかった。小説『人間革命』では、民衆が、天皇から突然、敗戦の現実を告げられたときの様子をこう描いている。

この日、日本晴《ば》れであった。盛夏《せいか》の真昼《まひる》、国中《くにじゅう》は、一瞬《いっしゅん》、しんと太古《たいこ》のように静《しず》まり返《かえ》ったのである。

まさに青天《せいてん》の霹靂《へきれき》であった。

初《はじ》めは、誰《だれ》も無言《むごん》のままであった。そして、多くの人は嗚咽《おえつ》し、号泣《ごうきゅう》した。必勝《ひっしょう》を信《しん》じ、あらゆる犠牲《ぎせい》を払《はら》った、長《なが》い耐乏生活《たいぼうせいかつ》が、なんの予告《よこく》もなく、突如、敗戦《はいせん》という現実《げんじつ》に遭遇《そうぐう》したための、無念《むねん》の涙《なみだ》ともいえよう。

そして、静かにラジオの前を離《はな》れるのだった。虚脱《きょだつ》した、やるせない怒《いか》りと、戦争《せんそう》からの解放感《かいほうかん》が、こもごも彼《かれ》らの胸中《きょうちゅう》に去来《きょらい》した。悲《かな》しみが、すべてをつつんでいるのでもない。喜《よろこ》びが、すべてをつつんでいるのでもなかった。何か、透明《とうめい》な空《くう》をつかむような思《おも》いであった。（池田大作『人間革命　第1巻』聖教ワイド文庫、二〇一三年、一二四頁）

無念さ、やるせない怒り、解放感が混然《こんぜん》とした、不思議な雰囲気がここでは見事に描かれている。戸田城聖氏は、この年の七月三日に豊多摩刑務所から釈放された時点から、日本の敗北は時間の問題と考えていた。敗戦により、もはや米軍機の空襲を心配する必要もない。灯火管制《とうかかんせい》もなくなった。そのような状況の変化を受けて、戸田氏はどのような行動をとったのであろうか。

戸田城聖《とだじょうせい》は、夕刻《ゆうこく》、家に帰《かえ》ってきた。

夕闇《ゆうやみ》が迫《せま》っても、もはや暗幕《あんまく》を引く必要《ひつよう》はなかった。家々《いえいえ》の窓《まど》は開かれ、どの部屋《へや》も明々《あかあか》と電灯《でんとう》をつけ始《はじ》めた。何年《なんねん》ぶりのことであろう。人びとは、まぶしい思《おも》いで夕餉《ゆうげ》に向かった。心《こころ》は重《おも》く、辺《あた》りだけが明《あか》るく華《はな》やかだった。

不気味《ぶきみ》な空襲《くうしゅう》のサイレンも、B29の高高度飛行独特《こうこうどひこうどくとく》の爆音《ばくおん》も、もはや聞かなくてすんだ。本当《ほんとう》に信《しん》じられない思いであった。幾年《いくねん》にもわたる、恐怖《きょうふ》と不安《ふあん》の持続《じぞく》は、この国土《こくど》から現《げん》実《じつ》に去《さ》ったのである。

戸田は、夕食《ゆうしょく》を終《お》えると、二階《かい》で机《つくえ》に向かっていた。白紙《はくし》に鉛筆《えんぴつ》で、何か書《か》き始め、それを消《け》しゴムで消しては、また書いた。それは、近《ちか》く新聞《しんぶん》に掲載《けいさい》する予定《よてい》の、通信教授《つうしんきょうじゅ》の広告《こうこく》の草稿《そうこう》である。彼《かれ》は、それを丁寧《ていねい》に畳《たた》むと、ごろりと横《よこ》になった。

彼の頭《あたま》には、「立正安国論《りっしょうあんこくろん》」の御金言《ごきんげん》が焼《や》き付《つ》いていた。

「世《よ》皆正《みなしょう》に背《そむ》き人悉《ことごと》く悪《あく》に帰《き》す、故《ゆえ》に善神《ぜんじん》は国を捨《す》てて相《あい》去り聖人《しょうにん》は所《ところ》を辞《じ》して還《かえ》りたまわず、是《こ》れを以《もっ》て魔来《まきた》り鬼《き》来り災起《さいおこ》り難《なん》起る言わずんばある可《べ》からず恐《おそ》れずんばある可《べ》からず」（御書《ごしょ》一七㌻）

〈世《よ》の人びとは、皆《みな》、正法《しょうほう》に背《そむ》き、ことごとく悪法《あくほう》に帰《き》している。それゆえに、守護《しゅご》すべき善神《ぜんじん》は国を捨《す》てて去《さ》ってしまい、聖人《しょうにん》はこの地を去って他の所《ところ》へ行《い》ったまま帰ってこない。そのために、代《か》わって魔《ま》や鬼神《きじん》がやって来て、災《わざわ》いが起《お》こり、難《なん》が起きているのである。実《じつ》にこのことは、声《こえ》を大にして言わなければならないことであり、恐《おそ》れなければならないことである〉（前掲書一二五～一二六頁）

在家の宗教団体が必要だった理由

まず、今後の事業である通信教授の準備を淡々《たんたん》と進める。人間は、食べることをせずに生きていくことはできない。どのような状況においても、仕事を怠《おこた》らないという勤勉《きんべん》な生活習慣が戸田氏にはついている。

仕事が一段落したところで、戸田氏は、敗戦の存在論的意義について考察する。世の人々、とりわけ為政者が、正法に背《そむ》き、悪法に従《したが》ってしまった。その結果、日本から善神が去ってしまい、その代わりに魔や鬼神がやってきてしまった。魔や鬼神とは、生命や国土を破壊する働きであり、人々の心を狂わせて、邪悪な考え方、生き方をさせる働きである。多くの人々が、この魔と鬼神の前にひれ伏してしまったのである。このことが、この戦争の惨禍と敗北の原因なのである。

戸田氏は、牧口常三郎・創価（教育）学会初代会長とともに正法を守り抜いた。その結果、時の権力によって投獄された。牧口初代会長は、獄から生きて外に出ることができなかった。

創価学会は、戦争に加担したわけではない。しかし、正法を忘れたために、同胞《どうほう》に訪れた苦難に対する責任を戸田氏は負おうとしている。苦難を嘆きの対象としてあきらめることなく、むしろ苦難を糧《かて》として立ち上がるなかに真の幸福への道が開かれるという仏法者としての真骨頂《しんこっちょう》がそこにある。では、いかにしてその責任を担うのか。それは、創価学会を再建することを通じてだ。なぜ、既存の寺院ではなく、在家の宗教団体である創価学会が必要なのか。それは、多くの僧侶が、戦争政策に加担し、民衆に災《わざわ》いをもたらしたからだ。宗門との決別《けつべつ》の萌芽《ほうが》は、すでにこの時点に生まれているのである。

さらに、「弥三郎殿御返事《やさぶろうどのごへんじ》」の一節《いっせつ》が浮《う》かんだ。

彼《かれ》は起き上がって御書を手に取り、そのページを広《ひろ》げた。

「されば今の日本国の諸僧《しょそう》等は提婆達多《だいばだった》・瞿伽梨尊者《くぎゃりそんじゃ》にも過《す》ぎたる大悪人《だいあくにん》なり、又在家《またざいけ》の人《ひと》人《びと》は此等《これら》を貴《とうと》み供養《くよう》し給《たま》う故《ゆえ》に此《こ》の国眼前《がんぜん》に無間地獄《むけんじごく》と変《へん》じて諸人現身《しょにんげんしん》に大飢渇《だいけかち》・大疫病《だいえきびょう》・先代《せんだい》になき大苦《だいく》を受くる上他国《たこく》より責《せ》めらるべし、此れは偏《ひとえ》に梵天《ぼんてん》・帝釈《たいしゃく》・日月《にちげつ》等の御《おん》はからひなり、かかる事《こと》をば日本国には但日蓮《ただにちれん》一人計《ばか》り知つて始《はじめ》は云《い》うべきか云うまじきかとうら《慮》おもひけれども・さりとては何《いか》にすべき」（御書一四五〇㌻）

〈そうであるから、今の日本国の多くの僧侶《そうりょ》たちは、釈尊《しゃくそん》に反逆《はんぎゃく》した提婆達多や、釈尊を捨てて提婆達多《だいばだった》の弟子《でし》となった瞿伽利《くぎゃり》をも超《こ》える大悪人《だいあくにん》である。また在家《ざいけ》の人びとは、これらの僧侶《そうりょ》を尊《とうと》び供養《くよう》しているから、この国は眼前《がんぜん》に無間地獄《むけんじごく》の姿《すがた》となり、人びとは現在《げんざい》の身《み》に大飢渇《だいきかつ》、大疫病《だいえきびょう》など、これまでの時代《じだい》にはなかった大きな苦《くる》しみを受け、そのうえ他国《たこく》から責《せ》められるであろう。これは、ひとえに大梵天《だいぼんてん》・帝釈天《たいしゃくてん》・日天《にってん》・月天《がってん》などの計《はか》らいなのである。こうした道理《どうり》を、日本国ではただ日蓮《にちれん》一人だけが知って、初《はじ》めは言うべきか否《いな》か、あれこれ思《おも》いめぐらしたが、そうかといって、どうすればよいのか〉

七百年前の、日蓮大聖人《だいしょうにん》の予言書《よげんしょ》である。今、御金言《ごきんげん》に示《しめ》された原理《げんり》の通《とお》り、一分《いちぶん》の違《ちが》いもなく、実証《じっしょう》されたのである。

一国《いっこく》が滅亡《めつぼう》してしまった。建設《けんせつ》は、貴重《きちょう》な血《ち》と汗《あせ》の結晶《けっしょう》を積《つ》み重《かさ》ねて、ようやく出来上《できあ》がるものだ。しかし破壊《はかい》は、すべてを一瞬《いっしゅん》にして灰《はい》にしてしまう。日蓮大聖人の予言が、あまりにも厳《きび》しく、そのまま的中《てきちゅう》してしまった。

戸田《とだ》は、日本が二度と再《ふたた》び、同じ悲惨《ひさん》を繰《く》り返《かえ》さないためには、この大聖人の予言書を、断腸《だんちょう》の思いで拝《はい》すべきであると思った。とりわけ、一国の指導階層《しどうかいそう》は、一切《いっさい》の感情《かんじょう》のわだかまりを捨《す》て、その偏狭《へんきょう》な、高慢《こうまん》な態度《たいど》を正《ただ》すべきであると叫《さけ》びたかった。（前掲書一二六〜一二七頁）

創価学会のカイロスが到来

日蓮仏法を再興《さいこう》するためにも、創価学会という器《うつわ》が絶対に必要なのである。そして、真の仏法によって日本の政治エリートの偏狭《へんきょう》な、高慢な態度を正さねばならないと戸田氏は決意した。物事には、タイミングがある。ギリシャ語には時間を表す二つの概念がある。第一はクロノスだ。この言葉を語源《ごげん》とするクロノロジー（年表、時系列表）という言葉があるが、われわれが日常的に考えているのはこのような流れていく時間だ。第二にこれとは別のカイロスという時間概念がある。ある出来事が起きる前と後では、世界が変わってしまうような時間だ。英語で言うタイミングにあたる。座標軸《ざひょうじく》上に直線で描かれる時間をクロノスとすると、それを上から切断する行為がカイロスだ。創価学会にとってのカイロスが到来したという認識を戸田氏は抱《いだ》いたのである。

〝時が来ている！「大悪《だいあく》を《起》これば大善《だいぜん》きたる」（御書一三〇〇ジペ）だ！〟

彼《かれ》は、大白法興隆《だいびゃくほうこうりゅう》の時が、遂《つい》に来た感《かん》を、強《つよ》く全身《ぜんしん》で確信《かくしん》していた。

日本にとって、この事態《じたい》は有史以来《ゆうしいらい》の出来事《できごと》であった。だが、この最大《さいだい》の不幸《ふこう》の根本要因《こんぽんよういん》は、日蓮大聖人《にちれんだいしょうにん》の生命哲理《せいめいてつり》に、既《すで》に、あまねく説《と》き尽《つ》くされていた。してみれば、この生命哲学《てつがく》の根本の原理《げんり》によって、すべての不幸な民衆《みんしゅう》を、未曾有《みぞう》の幸福《こうふく》の彼岸《ひがん》に運《はこ》ぶことも、また必然《ひつぜん》の理《ことわり》としなければなるまい。

大聖人滅後《めつご》六百六十数年――その間、誰一人《だれひとり》、現実《げんじつ》には、その予言《よげん》の真実《しんじつ》を覚知《かくち》しなかった。あるいは理論《りろん》として、概念的《がいねんてき》には説く人があったかもしれない。

しかし、その生命哲理の偉大《いだい》さを、如実《にょじつ》に知り、悟《さと》らざるを得《え》なかったのは、いったい誰か……。

戸田《とだ》は、深《ふか》い思《おも》いにふけりながら、感動《かんどう》に身《み》を震《ふる》わせていた。

〝まさしく、時は到来《とうらい》した。この時を外《はず》して、未来永劫《みらいえいごう》に広宣流布《こうせんるふ》の時はない。絶対《ぜったい》に、この時を外してはならない。妙法《みょうほう》流布の条件《じょうけん》は、ことごとくそろった……〟

彼は、窓《まど》から外を見た。家々《いえいえ》の窓は、開《あ》け放《はな》たれ、明《あか》るかった。（前掲書一二八頁）

〈大悪をこれば大善きたる〉というのは、リアリズムに基づいた歴史観である。ただし、ここで重要なのは、自らが善を形成していく運動に具体的に参加していくことだ。そのためには、組織が必要だ。それだから、戸田氏は、まず創価学会組織の再建に全力を尽くすのである。

占領軍の民主化政策は、戸田氏が宗教活動を再開するための環境を整備《せいび》した。

アメリカ占領軍《せんりょうぐん》は、当面《とうめん》の占領政策《せいさく》を実施《じっし》したが、日本民衆《みんしゅう》からの抵抗《ていこう》は、全《まった》く起《お》きなかった。あの太平洋上《たいへいようじょう》の島々《しまじま》での凄惨《せいさん》な玉砕《ぎょくさい》、フィリピンや沖縄《おきなわ》での徹底的《てっていてき》な抗戦《こうせん》、神風特攻《かみかぜとっこう》隊《たい》の想像《そうぞう》を絶《ぜっ》した死闘《しとう》――このような、執拗《しつよう》で強力《きょうりょく》なエネルギーは、日本本土《ほんど》では、いったい、どこへ行《い》ってしまったのか、と思《おも》えるほどであった。また、日本軍の解体《かいたい》も、一発《いっぱつ》の銃《じゅう》声《せい》を聞くこともなく進《すす》んでいた。

彼《かれ》らの常識的《じょうしきてき》予想《よそう》では、占領政策は、当初《とうしょ》、激《はげ》しい抵抗に遭《あ》うことも考《かんが》えていた。ところが、なんの抵抗もない。

〝これは、いったいどうしたことなのか！〟

彼らの目には、民衆は、打《う》ちしおれて貧《まず》しく、ただ従順《じゅうじゅん》で、一切《いっさい》に全く無関心《むかんしん》のように映《うつ》った。

長《なが》く続《つづ》いた戦争《せんそう》に、人びとは、多大《ただい》の犠牲《ぎせい》を強《し》いられ、疲《つか》れきっていた。そして、敗戦《はいせん》である。それまで、否応《いやおう》なしに国民《こくみん》を駆《か》り立《た》ててきたものが、すべて崩壊《ほうかい》してしまったのである。

人びとの心《こころ》には、埋《う》めがたい虚脱感《きょだつかん》が、精神的空洞《せいしんてきくうどう》となって広《ひろ》がっていた。皆《みな》、一寸先《いっすんさき》もわからぬ混乱《こんらん》した社会《しゃかい》で、ただ今日《きょう》を生《い》きることに必死《ひっし》であった。(前掲書一八七～一八八頁)

軍部は、国家神道《こっかしんとう》に依拠《いきょ》した極端な国家主義思想を国民に徹底的に叩《たた》き込もうと腐心した。特に一九三〇年代になるとその傾向《けいこう》が加速していった。

しかし、民衆の心には、軍部が称揚《しょうよう》した神国思想は定着しなかった。それだから、〈人びとの心には、埋めがたい虚脱感が、精神的空洞となって広がっていた〉のである。創価学会は、人々の精神的空洞を埋めるという偉業を達成しながら、世界宗教に発展する潜在力を蓄《たくわ》えていくのである。

日本人と日本の信仰と布教の自由

もはや武力抵抗《ぶりょくていこう》はない――。

占領軍《せんりょうぐん》は、それを見定《みさだ》めるかのように、もう一つの占領目的《もくてき》である「民主化《みんしゅか》」の断行《だんこう》を、いっこうに腰《こし》を上げようとしない日本政府《せいふ》に迫《せま》ってきた。

GHQ(連合国軍総司令部《れんごうこくぐんそうしれいぶ》)は、一九四五年(昭和《しょうわ》二十年)十月から十二月までのわずか二カ月間に、「民主化」の基本政策《きほんせいさく》を、矢継《やつ》ぎ早《ばや》に指令《しれい》していった。

まず、十月十一日に、婦人《ふじん》への参政権付与《さんせいけんふよ》、労働組合結成《ろうどうくみあいけっせい》の奨励《しょうれい》、学校教育《がっこうきょういく》の自由主義化《じゆうしゅぎか》、圧政的諸制度《あっせいてきしょせいど》の廃止《はいし》、経済機構《けいざいきこう》の民主化――の五項目《こうもく》にわたる改革《かいかく》指令を、新首相《しんしゅしょう》・幣原喜《しではらき》重郎《じゅうろう》に示《しめ》した。

これらの基本方針《きほんほうしん》に基《もと》づいて、十月末《まつ》には財閥《ざいばつ》の資産凍結《しさんとうけつ》、十一月には、六日に財閥解体《かいたい》、十八日に皇室財産《こうしつざいさん》の凍結、二十五日に軍需会社《ぐんじゅがいしゃ》への補償《ほしょう》の停止《ていし》等を命令《めいれい》した。

さらに、十二月に入《はい》ると、九日に農地解放《のうちかいほう》、十五日に国家《こっか》と神道《しんとう》の分離《ぶんり》等の指令《しれい》を、次々《つぎつぎ》と日本政府《せいふ》に発《はっ》してきた。（前掲書一八八〜一八九頁）

ここでもっとも重要なのは、国家と神道の分離などを指令したいわゆる神道指令だ。正確には、一九四五年十二月十五日にGHQが日本政府に対して発した覚書《おぼえがき》「国家神道、神社神道ニ対スル政府ノ保証、支援、保全、監督並ニ弘布ノ廃止ニ関スル件」（SCAPIN-448）と呼ばれる指令だ。戦前、戦中、国家神道は宗教ではなく、大日本帝国臣民《しんみん》の慣習《かんしゅう》であると位置づけられていた。そのことによって国家神道は事実上、国教の地位を得た。それだから、神社参拝や神札《かみふだ》を受けることが、臣民の習慣として強要《きょうよう》されたのである。

神道指令によって、国家神道は解体され、神道は、他の諸宗教と同じ扱いを受けるようになったのである。神道指令によって、日本人と日本の宗教団体は、初めて実質的な信仰と布教の自由を得ることができた。

第7章 新名称「創価学会」として船出する

「一人立つ」（一八九～一九六頁）

誤った思想、宗教が人間を脆くする

アメリカ占領軍の下で、日本の政治、経済、社会は大きく変化していく。『人間革命』には、この変化の様子が次のようにまとめられている。

　また、九月十一日には、戦争犯罪人《せんそうはんざいにん》いわゆる戦犯容疑者《せんぱんようぎしゃ》への本格的《ほんかくてき》な追及《ついきゅう》も始《はじ》まった。まず、米英《べいえい》などに宣戦布告《せんせんふこく》した時の内閣総理大臣《ないかくそうりだいじん》で、陸軍大将《りくぐんたいしょう》でもあった東条英機《とうじょうひでき》が逮捕《たいほ》され、さらに海軍《かいぐん》大将であった嶋田繁太郎《しまだしげたろう》、外務《がいむ》大臣を務《つと》めた東郷茂徳《とうごうしげのり》など、軍部《ぐんぶ》や政界《せいかい》の要人《ようじん》三十九人が、次々に逮捕されていった。

その後も、戦犯容疑者への逮捕命令は続《つづ》き、十二月に入ると、陸軍元帥《げんすい》であった皇族《こうぞく》の梨《なし》本宮《もとのみや》も逮捕され、さらに内大臣で昭和天皇《しょうわてんのう》の側近《そっきん》であった木戸幸一《きどこういち》や、戦時中《せんじちゅう》、首相《しゅしょう》を務めた公爵《こうしゃく》の近衛文麿《このえふみまろ》にも及《およ》んだ。

翌年《よくねん》一月四日には、公職追放令《こうしょくついほうれい》が発せられ、軍国主義《ぐんこくしゅぎ》、超国家《ちょうこっか》主義に協力《きょうりょく》したとみなされた政財界人《せいざいかいじん》、官僚《かんりょう》、言論人《げんろんじん》、教育者《きょういくしゃ》などが、各方面《かくほうめん》で公職追放となった。その人数《にんずう》は、二年間で約《やく》二十万人を数《かぞ》えるにいたった。

これほどの短期間《たんきかん》に、一国《いっこく》の政治《せいじ》が大変革《だいへんかく》されたのは、世界《せかい》でもまれなことである。まさしく、政治革命《かくめい》そのものであった。しかし、残念《ざんねん》なことには、自国《じこく》の民衆《みんしゅう》の自発的《じはってき》な力《ちから》で遂《すい》行《こう》した政治革命ではなかった。ことごとくが、他国《たこく》の指導者《しどうしゃ》によってなされた革命であった。

敗戦《はいせん》という厳《きび》しい現実《げんじつ》が、何よりも、これらの改革《かいかく》を容易《ようい》にしたのである。敗戦によって、虚脱状態《きょだつじょうたい》の極《きょく》に置《お》かれていた民衆は、これらの改革を切実《せつじつ》に身《み》に感《かん》ずるいとまもなかった。これらの指令《しれい》は、次々《つぎつぎ》と日本政府《せいふ》によって法令《ほうれい》として立案《りつあん》され、実行《じっこう》に移《うつ》されていった。

（池田大作『人間革命　第1巻』聖教ワイド文庫、二〇一三年、一八九～一九〇頁）


占領軍による政策は「上からの革命」であった。確かに、この革命によって日本社会が民主化したことは、とても重要な意義がある。しかし、そこには大きな欠陥《けっかん》があった。この点を池田大作氏は見据《みす》えている。池田氏は、〈残念なことには、自国の民衆の自発的な力で遂行した政治革命ではなかった。ことごとくが、他国の指導者によってなされた革命であった〉と指摘する。この指摘が重要だ。二十一世紀になって、東京裁判（極東国際軍事裁判《きょくとうこくさいぐんじさいばん》）をはじめとする日本の民主化が、米国によって押しつけられたことに焦点をあて、ナショナリズムに訴え、戦後改革を否定する歴史修正主義的な動きがあるからだ。重要なのは、歴史を虚心坦懐《きょしんたんかい》に見ることだ。当時の日本に内側から社会を民主化する力は十分になかった。その根源的理由について、戸田城聖氏はこう認識していた。

戸田城聖《とだじょうせい》は、この敗戦の現実を見て、国家《こっか》の脆《もろ》さというよりも、人間《にんげん》の脆さを知った。そして、誤《あやま》った思想《しそう》、誤った宗教《しゅうきょう》が、どれほど人間を脆くするものであるかを、しみじみと感じた。

いわば、日本全土《ぜんど》で、長《なが》い間《あいだ》、狂奔《きょうほん》した魔《ま》の力の総決算《そうけっさん》が、こんな姿《すがた》で現《あらわ》れたのだと、彼《かれ》は見ていた。そして、日本民衆は、今こそ、世界の平和《へいわ》を建設《けんせつ》する新《あたら》しい日本人としての自《じ》覚《かく》と反省《はんせい》とを、忘《わす》れてはならないと思《おも》った。同時《どうじ》に、民衆自身《みんしゅうじしん》の骨髄《こつずい》をつくり上げねばならないと、その責務《せきむ》を感《かん》じてもいた。（前掲書一九〇～一九一頁）

戸田氏は、敗戦の理由を、〈人間の脆さ〉、〈誤った思想、誤った宗教が、どれほど人間を脆くするものであるか〉ととらえる。それだから、社会を変革する前提として、正しい宗教と正しい思想に裏付けられた人間革命が必要とされるのである。「上からの革命」は、革命を行った権力がなくなってしまうと、崩《くず》れ去《さ》る。

ソ連の社会主義社会も、一九九一年八月にソ連共産党守旧派がクーデター未遂《みすい》事件を起こし、ソ連共産党が解体されると、崩れ去ってしまった。一九一七年十一月に社会主義革命が行われ、七四年近くを経過しても社会主義的人間が形成されていなかったから、あのようなことになったのである。

日本の民主化という方向性は正しい。この方向性を社会に定着させるためには、創価（教育）学会を再建し、下から日本の民主主義を支えていく必要があると戸田氏は考えたのである。そのためには、具体的な活動の拠点が必要だ。また宗教活動を支える経済的基盤も不可欠になる。戸田氏の思考は常に現実的だ。創価学会の再建にしても、空理空論ではなく、現実的基盤を考えた上で計画を立てている。

中心地に近づくことの意味

絶《た》え間《ま》なく動揺《どうよう》する、激《はげ》しい変革《へんかく》の時期《じき》であったが、戸田《とだ》は泰然《たいぜん》としていた。彼《かれ》の手がけた事業《じぎょう》は、日に日に向上線《こうじょうせん》をたどっていた。一九四五年（昭和《しょうわ》二十年）九月末《まつ》になると、西神田《にしかんだ》の焼《や》け残《のこ》った一画《いっかく》に、一軒《いっけん》の売《う》り家《や》があることを聞《き》き込《こ》んだ。彼は、直《ただ》ちに調査《ちょうさ》し、即決《そっけつ》して、それを買《か》った。事業開始《かいし》から一カ月半《はん》で、そのような余裕《よゆう》をもつにいたったのである。

目黒駅《めぐろえき》にほど近《ちか》い、狭《せま》い土間《どま》の仮事務所《かりじむしょ》から、十月半《なか》ばには、西神田の三階建《がいだ》ての新事務所に移《うつ》っていた。やはり目黒駅の近《ちか》くにあった戦前《せんぜん》の事業の根城《ねじろ》・時習学館《じしゅうがっかん》が罹災焼失《りさいしょうしつ》してしまったことは、戸田にとって打撃《だげき》であった。しかし、西神田に移ってみると、その打撃は取るに足《た》りぬことに思えるのであった。

神田は、出版業界《しゅっぱんぎょうかい》の一等地《いっとうち》である。印刷《いんさつ》、製本《せいほん》、その他、出版業務《ぎょうむ》のすべてに便利《べんり》な中心地であった。いつの間にか、その中心地に近づいたことに、戸田は気がついた。（前掲書一九一頁）

目黒から西神田に、創価学会の拠点が移動するということも、宗教的かつ歴史的な意味がある。それは、中心地に近づくということだ。それが〈いつの間にか〉行われたということが重要である。これは、偶然ではなく、超越的な力が働いているのである。戸田氏はこのことを日本正学館の社員たちにわかりやすい言葉で説明する。

彼《かれ》は、二階《かい》の南側《みなみがわ》の窓《まど》を背《せ》にして、社員《しゃいん》たちに語《かた》り始《はじ》めた。

「どうだ、目黒《めぐろ》から、この中央《ちゅうおう》に進出《しんしゅつ》することができたのも、偶然《ぐうぜん》のように見えるかもしれないが、決《けっ》して偶然ではないよ。わかるかい？」

社員たちは、広《ひろ》い家屋《かおく》に移《うつ》って、ただ、もう浮《う》き浮きしていた。

「まったく、うまいところが見つかったものですなぁ」

奥村《おくむら》が、感《かん》に堪《た》えないというように言った。

すると、戸田《とだ》は答《こた》えた。

「こういうところに移ってこられたのは、日本正学館《しょうがっかん》も、出版界《しゅっぱんかい》で戦前以上《せんぜんいじょう》の飛躍《ひやく》ができるという、何よりの証拠《しょうこ》じゃないか」

新事務所《しんじむしょ》は、専修大学《せんしゅうだいがく》にほど近い大通《おおどお》り沿《ぞ》いにあった。交通《こうつう》の便《べん》も、何かにつけて便利《べんり》であった。目黒の事務所とは、大変《たいへん》な違《ちが》いである。これまでの事務所は、電車通《でんしゃどお》りに面《めん》していたため、電車の騒音《そうおん》が耳《みみ》についていた社員たちには、気の抜《ぬ》けた思《おも》いがするほどの静《しず》けさであった。

「まったく、功徳《くどく》ですね」と言いながら、奥村は、新聞紙《しんぶんし》にくるんだ昼飯《ひるめし》のふかしイモを、カバンから取り出した。

「今日《きょう》もイモかい。……イモは、あまり功徳《くどく》とはいえんな……」

戸田《とだ》の言葉《ことば》に、みんな、どっと笑《わら》いだした。

「この事務所《じむしょ》は功徳だよ。徒手空拳《としゅくうけん》で始《はじ》めた仕事《しごと》が、二カ月たたないうちに、ここまできた。誰《だれ》だって考《かんが》えられないことだ。努力《どりょく》だけではない。この事務所も、御本尊様《ごほんぞんさま》から頂《いただ》いたものだよ。この建物《たてもの》が、今後《こんご》どんな働《はたら》きをするか、きっと、すごいことになるよ。みんな、大事《だいじ》に、きれいに使《つか》おうじゃないか」

「はい……」

事務員たちも、戸田の言葉の表面上《ひょうめんじょう》だけの意味《いみ》はわかって、返事《へんじ》をした。（前掲書一九二、一九四頁）

奥村氏の〈まったく、功徳ですね〉という言葉が、事柄《ことがら》の本質を正確に言い表している。安定した仕事を行うためには拠点が必要である。この場合の拠点は、日本正学館の出版事業のためだけではない。創価学会を再建するという重要な意味がある。

「新しい革袋」が必要になった

日本中は、殺気《さっき》だっている。暗鬱《あんうつ》な一日一日であった。落《お》ち着《つ》いて仕事のできる、自分《じぶん》たちの環境《かんきょう》をもっている人は少《すく》ない。この時に、生活《せいかつ》の心配《しんぱい》もなく、良《よ》い環境に恵《めぐ》まれてきた社員《しゃいん》たちは、なんとなく、すまないような思《おも》いがしていた。

戸田は、新事務所に座《すわ》ってみて、大きな展望《てんぼう》を描《えが》き、思いを将来《しょうらい》に馳《は》せていた。事業《じぎょう》のことばかりではない。言うまでもなく、学会《がっかい》の再建《さいけん》である。

だが今、戸田《とだ》の胸《むね》に描《えが》かれた学会《がっかい》の姿《すがた》は、戦前《せんぜん》の創価教育学会《そうかきょういくがっかい》の最盛期《さいせいき》のような規模《きぼ》とは、全《まった》く異《こと》なっていた。彼《かれ》は、新時代《しんじだい》にふさわしい、大きい、新《あたら》しい構想《こうそう》、展開《てんかい》を描いていたのである。

まず戸田は、創価教育学会の名称《めいしょう》を、「創価学会」と変えることを考《かんが》えていた。学会の目的《もくてき》、活動《かつどう》が、教育界だけでなく、日蓮大聖人《にちれんだいしょうにん》の仏法《ぶっぽう》を根底《こんてい》として、政治《せいじ》、経済《けいざい》、文化《ぶんか》等、全《ぜん》社会《しゃかい》の階層《かいそう》に、希望《きぼう》と活力《かつりょく》とを与《あた》えきることであり、その永久不変《えいきゅうふへん》の大哲理《だいてつり》を流布《るふ》することを、決意《けつい》していたからである。それには、東京《とうきょう》の中心《ちゅうしん》に位置《いち》するこの建物《たてもの》も、ひと役買《やくか》うの

は当然《とうぜん》なことであった。（前掲書一九四～一九五頁）

戸田氏は、創価教育学会の名称を創価学会に変えることを考えた。それは、〈学会の目的、活動が、教育界だけでなく、日蓮大聖人の仏法を根底として、政治、経済、文化等、全社会の階層に、希望と活力とを与えきることであり、その永久不変の大哲理を流布すること〉だからだ。戦前・戦中と戦後では、与件《よけん》が変化している。

その与件の変化を正確にとらえ、戸田氏は創価学会を躍進させることを考えたのである。イエス・キリストは、〈また、だれも、新しいぶどう酒を古い革袋に入れたりはしない。そんなことをすれば、ぶどう酒は革袋を破り、ぶどう酒も革袋もだめになる。新しいぶどう酒は、新しい革袋に入れるものだ〉（「マルコによる福音書」二章二二節）と述べた。キリスト教的に言うならば、創価学会にも「新しい革袋」が必要になったのである。

戸田は、二階《かい》の畳敷《たたみじ》きの三部屋《へや》を、しげしげと見渡《みわた》した。八畳間《じょうま》と、さらに一回《ひとまわ》り狭《せま》い二つの部屋が続《つづ》いていた。昼《ひる》は、彼の事業《じぎょう》の城《しろ》であるが、夜は、やがて法《ほう》を求《もと》め、広宣流布《こうせんるふ》の第一線《だいいっせん》に働《はたら》く地涌《じゆ》の菩薩《ぼさつ》が集《つど》って来るにちがいない。煤《すす》けた壁《かべ》、手垢《てあか》のついた柱《はしら》、多少古《たしょうふる》びた畳も、広宣《こうせん》流布の産声《うぶごえ》を、必《かなら》ずや聞くはずだ。

かの吉田松陰《よしだしょういん》の松下村塾《しょうかそんじゅく》も、八畳間と増築分《ぞうちくぶん》の四畳半《はん》と三畳二間《ふたま》があり、ほぼ同じ広《ひろ》さであった。

儒教《じゅきょう》思想《しそう》を根底《こんてい》にした指導者《しどうしゃ》・吉田松陰《よしだしょういん》の感化《かんか》を受けた青年《せいねん》たちは、それなりの大成《たいせい》を遂《と》げた。久坂玄瑞《くさかげんずい》をはじめとして、高杉晋作《たかすぎしんさく》、伊藤博文《いとうひろぶみ》等、彼《かれ》らは、いずれも維新回天《いしんかいてん》の大業《たいぎょう》に活躍《かつやく》し、今日《こんにち》にも、その名《な》を残《のこ》している。

しかし、儒教を理念《りねん》とする指導者たちのつくり上げた、明治以来《めいじいらい》の機構制度《きこうせいど》は崩《くず》れ去《さ》った。さらに、その精神的支柱《せいしんてきしちゅう》も、全《まった》く力《ちから》を失《うしな》ったことが証明《しょうめい》された。新《あたら》しい時代《じだい》に、新しい偉大《いだい》な哲学《てつがく》理念をもって、新しい青年の立つ時が到来《とうらい》したのである。

妙法《みょうほう》の大理念をもった青年たちが、今度《こんど》は、この部屋《へや》から、社会《しゃかい》のあらゆる分野《ぶんや》に、続々《ぞくぞく》と巣立《すだ》っていくであろうことを、戸田《とだ》は強《つよ》く確信《かくしん》していた。彼は、その様相《ようそう》を、まざまざと心《こころ》に描《えが》いていたのである。（前掲書一九五〜一九六頁）

世界的規模での発展を先取りする

儒教という「古い革袋」では、もはや戦後の新しい日本の現実には対応できないのである。戸田氏は、〈昼は、彼の事業の城であるが、夜は、やがて法を求め、広宣流布の第一線に働く地涌の菩薩が集って来るにちがいない〉と予測する。この予測は的中し、二十一世紀の現在、創価学会は世界宗教としての活動を日に日に強化している。ここで戸田氏は「地涌の菩薩」について述べている。「地涌の菩薩」について、『教学入門』では、こう説明している。少し長くなるが、重要な部分なので全文を引用しておく。

地涌《じゆ》の菩薩《ぼさつ》とは、従地涌出品第《じゅうじゆじゅっぽんだい》15で、釈尊《しゃくそん》が滅後《めつご》の悪世《あくせ》の弘通《ぐつう》を託《たく》すために呼《よ》び出《だ》した無《む》数《すう》の菩薩《ぼさつ》をいいます。大地《だいち》を破《やぶ》って涌《わ》き出《で》たので地涌《じゆ》の菩薩《ぼさつ》といいます。それまで娑婆世界《しゃばせかい》の地《ち》の下《した》の虚空《こくう》にいたとされますが、そのことは、根源《こんげん》の真理《しんり》の世界《せかい》に住《じゅう》していたことを意《い》味《み》します。

この地涌《じゆ》の菩薩《ぼさつ》の数《かず》は無数《むすう》であり、その一人《ひとり》ひとりが六万恒河沙《ろくまんごうがしゃ》などの眷属《けんぞく》（仲間《なかま》）を率《ひき》いていたと説《と》かれます。それゆえ、六万恒河沙《ろくまんごうがしゃ》の菩薩《ぼさつ》と呼《よ》ばれることがあります。「恒河《ごうが》」とはインドのガンジス河《がわ》のことで、その砂《すな》の数《かず》を一恒河沙《いちごうがしゃ》といいます。六万恒河沙《ろくまんごうがしゃ》とはその6万倍《まんばい》です。

この地涌《じゆ》の菩薩《ぼさつ》は、久遠《くおん》の昔《むかし》から常《つね》に釈尊《しゃくそん》に教化《きょうけ》され、〝成仏《じょうぶつ》のための根源《こんげん》の法《ほう》〟をすでに所持《しょじ》しており、釈尊《しゃくそん》と同《おな》じ仏《ほとけ》としての境地《きょうち》を内《うち》に持《たも》ちながら、菩薩《ぼさつ》の姿《すがた》で悪世末法《あくせまっぽう》に妙法《みょうほう》を広宣流布《こうせんるふ》していく使命《しめい》を帯《お》びているのです。

この地涌《じゆ》の菩薩《ぼさつ》は、上行菩薩《じょうぎょうぼさつ》、無辺行菩薩《むへんぎょうぼさつ》、浄行菩薩《じょうぎょうぼさつ》、安立行菩薩《あんりゅうぎょうぼさつ》という4人《にん》の導師《どうし》（衆《しゅ》生《じょう》を導《みちび》くリーダー）に率《ひき》いられています。上行菩薩《じょうぎょうぼさつ》らは、如来神力品第《にょらいじんりきほんだい》21において、仏《ほとけ》の滅《めつ》後《ご》に真実《しんじつ》の大法《だいほう》を広《ひろ》めることを誓《ちか》うとともに、その誓願《せいがん》に応《おう》じ釈尊《しゃくそん》から滅後《めつご》の弘教《ぐきょう》を付嘱《ふぞく》されます。付嘱《ふぞく》とは、未来《みらい》に法《ほう》を弘通《ぐつう》することを託《たく》すことです。

これらは経文《きょうもん》に説《と》かれている通《とお》りですが、重大《じゅうだい》な問題《もんだい》が残《のこ》されています。それは、法華経《ほけきょう》が真実《しんじつ》なら、事実《じじつ》の上《うえ》で地涌《じゆ》の菩薩《ぼさつ》が出現《しゅつげん》するのは仏《ほとけ》の滅後《めつご》のいつなのか、広《ひろ》める大法《だいほう》とは何《なに》かという問題《もんだい》です。

大聖人《だいしょうにん》は、虚空会《こくうえ》の説法《せっぽう》の内容全体《ないようぜんたい》から、地涌《じゆ》の菩薩《ぼさつ》が出現《しゅつげん》する時《とき》は、滅後《めつご》の中《なか》でも悪世《あくせ》末法《まっぽう》であり、広《ひろ》める大法《だいほう》とは南無妙法蓮華経《なんみょうほうれんげきょう》であると明《あ》かされています。

そして、この法華経《ほけきょう》の付嘱《ふぞく》の通《とお》り、末法《まっぽう》の初《はじ》めに出現《しゅつげん》して、南無妙法蓮華経《なんみょうほうれんげきょう》を万人《ばんにん》に説《と》き、不惜身命《ふしゃくしんみょう》で弘通《ぐつう》された方《かた》こそ、日蓮大聖人御自身《にちれんだいしょうにんごじしん》です。この意義《いぎ》から、大聖人御自身《だいしょうにんごじしん》こそ地《じ》涌《ゆ》の菩薩《ぼさつ》、なかんずく上行菩薩《じょうぎょうぼさつ》に当《あ》たります。


大聖人《だいしょうにん》と同《おな》じ精神《せいしん》で広宣流布《こうせんるふ》に励《はげ》む人《ひと》が地涌《じゆ》の菩薩《ぼさつ》

また、「諸法実相抄《しょほうじっそうしょう》」に「いかにも、今度《こんど》、信心《しんじん》をいたして法華経《ほけきょう》の行者《ぎょうじゃ》にてとおり、日《にち》蓮《れん》が一門《いちもん》となりとおし給《たも》うべし。日蓮《にちれん》と同意《どうい》ならば、地涌《じゆ》の菩薩《ぼさつ》たらんか。地涌《じゆ》の菩薩《ぼさつ》にさだまりなば、釈尊久遠《しゃくそんくおん》の弟子《でし》たること、あに疑《うたが》わんや」（1360ページ）と仰《おお》せのように、日《にち》蓮大聖人《れんだいしょうにん》の教《おし》えを信受《しんじゅ》して、大聖人《だいしょうにん》の御精神《ごせいしん》の通《とお》り、折伏《しゃくぶく》・弘教《ぐきょう》を通《とお》し、広布《こうふ》の実践《じっせん》に励《はげ》む私たち一人《ひとり》ひとりも、すべて地涌《じゆ》の菩薩《ぼさつ》であり、末法《まっぽう》の御本仏《ごほんぶつ》・日蓮大聖人《にちれんだいしょうにん》の本物《ほんもの》の弟子《でし》なのです。（創価学会教学部編『教学入門』聖教新聞社、二〇一五年、一六〇〜一六二頁）

地涌の菩薩の数は、一恒河沙《ごうがしゃ》の六万倍で、しかも、それぞれが無数の眷属（＝従者、仲間）を率いている。創価学会の世界的規模での発展を先取りした展望が、戸田氏の地涌の菩薩という言葉の中に含まれているのである。

第8章　創価学会の他者の魂への配慮

「一人立つ」（一九六〜二〇五頁）

信仰を持つ人は常に前を見る

人間にとって辛《つら》いのは信頼していた人に裏切られたときである。しかし、そのような状況に直面しても、落胆《らくたん》して意気消沈するのは確固たる信仰を持たない人だ。信仰を持つ人は常に前を見るのである。戸田城聖氏は、創価学会の再建にあたって、青年に強い期待をかけた。

戸田は、青年に強く期待《きたい》をかけていた。自分《じぶん》が頼《たよ》りにしていた壮年《そうねん》たちが、全部《ぜんぶ》、退転《たいてん》したことで、それは、一層《いっそう》、強い確信となった。彼らが、実《じつ》に利己的《りこてき》な考《かんが》え方《かた》の持《も》ち主《ぬし》であり、頼るに足《た》らぬということを、いやというほど知ったからである。（池田大作『人間革命　第1巻』聖教ワイド文庫、二〇一三年、一九六頁）

「新しいぶどう酒」を「新しい革袋」に入れる必要があるように、青年の新しい力によって創価学会を飛躍的に発展させることを考えた。そのためにも事業で成功することが重要である。創価学会の特徴は、此岸性《しがんせい》の宗教であることだ。現実の世界での経済活動を戸田氏は軽視《けいし》しなかった。しかし、仕事の成功で求めるのは、金銭や組織内での出世ではない。正しい仏法を日本社会全体に、そして世界全体に広めていくことだ。しかし、戸田氏の信仰に基づいた事業に対する姿勢に気づいた人は少なかったようである。


事務所《じむしょ》にいる社員《しゃいん》たちは、彼の深《ふか》い決意《けつい》、構想《こうそう》など知る由《よし》もなかった。ただ、社員として、それなりに社長《しゃちょう》につき、自分の仕事《しごと》の向上《こうじょう》に懸命《けんめい》ではあった。

戸田《とだ》は、それぞれ小机《こづくえ》を前にしている社員《しゃいん》たちに呼《よ》びかけた。

「さぁ、これからが、大変《たいへん》な戦《たたか》いになる。今までのような、子《こ》どもの遊《あそ》びとは違《ちが》ってくる。みんな、しっかり覚悟《かくご》して飛躍《ひやく》するんだよ。それには、研究《けんきゅう》と勉強《べんきょう》とを、お互《たが》いに怠《おこた》ってはダメだ。いったい、どこまで自分《じぶん》たちが伸《の》びられるか、精《せい》いっぱいやってみるんだな。いいね」

「はい！」

元気《げんき》のよい返事《へんじ》が、煤《すす》けた天井《てんじょう》に響《ひび》いた。キラキラと目を輝《かがや》かして、一人頷《ひとりうなず》いている人もいる。口《くち》を固《かた》く結《むす》んで、頰《ほお》を痙攣《けいれん》させ、緊張《きんちょう》した表情《ひょうじょう》の人もいる。戸田の言葉《ことば》は、誰《だれ》の胸《むね》にも力強《ちからづよ》く響いていった。

彼《かれ》の、ただならぬ決意《けつい》が、自然《しぜん》に事業面《じぎょうめん》の指導《しどう》となり、社員の心《こころ》にも、新《あら》たな息吹《いぶき》があふれた。数日《すうじつ》すると、上大崎《かみおおさき》の事務所《じむしょ》にあった、慌《あわ》ただしい不安定《ふあんてい》な様子《ようす》は影《かげ》をひそめて、根《ね》を下《お》ろしたような、着実《ちゃくじつ》な、生き生きとした雰囲気《ふんいき》に、たちまち変わっていった。（前掲書一九六～一九七頁）

真の宗教は指導者の人格に体現される

事業が成功するにつれて、戸田氏を訪《たず》ねる人々が増えてくる。その中には、創価教育学会の会員もいた。もっとも学会の組織自体は、国家権力の弾圧と牧口常三郎会長、戸田氏らが逮捕されたことによって活動停止の状態に陥《おち》っていた。真の宗教は指導者の人格に体現される。牧口氏の信仰を弟子《でし》である戸田氏が正統に継承《けいしょう》していることを、戦時中、学会活動から離れていた人々も、感じ取っていたのである。

西神田《にしかんだ》に移《うつ》ってからは、日に日に訪問客《ほうもんきゃく》が増《ふ》えた。もちろん、事業関係《かんけい》の人びとも多くなった。しかし、それよりも注目《ちゅうもく》すべきことがあった。今は、組織《そしき》も崩壊《ほうかい》している創価教育学《そうかきょういくがっ》会《かい》の会員《かいいん》が、ぽつぽつと姿《すがた》を現《あらわ》してきたことである。

それは、地方《ちほう》に疎開中《そかいちゅう》で、まだ鳴《な》りをひそめていた人びとではなく、戦時中《せんじちゅう》も、東京《とうきょう》の地で空襲《くうしゅう》と食糧難《しょくりょうなん》の過酷《かこく》な生活《せいかつ》に耐《た》え、終戦《しゅうせん》を迎《むか》えた人びとである。そして、前例《ぜんれい》のない不安《ふあん》と、失望《しつぼう》のなかで、その日、その日を、送《おく》っている人たちであった。

終戦時の東京の人口《じんこう》は、三百四十万まで落《お》ちていた。彼《かれ》らは、そのなかにいた、わずかな学会員であった。ほとんど、会長《かいちょう》・牧口常三郎《まきぐちつねさぶろう》の指導《しどう》を受けていた人びとである。しかし、戸田《とだ》とは、ちょっと面識《めんしき》があった程度《ていど》で、親《した》しく口《くち》をきいた人は、わずかしかいなかった。

彼らは、誰《だれ》からともなく、牧口会長の死《し》を伝《つた》え聞いていた。そして、落胆《らくたん》のなかにあって、なお学会の存在《そんざい》を求《もと》めていたのである。牧口会長への信頼《しんらい》が強《つよ》かっただけに、それに代《か》わり得《う》る指導者を、心《こころ》の底《そこ》で求めていたのであった。（前掲書一九七〜一九八頁）

池田大作氏の精緻《せいち》な筆致《ひっち》から、人生の指針と活路を渇望《かつぼう》し、戸田氏を訪ねた人々の姿が、目の前に浮かんでくる。


戸田理事長《りじちょう》の健在《けんざい》を、風《かぜ》の便《たよ》りに聞くと、居《い》ても立ってもいられなくなり、戸田を訪《たず》ねる気持《きも》ちになったのであろう。顔《かお》と姿だけしか知らなかった戸田を、訪ね、訪ねて、やっとの思《おも》いで、西神田《にしかんだ》の事務所《じむしょ》の入《い》り口《ぐち》に立った人びとが多かった。

「戸田先生《とだせんせい》は、おいでてでしょうか？」

彼《かれ》らは、階下《かいか》の受付《うけつけ》で、おずおずと尋《たず》ねた。それは、よれよれの軍服姿《ぐんぷくすがた》に、崩《くず》れた戦闘帽《せんとうぼう》を頭《あたま》に乗《の》せている男性《だんせい》であったり、幼《おさな》い子《こ》どもの手を引いた、戦争《せんそう》で夫《おっと》を亡《な》くしたらしい、もんぺ姿《すがた》の女性《じょせい》であったりした。

「どなたですか?」

受付の若《わか》い女子事務員《じょしじむいん》は聞いた。

「田上《たがみ》です。私の名《な》を申《もう》し上《あ》げても、先生はご存《ぞん》じないでしょう。お目にかかればわかります」

「……………」

「もと学会員《がっかいいん》だった、と申し上げてください。私は、戸田先生の、お顔《かお》はよく存じ上げているのですが……」

「ご用件《ようけん》は?」

「はぁ、別《べつ》に、これということもないのですが、ともかく一度、お目にかかりたいと思《おも》いまして……」

「お待《ま》ちください」

会社《かいしゃ》の忙《いそが》しい仕事《しごと》の合間《あいま》に、戸田《とだ》は、これらの人を二階《かい》に呼《よ》んで、話《はなし》をするのが常《つね》であった。

会って話をしてみれば、「別《べつ》にこれということもないのですが……」どころの騒《さわ》ぎではない。底知《そこし》れぬ悲哀《ひあい》と、果《は》てしない苦悩《くのう》を、胸《むね》いっぱいにもっている人びとであった。迷《まよ》い抜《ぬ》いた揚《あ》げ句《く》、活路《かつろ》を求《もと》めてきた訪問者《ほうもんしゃ》たちであった。

「うーん……」

戸田は、腕組《うでぐ》みをして、折々《おりおり》、ため息《いき》にも似《に》た声《こえ》をもらした。そして、涙《なみだ》ながらに語《かた》る人の顔《かお》を、悲《かな》しげに見つめた。（前掲書一九八～二〇〇頁）

人間は弱い存在である。信仰は、その弱い存在である人間を強くする。戸田氏は獄中でも筋《すじ》を曲げずに信仰を貫《つらぬ》き通した。しかし、「上から目線」で退転した人々を断罪《だんざい》するようなことはしない。

ことに、軍部政府《ぐんぶせいふ》の弾圧《だんあつ》を恐《おそ》れて退転《たいてん》していた人びとは、手のつけようのないほど、ひどい境遇《きょうぐう》に落《お》ちていた。厳《きび》しい因果《いんが》の実相《じっそう》を、あらためて見せつけられた思いである。

戦前《せんぜん》ならば、指導《しどう》の通例《つうれい》にならって、罰《ばち》だと、これらの人びとに厳しく悟《さと》らせたにちがいない。だが今、目前《もくぜん》にするこれらの訪問者《ほうもんしゃ》は、それも憚《はばか》られるほどの悲惨《ひさん》な状態《じょうたい》であった。彼《かれ》らもまた、あいまいながらも、その罰《ばち》を感《かん》じてはいたはずである。戸田《とだ》は、口《くち》の先《さき》まで出かかっている罰論《ばちろん》を、ぐっとのみ込《こ》むのだった。

そして、笑《え》みをたたえながら、諄々《じゅんじゅん》と指導《しどう》していった。彼は、まず、御本尊《ごほんぞん》の無量《むりょう》の功力《くりき》を説《と》いていったのである。真《しん》の功徳《くどく》は、どのように偉大《いだい》な冥益《みょうやく》となって現《あらわ》れるか、利益論《りやくろん》を真《ま》っ向《こう》から振《ふ》りかざして、激励《げきれい》するのだった。（前掲書二〇〇～二〇一頁）

救いを求める人の魂に最大限の配慮をする

創価学会員には、他者の気持ちになって考えることができる人が多い。キリスト教の話になって恐縮であるが、ドイツ語にSeelsorgeという言葉がある。直訳すると「魂の配慮」だが、通常、牧会《ぼっかい》という訳語《やくご》をあてている。キリスト教の牧師（神父）が信者の信仰や生活をケアすることを意味する業界用語だ。創価学会員と接していると他者の魂に配慮し、それを行動に移《うつ》せる人が多い。退転者《たいてんしゃ》であっても、救いを求める人の魂に戸田氏は最大限の配慮をしている。そして〈口の先まで出かかっている罰論を、ぐっとのみ込〉んで、戸田氏は、〈御本尊の無量の功力を説いていったのである〉。他者の魂に配慮し、此岸で具体的な利益をもたらすことができることが、創価学会が世界宗教に発展する大きな力になったと筆者は考える。

戸田氏は、〈毒を薬に変える力が、御本尊様にはある〉ことを強調する。

彼の指導は、いつも確信《かくしん》に満《み》ち満ちていた。罰の生活《せいかつ》を、利益に転《てん》じようと決意《けつい》させる力《ちから》があった。聞いている人の頬《ほお》は、見る見る赤《あか》みを増《ま》す。戸田の話《はなし》を聞くと、暗《くら》く沈《しず》んだ彼らの心《こころ》にも、希望《きぼう》の鐘《かね》が鳴《な》り響《ひび》くように思《おも》えるのだった。

――そうだ、毒《どく》を薬《くすり》に変える力《ちから》が、御本尊様にはある。信心《しんじん》さえ確《たし》かなら、何をくよくよすることがあるものか。

戸田は、なおも励《はげ》まし続《つづ》けた。

「大聖人様《だいしょうにんさま》の教《おし》えには、絶対《ぜったい》に間違《まちが》いはない。大聖人様は、難《なん》に遭《あ》われた時、こうおっしゃっている。

『我並《われなら》びに我《わ》が弟子《でし》・諸難《しょなん》ありとも疑《うたが》う心《こころ》なくば自然《じねん》に仏界《ぶっかい》にいたるべし』（御書《ごしょ》二三四ジペー）

どんな目に遭《あ》っても、御本尊様《ごほんぞんさま》を疑ってはいけない。疑わず、信心《しんじん》さえあれば、そのまま黙《だま》っていても、自然《しぜん》に、仏《ほとけ》の境涯《きょうがい》に到達《とうたつ》できるのだ。絶対《ぜったい》の幸福生活《こうふくせいかつ》ができるとの仰《おお》せなのだ。みんな、今は辛《つら》かろうが、疑わず、ちゃんと信心さえ貫《つらぬ》けばいいんだ。それによって、損《そん》するか得《とく》するか、一生《いっしょう》の勝負《しょうぶ》が決まってしまう。どうだ、忍耐強《にんたいづよ》くやれるかね？」

戸田《とだ》の言葉《ことば》に、ある人は泣《な》いていた。ある人は深《ふか》く頷《うなず》き、顔《かお》を上げてニッコリと笑《わら》うのだった。また、ある人は、「はい、やります！」と力強《ちからづよ》く応《こた》え、瞳《ひとみ》を輝《かがや》かせて、風呂《ふろ》上《あ》がりのような、さっぱりした顔をして席《せき》を立っていった。

「また、困《こま》ったことが起《お》きたら、いつでも訪《たず》ねて来なさい」

彼《かれ》は、席を立った人びとを見ながら、後《うし》ろ姿《すがた》に呼《よ》びかけた。

「はい、ありがとうございました」

彼らは振《ふ》り返《かえ》り、丁寧《ていねい》にあいさつして、階段《かいだん》をコトコトと下《お》りていくのだった。（前掲書二〇一〜二〇二頁）

今、目の前にある具体的問題を解決することができて初めて、宗教は超越性《ちょうえつせい》の問題に取り組むこともできる。筆者はプロテスタントのキリスト教徒で、創価学会員とは異なる信仰を持っているが、戸田氏の〈どんな目に遭っても、御本尊様を疑ってはいけない。疑わず、信心さえあれば、そのまま黙っていても、自然に、仏の境涯に到達できるのだ。絶対の幸福生活ができるとの仰せなのだ。みんな、今は辛かろうが、疑わず、ちゃんと信心さえ貫けばいいんだ。それによって、損するか得するか、一生の勝負が決まってしまう〉という主張がリアリティを持って迫《せま》ってくる。創価学会員の生活の中心に御本尊様への信心がある。それだから、創価学会員は他の宗教を信じる人たちからも信頼され、尊敬されるのである。

雨やどりの巨木が必要

戦時中に退転した人々に対して戸田氏はどう接したのであろうか。少し長くなるが、宗教的な過《あやま》ちを犯した人々に対する創価学会のよくわかる重要な記述なので正確に引用しておく。

このような訪問者《ほうもんしゃ》は、時を選《えら》ばずにやって来た。そのなかでも、最《もっと》も頻繁《ひんぱん》に出入《でい》りするようになった一群《いちぐん》があった。それは、戦前《せんぜん》の学会幹部《がっかいかんぶ》の経済人《けいざいじん》グループであった。戸田《とだ》と長《なが》い年月、公私《こうし》ともに親《した》しい関係《かんけい》にあった連中《れんちゅう》である。

戸田を中心《ちゅうしん》として、かつて経済革新同盟《かくしんどうめい》クラブなるものを組織《そしき》したことがあった。それは、教育者《きょういくしゃ》の多かった創価《そうか》教育学会内における、経済人の一群であった。彼《かれ》らもまた、戦時中《せんじちゅう》、弾圧《だんあつ》を受け投獄《とうごく》された者《もの》たちである。遺憾《いかん》ながら、投獄を機《き》として退転《たいてん》した幹部連であった。彼らのなかで、ある者は、御本尊《ごほんぞん》を返却《へんきゃく》さえした。ある者は、学会と手を切って出征《しゅっせい》することを条件《じょうけん》に、釈放《しゃくほう》になったりした。幸運《こううん》にも投獄されなかった者もいた。しかし、彼らもまた、信心活動《しんじんかつどう》は牢獄《ろうごく》への道《みち》と知り、その恐怖《きょうふ》から退転していったのである。彼らの全部《ぜんぶ》が、大聖人《だいしょうにん》の仏法《ぶっぽう》を疑《うたが》い、身《み》を潜《ひそ》めるようにして終戦《しゅうせん》を迎《むか》えた。

かつての最高幹部の理事《りじ》たちは、ことごとく退転状態《じょうたい》にあった。

彼ら退転組の理事たちは、七月三日の戸田の保釈出所《ほしゃくしゅつしょ》を伝《つた》え聞いたが、終戦より前には姿《すがた》すら現《あらわ》さなかった。彼らを弾圧した国家権力《こっかけんりょく》が崩壊《ほうかい》し、占領軍《せんりょうぐん》が取って代《か》わると、まず、彼《かれ》らは、生活《せいかつ》の再建《さいけん》に動《うご》き始《はじ》めたのである。

経済秩序《けいざいちつじょ》の混乱期《こんらんき》である。人びとは、生きることに血眼《ちまなこ》になっていた。あちらこちらと動き回《まわ》っているうちに、いわゆるうまい話もないわけではなかった。彼ら経済人グループの理事《り》たちは、戸田《とだ》の事業《じぎょう》の短期間《たんきかん》における再建の話《はなし》を耳《みみ》にし、驚《おどろ》きを隠《かく》せなかった。

十月に入《はい》ると、いち早《はや》く戸田の西神田《にしかんだ》への進出《しんしゅつ》を知った。自分《じぶん》たちは、いまだ、なんの地《じ》盤《ばん》の安定《あんてい》もできていない。彼らは、いかにも経済人らしく、自己《じこ》の生活再建の必要《ひつよう》から、一人《ひとり》、二人《ふたり》と、西神田の事務所《じむしょ》を訪《おとず》れ始めたのであった。

彼らは、広宣流布《こうせんるふ》という目的《もくてき》に向かって、戸田と共《とも》に、生涯《しょうがい》をかけて戦《たたか》う同志《どうし》ではなかった。自身《じしん》の苦《くる》しい生活上の利害《りがい》から、戸田に近《ちか》づいて来たにすぎない。戦後《せんご》の、どさくさの混乱期に、襲《おそ》い来る嵐《あらし》をやりすごすためには、雨《あま》やどりの巨木《きょぼく》が必要であった。

ともかく、戸田のもとに駆《か》け込《こ》めば、食《く》うに困《こま》らず、何かと守《まも》ってもらえると思《おも》ったにちがいない。彼らが、主義主張《しゅぎしゅちょう》のためには、命《いのち》をも捨《す》てて戦う人物《じんぶつ》でないことを、戸田《とだ》はよく知っていた。

だが彼《かれ》は、これらの、かつて背《そむ》いた盟友《めいゆう》たちを拒《こば》まなかった。獄中《ごくちゅう》にあった時、検事《けんじ》から、同志《どうし》が一人《ひとり》、二人《ふたり》と退転《たいてん》していくのを聞かされた。そのたびに、無念《むねん》と憤怒《ふんぬ》に身《み》を焼《や》かれる思《おも》いがした。そして、怒《いか》りを胸《むね》に畳《たた》んでいたが、しかし今、彼の眼前《がんぜん》にいる同志を見た時、彼は怒りを忘《わす》れていた。むしろ、憐憫《れんびん》の情《じょう》が先《さき》に立つのを、どうしようもなかった。（前掲書二〇三〜二〇五頁）

宗教教団には、常にその宗教を利用しようとする人々が集まってくる。そのような人々を戸田氏は拒否しなかった。しかし、そのような人々の見せかけの信心に騙《だま》されたわけではない。実は、キリスト教もこれと似たような問題に直面することがよくある。その問題を解決するときの指針となるのは、イエス・キリストが述べた「毒麦《どくむぎ》のたとえ」だ。次章では、どの世界宗教も直面する見せかけだけの信者にどう対処するかという問題についてのイエスの言説《げんせつ》について説明したい。

第9章 世界宗教が併せ持つ寛容性と厳格性

「一人立つ」(二〇五〜二〇七頁)

棄教者に対しての態度のとり方

どの宗教も、信仰の同志を裏切る棄教者《ききょうしゃ》(退転者)の問題を抱《かか》えている。棄教者が再び教団に戻ろうとした場合、どういう態度《たいど》をとるべきか。戸田城聖氏は、戦後、退転者が再び創価学会を訪れても拒《こば》まなかった。このかつて退転者であった者を拒まなかったことが、創価学会が世界宗教になる要素の一つと考えている。世界宗教であるキリスト教との類比《るいひ》で考えてみたい。

イエス・キリストの一二弟子の中に悪魔の手先であるイスカリオテのユダがいた。従って、現実の目に見える教会にも、悪魔の手先がいる可能性は十分にある。洗礼《せんれい》を受けて教会に所属しているからキリスト教徒であるという認識は間違いだ。最後の審判で選ばれる人は、神によって予定されている。人間は神でないので、この予定について知ることはできない。この関連で、キリスト教でよく引用されるのが、イエスによる「毒麦《どくむぎ》のたとえ」だ。ちなみに、イエスは重要な事柄について、たとえでしか語らない。その理由について、イエス自身がこう説明した。

弟子たちはイエスに近寄《ちかよ》って、「なぜ、あの人たちにはたとえを用《もち》いてお話しになるのですか」と言った。イエスはお答えになった。「あなたがたには天の国の秘密を悟《さと》ることが許されているが、あの人たちには許されていないからである。持っている人は更に与えられて豊かになるが、持っていない人は持っているものまでも取り上げられる。だから、彼らにはたとえを用いて話すのだ。見ても見ず、聞いても聞かず、理解できないからである。イザヤの預言は、彼らによって実現した。
『あなたたちは聞くには聞くが、決して理解せず、
見るには見るが、決して認めない。
この民の心は鈍り、
耳は遠くなり、
目は閉じてしまった。
こうして、彼らは目で見ることなく、
耳で聞くことなく、

心で理解せず、悔い改めない。

わたしは彼らをいやさない。』

しかし、あなたがたの目は見ているから幸いだ。あなたがたの耳は聞いているから幸いだ。はっきり言っておく。多くの預言者や正しい人たちは、あなたがたが見ているものを見たかったが、見ることができず、あなたがたが聞いているものを聞きたかったが、聞けなかったのである。」（「マタイによる福音書」一三章一〇～一七節）

ここでは、「あなたがた」に対立する「あの人たち」と称《しょう》される人々が出てくる。神は目に見えない。天の国についても、それを言語で概念化することはできない。イエスの弟子である「あなたがた」は、天の国について理解することができる。それだから、イエスに従っているのだ。これに対して、「あの人たち」は、目に見えない事柄を、目に見える形で表現しなくてはならない。そのためには、本来、言語にできない事柄を言語化するためのただ一つの手法がたとえであるとイエスは考えたのである。たとえを通じて、神の言葉の意味を類比的に理解するのである。救済との関係で重要なのが、イエスが語った「毒麦のたとえ」だ。

イエスは、別のたとえを持ち出して言われた。「天の国は次のようにたとえられる。ある人が良い種を畑に蒔《ま》いた。人々が眠っている間に、敵が来て、麦の中に毒麦を蒔いて行った。芽《め》が出て、実ってみると、毒麦も現れた。僕たちが主人のところに来て言った。『だんなさま、畑には良い種をお蒔きになったではありませんか。どこから毒麦が入ったのでしょう。』主人は、『敵の仕業《しわざ》だ』と言った。そこで、僕たちが、『では、行って抜き集めておきましょうか』と言うと、主人は言った。『いや、毒麦を集めるとき、麦まで一緒に抜くかもしれない。刈り入れまで、両方とも育つままにしておきなさい。刈り入れの時、「まず毒麦を集め、焼くために束《たば》にし、麦の方は集めて倉に入れなさい」と、刈り取る者に言いつけよう。』」

（「マタイによる福音書」一三章二四〜三〇節）

このたとえの主人公はイエスだ。イエスは畑に良い種を蒔く。しかし、夜中に敵が毒麦を蒔いた。敵を悪魔と言い換えてもよい。イエスが種蒔きをするように、悪魔も種蒔きをするのである。外形的にイエスと悪魔はよく似た行為をするのである。若いうちは、良い小麦と毒麦の区別はつかないのである。また、毒麦は畑に根を深く張っているので、無理に抜くと、良い小麦まで除去《じょきょ》されてしまう危険がある。それで、主人は小麦と毒麦の両方が育つまで待って、刈り入れるときに毒麦をまとめて焼くようにと指示する。

誰が毒麦なのか人間にはわからない

「毒麦のたとえ」でイエスは人間の救いについて何を語ろうとしたのだろうか。イエス自身がたとえの意味を説《と》いたときの状況を「マタイによる福音書」の著者はこう説明する。

イエスはこれらのことをみな、たとえを用いて群衆《ぐんしゅう》に語られ、たとえを用いないでは何も語られなかった。それは、預言者を通して言われていたことが実現するためであった。

「わたしは口を開いてたとえを用い、
天地創造の時から隠《かく》されていたことを告げる。」

それから、イエスは群衆を後に残して家にお入りになった。すると、弟子たちがそばに寄って来て、「畑の毒麦のたとえを説明してください」と言った。イエスはお答えになった。「良い種を蒔く者は人の子、畑は世界、良い種は御国《みくに》の子ら、毒麦は悪い者の子らである。毒麦を蒔いた敵は悪魔、刈り入れは世の終わりのことで、刈り入れる者は天使たちである。だから、毒麦が集められて火で焼かれるように、世の終わりにもそうなるのだ。人の子は天使たちを遣《つか》わし、つまずきとなるものすべてと不法を行う者どもを自分の国から集めさせ、燃え盛《さか》る炉《ろ》の中に投げ込ませるのである。彼らは、そこで泣きわめいて歯ぎしりするだろう。そのとき、正しい人々はその父の国で太陽のように輝く。耳のある者は聞きなさい。」（「マタイによる福音書」一三章三四〜四三節）

現時点において、人間の限られた知恵で、善人と悪人を仕分けてはいけないとイエスは強調する。すなわち、現実に存在する社会においては、悪人に対しても寛容《かんよう》であれとイエスは人々に呼びかけるのである。ただし、それは悪を看過《かんか》してもよいということではない。人間は神ではない。従って、人間が善悪を識別《しきべつ》することは、原理的に不可能である。しかし、人間は悪と戦わなくてはならない。このような「不可能の可能性」に挑《いど》むことを神はキリスト教徒に求めているのである。この世界の悪と戦い、終わりの日に仕分けられる毒麦から自己を引き離す努力をすることがキリスト教徒として求められているのだ。

ここで重要なのは、誰が毒麦なのかは、人間にはわからないという考え方だ。一度、棄教したからといって、それだけで毒麦と決めつけることはできないのである。それだから、キリスト教の教会は「こいつ大丈夫かな」と思うような人でも、本人が明確に教会の規律《きりつ》に対する重大な違反する行為をしない限り、教会内にとどめておくのである。このような「脇《わき》の甘さ」がキリスト教が世界宗教になった大きな要因と筆者は考える。

脇の甘い面と厳格な面を併せ持つ

キリスト教がローマ帝国の中で多数派を形成する過程で、一旦、棄教した者の教会への再加入を認めるべきでなく、教会の純粋《じゆんすい》性を徹底的に保持すべきであると主張するドナティストと言われるグループがあった。ディオクレティアヌス帝のキリスト教徒迫害（三〇三～三〇五年）のときに当局に屈服《くつぷく》し、棄教したことがある司教《しきよう》から叙任《じよにん》（聖職者に任命されること）されたカエキリアヌスが三一一年にカルタゴの司教に選任されると、ヌミディアの司教たちはこの選任を無効と主張し、別の司教を選任した。このグループは、二年後には、この派の指導者になるドナトゥス（生年不明、三五五年頃没）を選任した。カトリック教会の保護者である皇帝コンスタンティヌス一世は、ドナトゥス派の主張を認めなかったが、北アフリカでドナトゥス派は多数派を形成した。さらにドナトゥス派は、反キリスト教のユリアヌス帝（在位三六一～三六三年）がキリスト教を弾圧したときは、ドナトゥス派もそれに乗じて主流派のキリスト教を攻撃したのである。その結果、主流派のキリスト教とドナトゥス派の和解は不可能になった。五世紀にアウグスティヌスの指導下で主流派のキリスト教は、ドナトゥス派を本格的に切り崩し、この派は消滅する。

宗教団体は、現実の社会の中で活動している。信者には強い人も弱い人もいる。「我こそは、もっとも純粋で、他の人々は本当の信仰を持っていない」とドナトゥス派は、増長《ぞうちょう》していた。そのため「敵の敵は味方」という論理で、ユリアヌス帝のキリスト教弾圧に加担してしまう。

一見、純粋な信仰を貫いているように見えながら、教団指導部の集合的叡智《えいち》を信じずに、独り善《ひとよ》がりの信仰を持つ者が集まった小グループは、当初は分派のように見えるが、少し時間が経《た》つと教団全体にとっての敵対者になる。従って、世界宗教が成立する条件は、過去に棄教した経緯がある人でも、悔《く》い改めるならば、教団に受け入れる。それと同時に教義の一面だけを重視し、そこに固《こ》執《しつ》して分派活動を行う者に対する警戒心を怠らないことである。過去、キリスト教の歴史で、教義に異論がある人でも、心の底からイエス・キリストを信じる人は、静かに教会の指導的地位から去っていった。分派活動を行うことによって、イエス・キリストを悲しませることをしたくなかったからである。キリスト教という世界宗教は、脇の甘い面と厳格な面を併《あわ》せ持つのである。

それでは、戸田城聖氏の退転したことのある人々に対する対応に話を戻す。

彼らの相貌《そうぼう》は、見るからに不幸《ふこう》を刻《きざ》んでいた。弾圧直前《だんあつちょくぜん》、牧口常三郎《まきぐちつねさぶろう》の言葉《ことば》をまね、「今こそ、国家諌暁《こっかかんぎょう》の秋《とき》である」と、意気軒昂《いきけんこう》に叫《さけ》んでいた面影《おもかげ》など、今は微塵《みじん》もない。彼らは、力《ちから》のない、薄《うす》い笑顔《えがお》を浮《う》かべながらも、何かに怯《おび》えている表情《ひょうじょう》は、隠《かく》しきれなかった。

戸田は、何事《なにごと》もなかったように、鷹揚《おうよう》に応対《おうたい》した。戸田の激《はげ》しい気性《きしょう》を知っている事務員《じむいん》たちは、首《くび》をかしげ、訪《たず》ねてくる経済人《けいざいじん》たちを白眼視《はくがんし》していた。

たまりかねた一人は、彼らが帰《かえ》ったあと、戸田に言った。

「先生《せんせい》は人がいいなぁ。あの連中《れんちゅう》が、先生のお留守中《るすちゅう》、どんな言葉を口《くち》にし、会社《かいしゃ》を助《たす》けるどころか、どんな迷惑《めいわく》をかけたか、先生《せんせい》はご存《ぞん》じないいんですか。図々《ずうずう》しい連中《れんちゅう》ですよ。先生、裏切《うらぎ》り者《もの》じゃありませんか」

懸命《けんめい》に訴《うった》える若《わか》い社員《しゃいん》に、戸田《とだ》は、穏《おだ》やかに笑《わら》いながら言った。人なつこい笑いであった。

「まぁ、そう言うな。留置場《りゅうちじょう》とか拘置所《こうちしょ》なんかに、一カ月でも二カ月でも入《はい》ってみろ。あんなところにぶち込《こ》まれて、じわじわ、いじめられてごらん。退転《たいてん》するのが、当《あ》たり前《まえ》だよ。裏切らない方《ほう》が不思議《ふしぎ》なぐらいだよ」

「そうでしょうか」

若い事務員《じむいん》は、浮《う》かぬ顔《かお》をして考《かんが》え込んだ。（池田大作『人間革命　第1巻』聖教ワイド文庫、二〇一三年、二〇五～二〇六頁）

筆者も鈴木宗男事件に連座して、二〇〇二年五月十四日から翌年十月八日まで、五一二泊五一三日、東京拘置所の独房に勾留された経験があるので、戸田氏の〈留置場とか拘置所なんかに、一カ月でも二カ月でも入ってみろ。あんなところにぶち込まれて、じわじわ、いじめられてごらん。退転するのが、当たり前だよ。裏切らない方が不思議なぐらいだよ〉という言葉の意味はよくわかる。外部の情報から遮断された環境で、あるときは厳しく、あるときは被疑者を思いやるような検事の尋問《じんもん》を受けているうちに、自らの信念を曲げる人がほとんどであることを筆者は実体験した。筆者は、自分なりの筋《すじ》を通した。今になって振り返ると、キリスト教信仰があるから、メディアバッシングにも厳しい取り調べにも耐えることができたのである。それだから、宗教は異なるとはいえ、戸田氏の強靱《きょうじん》な信仰心に筆者は深い感銘《かんめい》を受けるのだ。

「最後は、みんな救われる」

「経験《けいけん》した者でなけりゃ、わからんね。……いいじゃないか。どんな人間《にんげん》だって、結局《けっきょく》は、御本尊様《ごほんぞんさま》によって救《すく》われる時が来るんだ。背《そむ》こうが、従《したが》おうが、どうしようもない。最後《さいご》は、みんな救われていくんだ。これが大聖人様《だいしょうにんさま》の甚深無量《じんじんむりょう》の御慈悲《ごじひ》だよ。

人が人を責《せ》めることなんか、知れたものだ。御本尊様に裁《さば》かれることほど、この世《よ》で恐《おそ》ろしいことはない。

人間《にんげん》なんて、始末《しまつ》の悪《わる》いものだ。厳《きび》しく裁《さば》かれて、初《はじ》めて正気《しょうき》に返ることができるものだよ。御本尊様《ごほんぞんさま》さえ、生涯《しょうがい》、放《はな》さなければ、それでいいんだ。あの連中《れんちゅう》だって、御本尊様からは離《はな》れられないからな。今、このことだけが、せめて、あの連中には必要《ひつよう》なんだ」

戸田《とだ》は、諄々《じゅんじゅん》と諭《さと》すように言うのだった。それは、自分自身《じぶんじしん》に言い聞かせているようでもあった。（前掲書二〇六～二〇七頁）

〈どんな人間だって、結局は、御本尊様によって救われる時が来るんだ〉という戸田氏の強い信仰が、創価学会を世界宗教に発展させる基盤になる。戸田氏が、この言葉を述べてから七一年後の二〇一六年五月十九日、信濃町の広宣流布大誓堂《だいせいどう》で重要な勤行会が行われた。


２０１６年5月19日、「創価学会常住御本尊記念日」であるこの日、戸田第2代会長の発願から65周年の意義をとどめる勤行会が東京・信濃町の広宣流布大誓堂で行われた。

これには原田会長、長谷川理事長、各部の代表が出席し、広宣流布大誓堂に御安置の創価学会常住御本尊に、厳粛に勤行・唱題。

席上、原田会長が挨拶をし、戸田第2代会長に就任した１９５１年（昭和26年）の5月、学会前進の「金剛不壊の大車軸」として「創価学会常住御本尊」を発願したことに言及。

この学会常住御本尊を中心に、創価の師弟は、戸田会長の願業であった75万世帯の弘教を実現したと強調した。

さらに、後事の一切を受け継いだ池田ＳＧＩ会長の指揮のもと、１９２カ国・地域にまで拡大したと力説。

今こそ「大法弘通慈折広宣流布大願成就」の誓願のままに、異体同心の団結も固く、新たな広布拡大の金字塔を築きゆこうと呼び掛けた。

池田大作ＳＧＩ（創価学会インタナショナル）会長はメッセージを贈り、恩師・戸田第２代会長の発願から65周年に当たり、全国・全世界の同志の大闘争の中で、意義深き日を迎えたことに心から感謝を述べた。

また御書を通し、打ち続く熊本地震の終息と一日も早い復旧を祈る真情を伝えた。

最後に、「師弟不二の誓願の題目という、この世で最も強く正しい、無敵の師子吼を勇気凜々と轟《とどろ》かせてまいりたい」と述べ、断固として「立正安国」の大願を成就していこう、と念願した。（SOKAnet「トピックス〈二〇一六年五月二十日更新〉」、https://www.sokanet.jp/topics/kmav7s000063z3.html）

このようにして、創価学会の世界宗教化は着実に進んでいるのである。

第10章 恩師が常に見守ってくれているという感覚

「一人立つ」(二〇七〜二一七頁)

宗教的実践において誰が中心になるか

一九四五年秋から、創価学会は本格的な再建を始める。小説『人間革命』では、その準備期間が詳《くわ》しく記《しる》されている。どのような組織も理想的な状態で出発することはできない。さまざまな問題を抱《かか》える人々を、どのようにして団結させ、戸田城聖氏が闘《たたか》う教団を形成していったかを、読者が追体験できるように池田大作氏はていねいな記述につとめている。

人間的な信頼関係が深まると、共に食事をするようになる。宗教人にとっても食事をすることはとても重要だ。

秋《あき》も深《ふか》くなってきた。戸田の健康《けんこう》も、かなり回復《かいふく》してきた。

彼《かれ》ら経済人グループのなかには、闇酒《やみざけ》のルートに通暁《つうぎょう》している者《もの》がいた。たまたま、高価《こうか》なウイスキーなどを手に入れて、戸田を喜《よろこ》ばすために、連《つ》れ立《だ》ってやって来たりした。

十月二十五日ごろには、料理店《りょうりてん》やバー、待合《まちあい》などの営業《えいぎょう》の許可《きょか》が下《お》りた。彼ら一行《いっこう》も、顔《かお》見知《みし》りの寿司店《すしてん》などへ、いそいそと足《あし》を運《はこ》んだりし始《はじ》めた。戸《と》田《だ》は、実《じつ》に屈託《くったく》なく、それらの酒《さけ》をうまそうに飲《の》んだ。盃《さかずき》を手にしながら、話《はなし》は自然《しぜん》と、未来《みらい》の広宣流布《こうせんるふ》に進《すす》んだ。

「広宣流布、広宣流布と、オウムのように観念的《かんねんてき》に言っていても、しようがない。かえって、広宣流布は、どんどん逃《に》げていくだけだ。今、大事《だいじ》なことは、誰《だれ》が広宣流布をやるかだ」

戸田は、突然《とつぜん》、厳《きび》しい表情《ひょうじょう》になった。皆《みな》の顔からは笑《わら》いが消《き》えていた。（池田大作『人間革命　第1巻』聖教ワイド文庫、二〇一三年、二〇七〜二〇八頁）

創価学会は折伏《しゃくぶく》の教団である。日蓮仏法を世界的規模で広宣流布していくことが創価学会の歴史的な使命だ。その原点がここに記されている。広宣流布は観念ではない。具体的な実践に裏付けられていなくてはならない。真理は具体的なのだ。

宗教的な実践において重要なのは、誰が中心になるかということだ。世界宗教の場合、キリスト教ならばイエス・キリスト、イスラム教ならばムハンマドという具体的な人間を離れて論じることはできない。キリスト教の各教派でもルター派ならばマルティン・ルター、改革派（カルバン派）

ならばジャン・カルバン、メソジスト派ならばジョン・ウェスレーという固有名詞と切り離してこれらの教派に通じて論じることはできない。

創価学会の場合、日々の勤行で牧口常三郎初代会長、戸田城聖第二代会長、池田大作第三代会長の三代会長の固有名詞を心に念じて祈る。この固有名詞を持つということが、真実の宗教にとっては死活的《しかつてき》に重要だ。それは、信仰は必ず人格に体現されるからだ。信仰の真実を体現した師から学ぶということが宗教にとっては不可欠なのである。中心が誰になるかという問題を常に正しく解決することができたから、創価学会は世界宗教に発展することができたのだ。戸田氏は、〈全部、人で決まるんだ。一人の人間で決まるんだよ〉と強調する。

信仰の真髄を共有できない悲しさ

一人《ひとり》ひとりの顔を見つめながら、戸田は、さらに続《つづ》けた。

「問題《もんだい》は人だ。問題は〝誰が〟だ。全部《ぜんぶ》、人で決まるんだ。一人の人間《にんげん》で決まるんだよ」

一座《いちざ》は、沈黙《ちんもく》に入《はい》ってしまった。しばらくして、印刷会社《いんさつがいしゃ》の主人《しゅじん》である北川直作《きたがわなおさく》が口《くち》を開いた。

「第一歩《だいいっぽ》として、学会《がっかい》を、至急《しきゅう》、再建《さいけん》すべきだと思《おも》うな」

「誰が！」

戸田《とだ》は、間髪《かんはつ》を容《い》れず反問《はんもん》した。

「誰《だれ》がだ？」

「誰がといったって、当然《とうぜん》、われわれがやるより仕方《しかた》がないだろう……」

光学器械《こうがくきかい》の町工場主《まちこうじょうぬし》の岩森喜三《いわもりきぞう》が、ぼそぼそと言いだした。彼《かれ》は、運《うん》よく投獄《とうごく》されずにすんだ幹部《かんぶ》であった。

「岩森君に任《まか》せるか。……しかし、広宣流布《こうせんるふ》の道《みち》は、実《じつ》に険《けわ》しい。望遠鏡《ぼうえんきょう》でのぞいてわかるような道じゃないぞ」

みんな、どっと笑《わら》い声《ごえ》をたてた。

「そりゃ、やっぱり理事長《りじちょう》が先頭《せんとう》に立つべきだ。戸田君、君《きみ》がやるべきだ」

食品会社《しょくひんがいしゃ》をつぶした本田洋一郎《ほんだよういちろう》が、遠慮《えんりょ》がちに言った。彼は、戸田と同郷《どうきょう》で、小学校《しょうがっこう》以来《いらい》の友人《ゆうじん》だった。

戸田は、無言《むごん》で、盃《さかずき》を口《くち》に運《はこ》んでいた。

金融関係《きんゆうかんけい》に詳《くわ》しい藤崎陽一《ふじさきよういち》が、この時《とき》、抜《ぬ》け目《め》なく言った。

「牧口先生亡《まきぐちせんせいな》き後《あと》、戸田君以外《いがい》に、適任者《てきにんしゃ》はいないと私は思《おも》う。戸田君がやるなら、及《およ》ばずながら、私は、どこまでもついていく。その覚悟《かくご》は、ちゃんとあるんだ」

戸田《とだ》は、一瞬《いっしゅん》、苦《にが》い顔《かお》をしたまま、黙《だま》っていた。彼《かれ》は、心《こころ》で思《おも》った。

〝あれほどの大難《だいなん》も、この四人の最高幹部《さいこうかんぶ》には、なんの影響《えいきょう》も与《あた》えなかったのであろうか。一本のウイスキーを中心《ちゅうしん》にすれば、いとも簡単《かんたん》に、「われわれがやる」とか、「どこまでもついていく」とか、軽々《かるがる》しく言ってのける人たちにすぎないのだろうか〟（前掲書二〇八～二一

〇頁）

創価（教育）学会の牧口常三郎初代会長は、権力の不当弾圧の結果、獄中死した。創価学会の指導者になるということは、文字通り、衆生のために命を投げだすということだ。それを四人の最高幹部が理解していないことに戸田氏は落胆する。信仰の真髄を理解できない人にどう理解させるかは難問中の難問だ。戸田氏は、軽々に創価学会会長職を引き受けることはしない。


彼は、酔《よ》いがさめた。そして、ポツンとつぶやくように言った。

「同じ轍《てつ》を踏《ふ》むことは、ぼくは絶対《ぜったい》いやだ。断《だん》じていやだ」

「もう時代《じだい》は変わりましたよ、百八十度《ど》も。同じ轍を踏むはずなんかないじゃないか」

関西商人出身《かんさいしょうにんしゅっしん》の北川《きたがわ》は、戸田をさえぎって言った。

「時代も変わったといえば、確《たし》かに変わった。だが、時代じゃない。所詮《しょせん》、人だよ。死身弘《ししんぐ》法《ほう》の信心《しんじん》の人を指《さ》しているのだ」

彼は、かすれた声《こえ》で、押《お》し殺《ころ》すように言い切った。

「……だって、敵《てき》は崩壊《ほうかい》してしまったじゃないか。今は、条件《じょうけん》が、全然《ぜんぜん》、違《ちが》っているし、簡《かん》単《たん》だと思《おも》うな」

北川《きたがわ》は、時勢《じせい》の変化《へんか》が、すべてを決定《けってい》すると主張《しゅちょう》したのである。無責任《むせきにん》の言《げん》は軽《かる》く、小手《こて》先《さき》の議論《ぎろん》にすぎなかった。

戸田《とだ》は、北川の顔《かお》を、じっと見て言った。

「そりゃ、軍部《ぐんぶ》は崩壊したさ。だがね、何千《なんぜん》、何万《なんまん》とある、誤《あやま》った宗教《しゅうきょう》は、なくなったかい？　根本的《こんぽんてき》に見れば、条件は、いささかも変わっていない。むしろ、これからが社会混乱《しゃかいこんらん》の隙《すき》に乗《じょう》じて、いろいろな宗教が、はびこるだろうよ。それは火を見るよりも明《あき》らかなことだ」

彼《かれ》は、戦後《せんご》の精神的《せいしんてき》、物質的《ぶっしつてき》混乱に乗じて、雑草《ざっそう》のように誤った教《おし》えが広《ひろ》まっていくであろうことを、いち早《はや》く見抜《みぬ》いていた。

信教《しんきょう》は自由《じゆう》となった。しかも大衆《たいしゅう》は、宗教の勝劣浅深《しょうれつせんじん》を知らず、宗教を判断《はんだん》する基準《きじゅん》もたずに、今日《こんにち》まできている。

信教の自由の時代《じだい》は、そのまま宗教の戦国《せんごく》時代となるであろう。今こそ、折伏《しゃくぶく》の戦《たたか》いを勇《ゆう》敢《かん》にしなければならぬ時だ、と彼《かれ》は思《おも》った。（前掲書二一〇～二一二頁）

「信教の自由」時代の厳しい時代認識

戸田氏は軍部が崩壊しても、日本人の精神性、宗教性の危《あや》うさは、依然として変わっていないと冷静に認識している。社会混乱の隙に乗じてさまざまな宗教が跋扈《ばっこ》する。その中には、共産主義のような、無宗教を標榜《ひょうぼう》する宗教も含まれる。日蓮仏法に基づく正しい宗教が日本社会で主流の地位を占《し》めない限り、真の平和も民衆の幸福も実現しない。信教の自由の時代は、そのまま宗教の戦国時代になるという厳しい時代認識を戸田氏は持っていた。現在の危機的状況に対する認識が他の幹部たちと共有できないことに戸田氏は苛立《いらだ》っている。

戸田《とだ》は、続《つづ》けて言った。

「根本問題《こんぽんもんだい》は、誰《だれ》が、何をなすべきかだ。今までのような惰性《だせい》でいったら、かたちは違《ちが》っても、同じ轍《てつ》を踏《ふ》むことになってしまう……」

「新規《しんき》まき直《なお》しですか？」

藤崎陽一《ふじさきよういち》が、戸田の意《い》を迎《むか》えるように言った。

「そんなことじゃないんだ。言うのは簡単《かんたん》さ、藤崎君。全部《ぜんぶ》、新《あたら》しい構想《こうそう》と、決意《けつい》で進《すす》まなければ、広宣流布《こうせんるふ》は実現《じつげん》できない。わからないかな……」

戸田は、独《ひと》り言《ごと》のように言った。最後《さいご》の言葉《ことば》を言うと、盃《さかずき》を手に、しばらく黙《だま》ったままでいた。誰もが無言《むごん》であった。

「今夜《こんや》は、このぐらいにしておこう」

戸田は、つと席《せき》を立って勘定《かんじょう》をしに行《い》った。

彼の言葉は、学会再建《がっかいさいけん》問題を、今夜は、ひとまず打《う》ち切《き》ろうというふうにも聞こえた。また一方《いっぽう》、今夜の小宴会《しょうえんかい》を、この辺《へん》で切り上げようとも聞き取れた。

「久《ひさ》しぶりで念願叶《ねんがんかな》って、寿司《すし》らしい寿司にありついた。胃《い》のやつ、きっと驚《おどろ》いているだろう」

北川《きたがわ》は、真《ま》っ先《さき》に外《そと》に出ると、本田《ほんだ》に話《はな》しかけた。

「うまかった。まったく寿司の味《あじ》なんか忘《わす》れるところだったなぁ、北川君」

本田は、こう北川に言いながら、後《あと》から出てきた岩森《いわもり》を振《ふ》り返《かえ》って言った。

「今度《こんど》は、君《きみ》の方《ほう》の新宿《しんじゅく》に、気のきいた天《てん》ぷら屋《や》が開店《かいてん》したそうだから、そのうち、そこへ案内《あんない》しよう。偵察《ていさつ》しておくよ」

四人の実業家《じつぎょうか》は、満足《まんぞく》の様子《ようす》だった。道路《どうろ》に輪《わ》になって、立《た》ち話《ばなし》をしながら戸田《とだ》を待《ま》っていた。

時節柄《じせつがら》、食《た》べ物《もの》の話《はなし》は、人びとの心《こころ》を何よりも夢中《むちゅう》にした。確《たし》かに、それが彼《かれ》らの目下《もっか》の最大《さいだい》の関心事《かんしんじ》であった。

戸田は、折《お》り詰《づ》めを下《さ》げながら、ふらりと現《あらわ》れた。そして、空《そら》を仰《あお》いで言った。

「秋《あき》だな……」

柔《やわ》らかい、さわやかな風《かぜ》が顔《かお》に流《なが》れる。廃墟《はいきょ》の東京《とうきょう》の夜空《よぞら》は、不思議《ふしぎ》なぐらい澄《す》んでいた。瞬《また》く星《ほし》の光《ひかり》も、高原《こうげん》の夜空《よぞら》のように鮮《あざ》やかであった。（前掲書二一二～二一四頁）

軍国主義の時代は去った。しかし、それだからといって、何の努力もせずに信仰を回復《かいふく》することはできない。その単純なことが多くの人にはわからないのである。牧口氏が文字通り命を賭《か》けて追求した信仰をどのようにすれば、他の同志たちと共有することができるか戸田氏は考える。そのとき浮かんだのが、師の牧口常三郎氏の面影《おもかげ》だ。今はこの世界にいない牧口氏が戸田氏の心の中では生きている。そして、戸田氏に叡智《えいち》と勇気を与えてくれるのだ。

恩師が背後から見守ってくれている

大通《おおどお》りへ出ると、彼《かれ》らは、それぞれの家路《いえじ》を急《いそ》いだ。戸田《とだ》は、北川《きたがわ》と目黒《めぐろ》の駅《えき》まで同行《どうこう》した。

戸田は、目黒駅を出ると、深夜《しんや》の電車通《でんしゃどお》りを、一人《ひとり》、白金《しろかね》の自宅《じたく》の方《ほう》へ向かった。そして歩《ある》きながら、何度《なんど》も夜空を仰《あお》ぎ見るのであった。彼の心《こころ》は重《おも》かった。

〝あの四人の連中《れんちゅう》と、なんと隔《へだ》りができてしまったことか……〟

彼は、彼らが弾圧《だんあつ》により、退転《たいてん》したことは責《せ》めなかった。ただ、彼らの依然《いぜん》たる無自覚《むじかく》を悲《かな》しんだ。語《かた》るに足《た》りぬ友《とも》であることを、知ったのである。

時代《じだい》は一変《いっぺん》したが、彼らは変わらない。しかも、しげしげと慕《した》い寄《よ》って来るのは、あの四人である。わずかの酒《さけ》で、ご機嫌《きげん》になる。そして、苦衷《くちゅう》に満《み》ちた自分《じぶん》の心事《しんじ》を、少《すこ》しも理解《りかい》しようとはしない。彼は、志《こころざし》を同じくする人のいないことを、心に嘆《なげ》いた。

戸田は、暗然《あんぜん》として足を運《はこ》んでいた。その時、瞬時《しゅんじ》も脳裏《のうり》から離《はな》れない恩師《おんし》・牧口常三郎《まきぐちつねさぶろう》の面影《おもかげ》が、心にくっきりと浮《う》かんできた。

彼は、「先生《せんせい》……」と呼《よ》びかけんばかりに、心に切《せつ》なく思《おも》った。あの笑《え》みをたたえた、慈《じ》愛《あい》そのものの恩師《おんし》の姿《すがた》が、胸中《きょうちゅう》いっぱいに広《ひろ》がってくる。と同時《どうじ》に、恩師が常《つね》に背後《はいご》から自《じ》分《ぶん》を見守《みまも》ってくれていることを、ひしひしと感じた。

彼《かれ》は、涙《なみだ》を浮《う》かべながら、獄中《ごくちゅう》での、自作《じさく》の詩《し》を歌《うた》い始《はじ》めた。

恩師は逝《ゆ》きて　薬王《やくおう》の
供養《くよう》ささげて　あるものを
俺《おれ》は残《のこ》りて　なにものを
供上《ささげ》まつらん　御仏《みほとけ》に

まずしく残るは　只《ただ》一つ
清《きよ》き命《いのち》の　華《はな》なるを
たおり捧《ささ》げて　身《み》の誠《まこと》
国と友《とも》とに　むくいなん

吹《ふ》くや嵐《あらし》の　時なるか
東亜《とうあ》の空《そら》の　うすけむり
悪鬼《あっき》はあらぶれ　人嘆《なげ》く
救《すく》わでおこうか　同胞《はらから》を

如意《によい》の宝珠《ほうしゅ》を　我《われ》もてり
これで皆《み》んなを　救おうと
俺《おれ》の心《こころ》が　叫《さけ》んだら
恩師《おんし》はニッコと　微笑《ほほえ》んだ

彼《かれ》は、自宅《じたく》の近《ちか》くの石段《いしだん》を下《お》りていった。下りきったところで、そこに立《た》ち止《ど》まり、天空《てんくう》を仰《あお》ぎ見た。星《ほし》は、あまりにも美《うつく》しく瞬《また》いている。一瞬《いっしゅん》、彼は、果《は》てもない宇宙《うちゅう》の一角《いっかく》に、一人《ひとり》、たたずんでいる自分自身《じぶんじしん》を、はっきりと感《かん》じた。

家のドアに手をかけた時、彼の心は、すっきりと洗《あら》われていた。そして、出迎《でむか》えた幾枝《いくえ》に、機嫌《きげん》よく寿司《すし》の折《お》り詰《づ》めを渡《わた》した。（前掲書二一四～二一七頁）

ここで池田大作氏は、戸田氏の気持ちを〈恩師が常に背後から自分を見守ってくれていることを、ひしひしと感じた〉と表現する。筆者が創価学会員と接触して感じるのは、池田大作SGI会長が、〈常に背後から自分を見守ってくれている〉という感覚だ。どんなに空間的に離れていても、時間が経《た》っても池田大作氏と師弟不二の関係にあり、その現実が生きる力を与えてくれるという創価学会員の信仰の姿が、ここに記された戸田氏の牧口氏への思いに端的に表れている。筆者は創価学会員と信仰を異《こと》にするプロテスタントのキリスト教徒であるが、このような人格化された創価学会の信仰に深い感銘を受ける。

第11章 真の信仰を持つ者たちの言葉を超えた信頼

「一人立つ」(二一七～二二四頁)

信仰は師弟を通じて継承される

戸田城聖氏にとって、牧口常三郎・創価学会初代会長は、永遠の師である。同時に、師が一方的に教え、弟子が一方的に学ぶというような非弁証法的師弟観を牧口氏も戸田氏もとっていない。師弟は不二の関係にあるというのが、創価学会の師弟観の根本にある。ここに信仰は師弟の人間的関係を通じて、継承されるという真実の宗教である創価学会の強さがある。この点については創価学会の会則の冒頭で明確にされている。

釈尊に始まる仏教は、大乗仏教の真髄である法華経において、一切衆生を救う教えとして示された。末法の御本仏日蓮大聖人は、法華経の肝心であり、根本の法である南無妙法蓮華経を三大秘法として具現し、未来永遠にわたる人類救済の法を確立するとともに、世界広宣流布を御遺命された。

初代会長牧口常三郎先生と不二の弟子である第二代会長戸田城聖先生は、１９３０年11月18日に創価学会を創立された。創価学会は、大聖人の御遺命である世界広宣流布を唯一実現しゆく仏意仏勅の正統な教団である。日蓮大聖人の曠大なる慈悲を体し、末法の娑婆世界において大法を弘通しているのは創価学会しかない。ゆえに戸田先生は、未来の経典に「創価学会仏」と記されるであろうと断言されたのである。

牧口先生は、不思議の縁により大聖人の仏法に帰依され、仏法が生活法であり価値創造の源泉であることを覚知され、戸田先生とともに広宣流布の実践として折伏を開始された。第二次世界大戦中、国家神道を奉ずる軍部政府に対して国家諫暁を叫ばれ、その結果、弾圧・投獄され、獄中にて逝去された。牧口先生は、「死身弘法」の精神をご自身の殉教によって後世に遺されたのである。

戸田先生は、牧口先生とともに投獄され、獄中において「仏とは生命なり」「我、地涌の菩薩なり」との悟達を得られた。戦後、創価学会の再建に着手され、人間革命の理念を掲げて、生命論の立場から、大聖人の仏法を現代に蘇生させる実践を開始された。会長就任に当たり、広宣流布は創価学会が断じて成就するとの誓願を立てられ、「法華弘通のはたじるし」として、「大法弘通慈折広宣流布大願成就」「創価学会常住」の御本尊を学会本部に御安置され、本格的な広宣流布の戦いを展開された。戸田先生は、75万世帯の願業を達成されて、日本における広宣流布の基盤を確立された。（SOKAnet「創価学会について」、https://www.sokanet.jp/info/kaisoku01.html）

言葉で表現できる枠組みを超えた信頼

創価学会が創立されて一五年後の一九四五年十一月十八日に牧口常三郎氏の一周忌法要《いっしゅうきほうよう》が営まれた。その道中で戸田氏は、豊多摩刑務所から釈放された二日後に日蓮正宗寺院の歓喜寮《かんきりょう》を訪れたときのことを思い出す。

日は、慌《あわ》ただしく過《す》ぎていった。十一月十八日の夕刻《ゆうこく》、会長《かいちょう》・牧口常三郎《まきぐちつねさぶろう》の一周忌法要《いっしゅうきほうよう》が営《いとな》まれることになった。場所《ばしょ》は、日蓮正宗寺院《にちれんしょうしゅうじいん》の歓喜寮《かんきりょう》である。

戸田城聖《とだじょうせい》は、早《はや》めに社《しゃ》を出た。そして、中野駅《なかのえき》から歓喜寮への道《みち》を急《いそ》いだ。秋《あき》は、既《すで》に深《ふか》くなっていた。

道々《みちみち》、彼《かれ》は思《おも》い出した。

――この道を、杖《つえ》をつき、汗《あせ》を流《なが》し、喘《あえ》ぎ喘ぎ、倒《たお》れんばかりに足《あし》を運《はこ》んだ、あの夏《なつ》の日の夕暮《ゆうぐ》れのことであった。

彼は、出獄《しゅつごく》の日の翌々日《よくよくじつ》、一九四五年（昭和《しょうわ》二十年）七月五日は、暑《あつ》い日中《にっちゅう》は家にいたが、日も傾《かたむ》きかけたころ、脳裏《のうり》から離《はな》れなかった宗門《しゅうもん》の様子《ようす》を知ろうと、歓喜寮の堀米泰栄住職《ほりごめたいえいじゅうしょく》を訪《たず》ねた。まだ蒸《む》し暑い、午後《ごご》六時ごろのことであった。閑散《かんさん》とした境内《けいだい》には人影《ひとかげ》すらない。セミの声《こえ》だけが、辺《あた》りに響《ひび》いていた。

戸田は、幾枝を伴《ともな》い、本堂《ほんどう》に、やっとの思いでたどり着《つ》いた。そのまま、御本尊《ごほんぞん》の前に端《たん》座《ざ》して、うやうやしく唱題《しょうだい》した。その声《こえ》を聞きつけたか、庫裏《くり》の方《ほう》から静《しず》かな足音《あしおと》が、本堂《ほんどう》に近《ちか》づいてきた。

「やっぱり、戸田《とだ》さんでしたな」

落《お》ち着《つ》いた声である。堀米《ほりごめ》が浴衣姿《ゆかたすがた》で現《あらわ》れた。戸田の耳《みみ》に、その声は懐《なつ》かしく響《ひび》いた。

「ご住職《じゅうしょく》……」

戸田は、数珠《じゅず》を手にしたまま、あとは言葉《ことば》にならなかった。彼《かれ》は、堀米の前に手をついて、無言《むごん》のまま動《うご》かなかった。（池田大作『人間革命　第1巻』聖教ワイド文庫、二〇一三年、二一七〜二一八頁）

真の信仰を持つ戸田氏と堀米氏の間には言語で表現できる枠組みを超えた、日蓮仏法を信じる者の間の信頼関係がある。そのことを池田大作氏はリアルに示している。池田氏には、言語を通じて言語で表現できない事柄をも示すことができる特別な才能がある。『人間革命』が創価学会の「精神の正史」であることは、テキストを通じて、テキストを超えた真の信仰を体験することができるところにある。

『人間革命』は、英語、フランス語、ドイツ語、スペイン語、イタリア語、ポルトガル語、韓国語、中国語、オランダ語の九カ国語に翻訳《ほんやく》され、出版されているが、『人間革命』を読む人は、人種、民族、所属する国家、文化や文明の制約を超えて、仏法の真髄を理解することができる。『人間革命』は、まさに世界宗教を体現した創価学会の「精神の正史」なのである。以下の引用部分において、池田氏は、戸田氏と堀米氏のコミュニケーションについて、〈ただ、無言で固く握っている手が、言葉以上の多くを語っていた〉と指摘しているが、ここにも創価学会が世界宗教に発展する根《こん》拠《きょ》がある。

堀米は、彼の側《そば》に寄《よ》って、痩《や》せた手を伸《の》ばし、戸田の手を取った。御本尊《ごほんぞん》の真《ま》ん前であった。戸田は、思《おも》わず両手《りょうて》でその手を握《にぎ》った。すると堀米は、もう片方《かたほう》の手を、その上に重《かさ》ねた。二人《ふたり》は、互《たが》いに抱擁《ほうよう》するような姿で、戦友《せんゆう》のように固《かた》く握り合《あ》った。

二人の間《あいだ》には、語《かた》るべき多くのことが、あふれていた。だが、あまりの懐かしさに、その感慨《かんがい》は言葉にはならなかった。ただ、無言で固く握っている手が、言葉以上《いじょう》の多くを語っていた。（前掲書二一八頁）

総体《そうたい》として見るならば、日蓮正宗という宗門は、軍部政府に屈服してしまった。しかし、宗門を外護《げご》する創価教育学会の牧口氏、戸田氏は、屈服しなかった。それ故《ゆえ》に投獄されることになった。

堀米《ほりごめ》は、戦時下《せんじか》、総本山《そうほんざん》の中枢《ちゅうすう》にあった。

総本山は、自己保身《じこほしん》のため、最終的《さいしゅうてき》に軍部政府《ぐんぶせいふ》に屈《くつ》したが、一方《いっぽう》で、戸田城聖《とだじょうせい》は、学会《がっかい》の要《かなめ》として軍部政府と対峙《たいじ》し、あらゆる苦難《くなん》を一身《いっしん》に浴《あ》びてきていた。そして、弾圧《だんあつ》の二年の歳月《さいげつ》は、二人《ふたり》を全《まった》く隔離《かくり》していた。複雑怪奇《ふくざつかいき》ともいうべき時代《じだい》の激流《げきりゅう》は、二人を、見る見る遠《とお》ざけてしまった。流《なが》れのうえには、誤解《ごかい》や曲解《きょっかい》が流木《りゅうぼく》のように、浮《う》かんだり消《き》えたりしていた。

「戸田さん、私は、あなたを待《ま》っていた」

堀米は、ようやく口《くち》を開いた。手を引きながら、戸田の顔《かお》をメガネ越《ご》しに、しげしげと見つめている。

「ありがとうございます。ご住職《じゅうしょく》もお変わりなく……ご無事《ぶじ》で……」

戸田も、メガネの奥《おく》から、堀米の顔をじっと見た。もともと大きな頭蓋《ずがい》をしていた堀米の顔は、さらに大きく映《うつ》った。

〝それにしても、なんとお痩《や》せになってしまったことか〟

二人は、同じことを相手《あいて》に感《かん》じたのだった。しかし、そのことは二人とも口にしなかった。

ただ互《たが》いに、相手《あいて》をいたわりたかったのである。

幾枝《いくえ》は、あいさつも忘《わす》れて、ただ二人《ふたり》の姿《すがた》を目《ま》の当《あ》たりにし、思《おも》わずハンカチを目に当てていた。

「戸田《とだ》さん、いつ？……」

「一昨日《おととい》の夜、やっと保釈《ほしゃく》になりました」

「ご苦労《くろう》なことでした」

「いや、ご住職《じゅうしょく》、願《ねが》ってもない、えらい目に遭《あ》いました」

戸田は、ここで初《はじ》めて、いつもの調子《ちょうし》で豪快《ごうかい》に笑《わら》った。

「願ってもない、えらい目……か。なるほど……」

堀米《ほりごめ》は、つり込《こ》まれて、つぶやきながら笑顔《えがお》になった。（前掲書二一九〜二二〇頁）

戸田氏は、苦難を希望に転換する力がある。これが、〈願ってもない、えらい目に遭いました〉という言葉に端的に示されている。「えらい目」を希望に転換する力を創価学会員は持っている。筆者は仏教徒から見れば六師外道《ろくしげどう》のさらに外側に位置するプロテスタントのキリスト教徒であるが、創価学会員に内在《ないざい》する苦難を希望に転換する力に心の底から敬意を表している。苦難を転換する力があるから、創価学会は世界宗教に発展することができたのだと思う。

何げない言葉で表現される真の決意

さて、戸田氏と堀米氏の話し合いについて、話を戻す。

堀米は、つり込まれて、つぶやきながら笑顔になった。そして、ゆっくり立ち上がって言った。

「さぁ、さぁ、こちらの方《ほう》が、いくらか涼《すず》しい。今日《きょう》は、ゆっくりしていただきましょう。奥《おく》さんも、どうぞこちらへ」

堀米は先《さき》に立って、庫裏《くり》の方へ二人を招《しょう》じ入《い》れた。和綴《わとじ》の本が、高く積《つ》まれた書斎《しょさい》である。

二人《ふたり》は、さまざまなことを語《かた》り合《あ》った。まるで二年有余《ゆうよ》の別離《べつり》の空白《くうはく》を、一挙《いっきょ》に埋《う》めるような調子《ちょうし》であった。

戸田《とだ》が、獄中《ごくちゅう》の日々《ひび》を語り、牧口常三郎《まきぐちつねさぶろう》の死《し》を知った悔《くや》しさに及《およ》んだ時、堀米《ほりごめ》の顔《かお》は、激《げっ》昂《こう》して赤《あか》らんだ。

堀米が、総本山《そうほんざん》の極度《きょくど》の荒廃《こうはい》を語り始《はじ》めた。さらに、境内《けいだい》が蹂躙《じゅうりん》された模様《もよう》から、六月十七日には客殿《きゃくでん》の焼失《しょうしつ》にいたったことに話《はなし》が及ぶと、戸田は痛憤《つうふん》やる方《かた》なく、思《おも》わず落涙《らくるい》してしまった。

戸田は、いつしか上着《うわぎ》をとり、ワイシャツも脱《ぬ》いでいた。痩《や》せきった体《からだ》に、薄《うす》いシャツ一枚がだぶだぶしている。しかし、力《ちから》のこもった語気《ごき》は、どこから出てくるのか、不思議《ふしぎ》なほどであった。

総本山は荒廃し、また創価教育学会《そうかきょういくがっかい》も崩壊《ほうかい》していた。

戦争《せんそう》は、まだ終《お》わっていない。白法《びゃくほう》は隠没《おんもつ》せんとしている――二人の心《こころ》の底《そこ》には、この一《いち》事《じ》だけがあった。

「いい修行《しゅぎょう》を、させていただきました。おかげで御本尊様《ごほんぞんさま》は、戸田《とだ》を、どうやら一人前《いちにんまえ》の男《おとこ》にしてくださったようです。もう、今度《こんど》はしくじりませんぞ。ご住職《じゅうしょく》の方《ほう》も、よろしくお願《ねが》いいたします」

彼《かれ》は、何げない言葉《ことば》で、固《かた》い決意《けつい》を披瀝《ひれき》して言った。（前掲書二二〇〜二二二頁）

真実の決意は、大言壮語《たいげんそうご》ではなく、何げない言葉で表現されるものだ。そういう人は全身に信仰が満ちあふれているので、決意も何げない言葉で表現されるのだ。

「このように、かつてない大難《だいなん》に遭《あ》ったことは、いよいよ正法《しょうほう》が、前代未聞《ぜんだいみもん》の興隆《こうりゅう》をする瑞相《ずいそう》にちがいない。戸田さん、本山側《ほんざんがわ》は、私が引き受けた。外護《げご》は、あなたに頼《たの》みますよ」堀米《ほりごめ》の穏《おだ》やかな口調《くちょう》にも、緊迫《きんぱく》した祈《いの》りが込《こ》められていた。戸田は、居《い》ずまいを正《ただ》して言った。

「この戸田の生きている限《かぎ》り、断《だん》じて御本山を安泰《あんたい》にお守《まも》り申《もう》し上《あ》げます。ご心配《しんぱい》くださいますな。ただ、出獄後《しゅつごくご》、まだ事業《じぎょう》の見通《みとお》しも得《え》ませんので、しばらくの猶予《ゆうよ》をお願いいたします」

この日、この時から、二人《ふたり》は、さらに強固《きょうこ》な鎖《くさり》で結《むす》ばれたといってよい。

戸田は、〝広宣流布《こうせんるふ》を必《かなら》ずするぞ〟と心《こころ》に誓《ちか》った。そして、まず自身《じしん》の事業を速《すみ》やかに再建《さいけん》し、軌道《きどう》に乗《の》せ、盤石《ばんじゃく》の態勢《たいせい》を固《かた》めることを決意《けつい》していた。

題目《だいもく》をあげ、座《ざ》を立った時は、外《そと》は、すっかり暗《くら》くなっていた。

こうして、広宣流布《こうせんるふ》の黎明《れいめい》を告《つ》げる、ただ二人《ふたり》だけの、三時間以上《いじょう》にわたる会談《かいだん》は終《お》わったのである。（前掲書二二二～二二三頁）

大難《だいなん》を被《こうむ》ったことが〈いよいよ正法が、前代未聞の興隆をする瑞相にちがいない〉という日蓮仏法の真髄を堀米氏は正確に戸田氏に伝えたのである。

二十数人で立て直すことは可能

あの日、感激《かんげき》と決意に燃《も》えて帰《かえ》った道《みち》――。

あれから、百日少々《しょうしょう》しか過ぎていない。その間、戸田《とだ》の事業《じぎょう》は着々《ちゃくちゃく》と軌道に乗ってきた。

そして彼《かれ》は、今日《きょう》、十一月十八日こそ、恩師《おんし》の遺業《いぎょう》を継《つ》ぐ第一歩《だいいっぽ》の日と、並々《なみなみ》ならぬ責務《せきむ》を自覚《じかく》していた。

戸田城聖《じょうせい》は、いそいそと歓喜寮《かんきりょう》の門《もん》をくぐった。本堂《ほんどう》で唱題《しょうだい》し、庫裏《くり》に回《まわ》った。そして、堀米住職《ほりごめじゅうしょく》にあいさつし、居合《いあ》わせた牧口《まきぐち》の遺族《いぞく》と雑談《ざつだん》したりしていた。やがて、席《せき》が整《ととの》ったとの知らせに、一同《いちどう》は本堂に戻《もど》った。

集《あつ》まったのは、牧口会長《かいちょう》の遺族、親族《しんぞく》のほかに、二十数人《すうにん》の門下《もんか》であった。かつて三千人を数《かぞ》えた創価教育学会員《そうかきょういくがっかいいん》は、今、牧口会長の一周忌法要《いっしゅうきほうよう》というのに、これだけしか集《あつ》まることができなくなっていた。

なかには、まだ復員《ふくいん》していない人、疎開中《そかいちゅう》の人もいた。しかし、それにしても参会者《さんかいしゃ》は、かつての会員《かいいん》の一パーセントにも満《み》たなかった。牧口会長《まきぐちかいちょう》の終生《しゅうせい》にわたる慈愛《じあい》を思《おも》う時、この数字《すうじ》は、まことに不可解《ふかかい》という以外《いがい》にない。

三千人の学会員《がっかいいん》は、退転状態《たいてんじょうたい》に落《お》ちてしまっていた。この二十数人《すうにん》の数字が、何よりもまず、それを物語《ものがた》っている。学会の再建《さいけん》が、いかに容易《ようい》ならざる難事《なんじ》であったかは、この姿《すがた》を見れば、頷《うなず》けるところである。

歓喜寮《かんきりょう》の本堂《ほんどう》に、三々五々《さんさんごご》と集まって来た人たちは、互《たが》いに思いがけない再会《さいかい》をした人が多かった。互いに無事《ぶじ》であったことを喜《よろこ》び合《あ》い、あいさつを交《か》わしたりしていた。そして、相手《あいて》の痩《や》せ細《ほそ》った姿に驚《おどろ》きながら、戦後《せんご》の不如意《ふにょい》の生活《せいかつ》の数々《かずかず》を語《かた》り、話《はなし》に花《はな》を咲《さ》かせていた。（前掲書二二三～二二四頁）

たとえ三〇〇〇人いた学会員のうち、大多数が退転状態に陥っても、二十数人の本物の信仰を持っている人々がいれば、そこから組織を立て直すことは可能なのである。

第12章 国家の枠組みを超えた普遍的な信仰

「一人立つ」(二二四〜二三一頁)

桜色の頬の血色は生前のまま

信仰の真価《しんか》は、危機的な状況において明らかになる。創価(教育)学会初代会長の牧口常三郎氏の人生がそのことを明らかにしている。池田大作氏は、優れたノンフィクション作家のような筆致《ひっち》で、牧口氏の獄中死について記している。

一年前の一九四四年(昭和《しょうわ》十九年)十一月十八日——牧口常三郎《つねさぶろう》は、巣鴨《すがも》の東京拘置所《とうきょうこうちしょ》の病監《びょうかん》で逝去《せいきょ》したのであった。静岡県《しずおかけん》・下田《しもだ》で拘束《こうそく》された日から、一年四カ月の月日《つきひ》を、獄窓《ごくそう》で送《おく》ったわけである。七十三歳《さい》の高齢《こうれい》であった。

牧口《まきぐち》は、最後《さいご》の日まで、不当《ふとう》な官憲《かんけん》の弾圧《だんあつ》と戦《たたか》い抜《ぬ》いた。そして、一歩《いっぽ》も退《ひ》くことなく、正法《しょうほう》を護持《ごじ》し抜いた。戦時下《せんじか》の過酷《かこく》な取《と》り調《しら》べ、人権無視《じんけんむし》の屈辱《くつじょく》。国家権力《こっかけんりょく》のあらゆる暴虐《ぼうぎゃく》と、真《ま》っ向《こう》から衝突《しょうとつ》して戦い切った。彼《かれ》は、決然《けつぜん》として、身《み》に妥協《だきょう》の一筋《ひとすじ》をも許《ゆる》さなかった。老衰《ろうすい》と栄養失調《えいようしっちょう》が、彼の老体《ろうたい》に忍《しの》び寄《よ》った。彼は病《や》んだ。取締当局《とりしまりとうきょく》は、病監《びょうかん》へ移《うつ》ることを、再三《さいさん》、彼に勧《すす》めた。重体《じゅうたい》であったが、彼は頑《がん》としてこれを拒否《きょひ》し続《つづ》けた。

やっと死《し》の前日《ぜんじつ》、十七日になって、彼は病監へ行くことを申《もう》し出《で》た。彼は、下着《したぎ》を、ことごとく着替《きが》えた。さらに衣服《いふく》を改《あらた》め、羽織《はおり》を着《ちゃく》し、威儀《いぎ》を正《ただ》した。鬚《ひげ》を剃《そ》り、頭髪《とうはつ》まで整《ととの》えた。

午後《ごご》三時ごろ、看守《かんしゅ》がやって来た。しかし彼は、看守の手を借《か》りることを潔《いさぎよ》しとせず、自《みずか》らの衰弱《すいじゃく》した足《あし》で、静《しず》かに病監へと歩《ある》いていった。病室《びょうしつ》のベッドに身を横《よこ》たえると、医師《いし》の診察《しんさつ》があった。やがて薬《くすり》が届《とど》けられたが、彼は手を振《ふ》ってそれを拒《こば》んだ。

やや時が過《す》ぎ、係官《かかりかん》は、灯火管制下《とうかかんせいか》の、ほの暗《ぐら》い電灯《でんとう》の下で、彼《かれ》の顔《かお》をのぞいて見た。その時、彼は、安《やす》らかに深《ふか》い眠《ねむ》りについているように思《おも》われた。

翌《よく》十八日早朝《そうちょう》、彼は安祥《あんじょう》として逝《い》った。枕頭《ちんとう》の医師《いし》や係官たちは、彼の死《し》を疑《うたが》った。桜色《さくらいろ》の頬《ほお》の血色《けっしょく》は生前《せいぜん》のままである。かすかに笑《え》みをたたえた温顔《おんがん》は、ひとしお崇高《すうこう》に冴《さ》えていた。医師は、幾度《いくど》も手首《てくび》を握《にぎ》ったが、既《すで》に脈拍《みゃくはく》はなかった。

彼の亡骸《なきがら》は、親戚《しんせき》が営《いとな》む履物店《はきものてん》の従業員《じゅうぎょういん》に背負《せお》われ、二、三の親族《しんぞく》に付き添《つ》《そ》われて、一年四カ月ぶりに、わが家《や》の門《もん》をくぐったのである。（池田大作『人間革命　第1巻』聖教ワイド文庫、二〇一三年、二二四〜二二六頁）

牧口氏は、国家権力に対して、医療を含む処遇《しょぐう》について何も頼まない。獄中で、当局は被収容者が、当局に「お願い」をするような状況を作りたがる。これは一種の心理戦だ。獄中での日常生活を通じて、被収容者に「お願い」を繰り返させることによって、「あなたは国家に対してお願いをしないと生きていくことができない、弱い立場の人間なのだ」という認識を刷《す》り込《こ》むことを考えているのだ。牧口氏は、そのことがわかっていたので、身体が衰弱していても、当局が恩着《おんき》せがましく病監（医療房）に移動しないかという誘《さそ》いを断ったのだ。

しかし、死期が迫っているのを悟《さと》り、牧口氏は、病監への移動を願い出た。筆者は東京拘置所に五一三日間勾留されていたことがあるので、監獄《かんごく》の生活が皮膚感覚でわかる。拘置所では、髭《ひげ》そりや、羽織の着用などは、厳しく制限されている。ただし、一般房から医療房に移るときは、いわば引っ越しなので、私物の整理や身だしなみを整えることが認められる。威厳《いげん》を正して死を迎えようとして、牧口氏はこのような選択をしたのだと思う。

池田氏は、死後の牧口氏について、〈桜色の頬の血色は生前のままである。かすかに笑みをたたえた温顔は、ひとしお崇高に冴えていた〉と記す。強い信仰を持っていたので、これだけの艱難《かんなん》に遭遇したにもかかわらず、安らかな顔をして逝くことができたのである。牧口氏の信仰の強さが伝わってくる。

在家が信仰と伝統を守った

その一年後、牧口氏を死に追いやった軍国主義政府は既に崩壊し、GHQの指令によって、信教の自由が保障されるようになった。それだから、牧口氏の一周忌法要も公然と行うことができるようになったのである。しかし、集まったのは、親族の他には二十数人の信仰の同志がいただけだった。かつての創価教育学会の会員の一パーセントにも満たない数しか集まらなかったのである。戸田氏は法要の席で、戦時中のことを思い出す。

それから一年――戸田城聖《とだじょうせい》は、今、本堂《ほんどう》の一隅《いちぐう》で、断腸《だんちょう》の思いを、じっとこらえていた。

堀米泰栄《ほりごめたいえい》の脇《わき》には、細井精道《ほそいせいどう》、千種法輝《ちぐさほうき》の二人《ふたり》の僧《そう》が座《すわ》った。場内《じょうない》は、一瞬《いっしゅん》、静寂《せいじゃく》に返った。

それから唱題《しょうだい》に次《つ》いで、読経《どきょう》が始《はじ》まった。

後《のち》に六十五世《せい》の法主《ほっす》となった堀米は、戦時中《せんじちゅう》、数々《かずかず》の難局打開《なんきょくだかい》に奔走《ほんそう》した。

そのころ、軍部政府《ぐんぶせいふ》は、思想統一政策《しそうとういつせいさく》の必要《ひつよう》から、宗教《しゅうきょう》の統制《とうせい》にまで乗《の》り出《だ》してきた。彼らは、日蓮大聖人《にちれんだいしょうにん》の教義《きょうぎ》に基《もと》づくとされている各宗派《かくしゅうは》を、身延山久遠寺《みのぶさんくおんじ》を総本山《そうほんざん》とする日蓮《にちれん》宗《しゅう》に合同《ごうどう》させ、一宗《いっしゅう》に取りまとめることを、たくらんだのである。特《とく》に、軍国主義者《ぐんこくしゅぎしゃ》たちの暗躍《あんやく》は活発《かっぱつ》となってきた。日蓮正宗《にちれんしょうしゅう》の僧《そう》のなかにも、軍部《ぐんぶ》に迎合《げいごう》し、神本仏迹論《しんぽんぶつしゃくろん》などという誑言《きょうげん》を唱《とな》え、あまつさえ政府当局《せいふとうきょく》の言うままに、日蓮宗との合同をたくらんで、師子身中《ししliving》の虫《むし》となった者《もの》さえあった。

いきおい、日蓮正宗総本山大石寺《そうほんざんたいせきじ》も、いやでも国家権力《こっかけんりょく》への対応《たいおう》が迫《せま》られた。全《まった》く、一宗の存続《そんぞく》そのものが、危殆《きたい》に瀕《ひん》したのである。重大《じゅうだい》な危機《きき》であった。（前掲書二二六〜二二七頁）

牧口氏が、文字通り、命を賭《と》して日蓮大聖人の仏法を守り抜いたのに対して、日蓮正宗の僧侶の中には、国家権力に過剰な迎合をした者が少なからずいた。特に神本仏迹論というのは、仏と国家神道の神との関係について、神が本地《ほんち》で仏は神の垂迹《すいじゃく》であるという説だ。国家神道に迎合する典型的なシンクレティズム（宗教混淆《こんこう》）だ。

このような宗門の僧侶の中には、身延山久遠寺を総本山とする日蓮宗と合同しようとする者まで出てきた。日興《にっこう》上人以来の富士門流の伝統を否定するにも等しい暴挙《ぼうきょ》だった。在家である牧口氏の方が、一部の僧侶よりも、はるかに純粋に、自らの信仰と伝統を守ったのである。牧口氏は、現在はまさに国家諌暁《かんぎょう》の秋《とき》であるという歴史認識を抱き、それを公言した。

国家の枠組みを超える信仰を持つこと

創価教育学会会長《そうかきょういくがっかいかいちょう》・牧口常三郎《まきぐちつねさぶろう》は、厳然《げんぜん》として叫《さけ》んだ。

「今こそ、国家諌暁《かんぎょう》の秋《とき》である。国家権力などは、恐《おそ》るべきではない。しかし、大聖人《だいしょうにん》の御《ご》金言《きんげん》、御予言《ごよげん》は絶対《ぜったい》であり、まことに恐《おそ》ろしき極《きわ》みだ。仏法《ぶっぽう》の力《ちから》によって、真《しん》に国家の滅亡《めつぼう》を救《すく》い、人を救うことこそ、大聖人の御精神《ごせいしん》ではないか」

牧口会長の決意《けつい》は、烈々《れつれつ》たるものであった。しかし、時勢《じせい》は恐ろしい事態《じたい》に入《はい》っていた。戦局《せんきょく》は次第《しだい》に悪化《あっか》し、軍部政府は、六百余年前《よねんまえ》の蒙古《もうこ》襲来《しゅうらい》の折《おり》、神風《かみかぜ》が天照大神《てんしょうだいじん》によって吹《ふ》いたという、歴史的迷信《れきしてきめいしん》にすがりついていた。そして、国家神道《しんとう》の勝手《かって》につくった神話《しんわ》の虜《とりこ》となって、全国民《ぜんこくみん》に、無理《むり》やり天照大神《てんしょうだいじん》を拝《おが》ませ、その奇跡《きせき》を期待《きたい》していた。

国を挙《あ》げての天照大神への信仰《しんこう》は、国家権力《こっかけんりょく》を背景《はいけい》にして、日を追《お》って激《はげ》しくなっていった。戦争遂行《せんそうすいこう》のための思想統一《しそうとういつ》であった。天照大神を拝まぬ者《もの》は、国賊《こくぞく》とされた。また、反《はん》戦《せん》思想の持《も》ち主《ぬし》と断定《だんてい》されるにいたった。（前掲書二二七～二二八頁）

間違えたことをしている国家を恐れてはならない。それに対して、日蓮大聖人の〈御金言、御予言は絶対であり、まことに恐ろしき極みだ〉という認識は、真の宗教人のものだ。ナチス・ドイツと命がけで戦ったキリスト教徒も、ドイツ第三帝国を恐れるのではなく、神を恐れ、イエス・キリストの教えに徹底的に服従《ふくじゅう》したのである。国家神道が作り上げた迷信の虜《とりこ》にならないのは、真の信仰を持っている人たちだけなのである。牧口氏、戸田氏はそのような真の宗教人だった。それたから、特高警察により逮捕され、獄中生活を余儀なくされた。このような国家を超える信仰を持つことが世界宗教の条件なのである。創価学会が世界宗教化する必然性は、牧口氏、戸田氏の戦時下抵抗の論理に内包《ないほう》されていたのである。特に重要なのは、神札に対する牧口氏の対応だ。

ところが、牧口門下《まきぐちもんか》の折伏戦《しゃくぶくせん》は、その戦時下《せんじか》にあっても、なお天照大神の神札を否定《ひてい》し、取《と》り払《はら》っていた。

牧口会長《かいちょう》は大聖人《だいしょうにん》の御聖訓《ごせいくん》に照《て》らして、戦争遂行の象徴《しょうちょう》である天照大神は、法華経守護《ほけきょうしゅご》の神《かみ》にすぎず、法華経に祈《いの》ってこそ天照大神の功力《くりき》が現《あらわ》れるのであって、神自体《じたい》を拝むのは誤《あやま》りである、と主張《しゅちょう》して、はばからなかった。

時の指導者《しどうしゃ》たちは、この仏法《ぶっぽう》の法理《ほうり》を知る由《よし》もなく、牧口会長とその門下を弾圧《だんあつ》し、苦《くる》しめにかかってきた。総本山《そうほんざん》は、牧口門下の折伏活動《かつどう》から、どんな迫害《はくがい》が襲《おそ》いかかってくるかをも察知《さっち》した。（前掲書二二八頁）

天照大神の神札を否定する折伏戦を戦い抜くことができたのは、牧口氏と戸田氏が日本国家という狭い枠組みを超えた普遍的《ふへんてき》な性格が日蓮仏法の本質であるという強い信仰を持っていたからだ。しかし、残念なことに、その信仰を日蓮正宗総本山大石寺《たいせきじ》の一部の幹部たちとは共有することができなかった。

真実の宗教の力を示す出来事

一九四三年（昭和《しょうわ》十八年）六月二十七日、学会《がっかい》の幹部《かんぶ》は、総本山に登山《とざん》を命《めい》ぜられた。そして、当時《とうじ》の法主《ほっす》・鈴木日恭《すずきにっきょう》ら立ち会いのもと、宗門《しゅうもん》の庶務部長《しょむぶちょう》から、「神札」を、一応《いちおう》、受けるようにしては、との話《はなし》があった。

牧口《まきぐち》は、日興上人《にっこうしょうにん》の遺誡置文《ゆいかいおきぶみ》の、厳《きび》しい一条《いちじょう》を思《おも》い起《お》こしていた。

「時の貫首為《かんずた》りと雖《いえど》も仏法《ぶっぽう》に相違《そうい》して己義《こぎ》を構《かま》えば之《これ》を用う可《べ》からざる事《こと》」（御書《ごしょ》一六一八㌻）

彼《かれ》は、顔《かお》を上げると、はっきりと言い切った。

「神札は、絶対《ぜったい》に受けません」

牧口は、その場《ば》を辞《じ》すと、沈痛《ちんつう》な表情《ひょうじょう》で参道《さんどう》を歩《ある》きながら、激《げき》した感情《かんじょう》を抑《おさ》えて、戸田《とだ》に語《かた》った。

「私が嘆《なげ》くのは、一宗《いっしゅう》が滅《ほろ》びることではない。一国《いっこく》が眼前《がんぜん》でみすみす亡《ほろ》び去《さ》ることだ。宗祖《しゅうそ》大聖人《だいしょうにん》のお悲《かな》しみを、私はひたすら恐《おそ》れるのだ。今こそ、国家諫暁《こっかかんぎょう》の秋《とき》ではないか。いったい、何を恐れているのだろう？　戸田君、君《きみ》はどう考《かんが》える？」

戸田は、即答《そくとう》する術《すべ》を知らなかった。七十歳《さい》を超《こ》えた恩師《おんし》の老軀《ろうく》を思いやったからだ。激昂《げっこう》した恩師の、毅然《きぜん》たる心《こころ》をいたわりたかった。彼は、優《やさ》しい弟子《でし》であった。

「戸田君《とだくん》、君《きみ》、どう思《おも》う？」

牧口《まきぐち》は重《かさ》ねて、戸田に呼《よ》びかけた。その声《こえ》は、いつか優《やさ》しくなっていた。

戸田は、空《そら》を仰《あお》いだ。ギラギラと照《て》りつける午後《ごご》の太陽《たいよう》があった。眼前《がんぜん》には、富士《ふじ》がそびえている。彼《かれ》は、われに返ったように、静《しず》かに、力強《ちからづよ》く答《こた》えた。

「先生《せんせい》、戸田は命《いのち》をかけて戦《たたか》います。何がどうなろうと、戸田は、どこまでも先生のお供《とも》をさせていただきます」

牧口は、一、二度頷《うなず》いて、初《はじ》めて、にっこりと笑《わら》いかけた。そして首筋《くびすじ》の汗《あせ》を拭《ふ》いた。足《あし》を運《はこ》べばほこりの立つ、夏《なつ》の日であった。これが彼の最後《さいご》の登山《とざん》であった。

この日から十日とたたぬうちに、二人《ふたり》は検挙《けんきょ》されたのである。（前掲書二二八〜二三〇頁）

〈私が嘆くのは、一宗が滅びることではない。一国が眼前でみすみす亡び去ることだ〉という洞察《どうさつ》は実に深い。それとともに師弟不二という信仰の真髄を体得《たいとく》している戸田氏が、〈先生、戸田は命をかけて戦います。何がどうなろうと、戸田は、どこまでも先生のお供をさせていただきます〉と宣言し、それを実行したことも、真実の宗教の力を示す歴史的出来事だ。

堀米《ほりごめ》を導師《どうし》として、今、牧口会長《かいちょう》の一周忌法要《いっしゅうきほうよう》は進《すす》んでいる。

ゆっくりした読経《どきょう》から、唱題《しょうだい》に移《うつ》った。焼香《しょうこう》までの長《なが》い間《あいだ》、戸田城聖《じょうせい》の心《こころ》には、あの夏の最後の登山から今日まで、二年有余《ゆうよ》の歳月《さいげつ》が、まざまざと、よみがえっては流《なが》れていった。

彼のメガネは、しばしば曇《くも》った。瞑目《めいもく》して唱題に和《わ》し、激《げき》する感情《かんじょう》をじっとこらえるのに懸命《けんめい》であった。

最後《さいご》の唱題《しょうだい》が終《お》わって、堀米《ほりごめ》は、くるりと参会者《さんかいしゃ》の方《ほう》に向《む》き直《なお》った。

「本日《ほんじつ》は、故《こ》・牧口常三郎《まきぐちつねさぶろう》会長《かいちょう》の一周忌追善法要《いっしゅうきついぜんほうよう》に際《さい》し、皆様《みなさま》、ご参集《さんしゅう》になり、師弟《してい》の道《みち》、まことに麗《うるわ》しく存《ぞん》じます。ただ今、懇《ねんご》ろに追善供養《くようもう》申し上《あ》げました。

在《あ》りし日の牧口先生《せんせい》を思《おも》う時、万感胸《ばんかんむね》に迫《せま》る思いがいたしますが、一言《ひとこと》、所懐《しょかい》を述《の》べますならば、法華経《ほけきょう》の行者《ぎょうじゃ》として、大法流布《だいほうるふ》のために殉《じゅん》ぜられ、まことにまれな、尊貴《そんき》なご生涯《しょうがい》であった、といわなくてはなりませぬ……」

場内《じょうない》は、寂《せき》として声《こえ》をのんだ。（前掲書二三〇～二三一頁）

大石寺の幹部にも、堀米氏のように、牧口氏、戸田氏と、信仰を完全に共有できる人もいたのである。〈法華経の行者として、大法流布のために殉ぜられ、まことにまれな、尊貴なご生涯であった〉という認識は、戸田氏の認識でもある。

第13章 仏の真実の姿を現実に顕す創価学会の信仰

「一人立つ」(二三一〜二三八頁)

信仰同志を「わが家族と思って」

客観的に見て、牧口常三郎・創価(教育)学会会長が獄中死したことについて、戸田城聖氏には責任がない。しかし、戸田氏は、牧口氏の死に対して強い自責の念を覚えている。池田大作氏は、戸田氏の心象風景《しんしょうふうけい》についてこう記す。

遺族席《いぞくせき》には、老《お》いた牧口夫人《ふじん》と、戦死《せんし》した子息《しそく》の未亡人《みぼうじん》と、その娘《むすめ》の五、六歳《さい》になる少女《しょうじょ》らがいた。牧口家は、女《おんな》ばかりの三人家族《かぞく》であった。

戸田《とだ》は、この家族も、わが家族と思って、生涯、守《まも》っていかねばならぬと思った。
——牧口夫人は、一九五六年（昭和《しょうわ》三十一年）九月十八日に亡《な》くなった。七十九歳であった。その時、戸田は盛大《せいだい》な葬儀《そうぎ》を催《もよお》した。長年《ながねん》、気丈《きじょう》な夫人として、先覚者《せんかくしゃ》・牧口会長を守りきった労《ろう》を讃《たた》え、自分《じぶん》の最大《さいだい》の友《とも》を失《うしな》った、と泣《な》いてこれを送《おく》ったのである。（池田大作『人間革命　第1巻』聖教ワイド文庫、二〇一三年、二三一〜二三二頁）

戸田氏は、〈この家族も、わが家族と思って、生涯、守っていかねばならぬ〉と述べる。家族や親族でなくとも、共通の信仰を持つ同志を「わが家族と思って」行動するというのが創価学会員の特徴だ。

池田氏は、戸田氏のこの決意を地球規模に拡大する。SGI（創価学会インタナショナル）のメンバーも、文化的、歴史的背景は異なっていても共通の信仰を持つ同志を「わが家族と思って」行動しているのである。このように『人間革命』で表現されている出来事は、過去の歴史にとどまらず、現在の創価学会員の行動規範《きはん》にもなっているのだ。

さて、すべての宗教教団が抱える問題であるが、教団内には正しい信仰を貫くことができないが、自分の信仰的な弱さを認めることができない人たちがいる。こういう人たちが牧口初代会長の法要に際してとった態度については、こう記されている。

堀米《ほりごめ》の追悼《ついとう》のあいさつが終《お》わると、一人《ひとり》の男《おとこ》が立った。

「僭越《せんえつ》とは思《おも》いますが、牧口門下《まきぐちもんか》の不肖《ふしょう》の弟子《でし》の一人として、牧口先生追悼《せんせいついとう》の辞《じ》を一言《ひとこと》、述《の》べさせていただきます」

寺川洋三《てらかわようぞう》であった。戸田《とだ》と並《なら》んで、牧口門下の第一人者《だいいちにんしゃ》と称《しょう》していた最高幹部《さいこうかんぶ》の一人である。教育家《きょういくか》であった牧口会長《かいちょう》の直系《ちょっけい》の弟子として、学会《がっかい》、教育者グループのリーダーと目《もく》されていた男であった。彼《かれ》は、検挙《けんきょ》され、拘置所送《こうちしょおく》りとなり、やがて節《せつ》を屈《くっ》して釈放《しゃくほう》になった。

彼は雄弁家《ゆうべんか》であった。弁舌《べんぜつ》さわやかに、在《あ》りし日の恩師《おんし》・牧口の偉大《いだい》な教育者としての面影《おもかげ》を語《かた》った。そして、「軍国主義者《ぐんこくしゅぎしゃ》は日本の宝《たから》を殺《ころ》した」と痛烈《つうれつ》に戦争指導者《せんそうしどうしゃ》を弾劾《だんがい》したのである。心《こころ》ある者には、彼の弾劾は、軍部政府《ぐんぶせいふ》が倒《たお》れた今、占領下《せんりょうか》の安全地帯《あんぜんちたい》からの遠吠《とおぼ》えに聞こえた。彼は小才子《こさいし》で、政治家《せいじか》であった。スタンドプレーヤーであった。妙法《みょうほう》の厳然《げんぜん》たる鏡《かがみ》に映《うつ》し出《だ》された今も、それをカバーしようと、懸命《けんめい》になっていた。（前掲書二三二頁）

同じ言葉でも、自らの身体、生命の危険を冒《おか》して語る言葉と、安全地帯から語る言葉では、持つ意味が本質的に異なるのである。しかし、その言葉の持つ差異に気付く人が少ないということも、残念ながら事実だ。しかし、日々の信仰活動をきちんと行っている創価学会員には、同じ言葉を述べていても、それが本物《ほんもの》か偽物《にせもの》かを区別できる叡智《えいち》がある。発話主体《はつわしゅたい》の誠実性《せいじつせい》を見抜く力を創価学会員は日々の信仰的鍛錬《たんれん》によって体得しているのである。

創価学会の「発迹顕本」

寺川《てらかわ》の長々《ながなが》とした雄弁《ゆうべん》が終《お》わると、続《つづ》いて、もう一人《ひとり》の男《おとこ》が立ち上がった。宮島辰司《みやじまたつじ》である。

彼《かれ》も、寺川と同じく教育者《きょういくしゃ》グループの古顔《ふるがお》であった。理論家《りろんか》とも称《しょう》せられていた。同じく投獄《とうごく》され、退転《たいてん》した一人である。

寺川と同様《どうよう》、心《こころ》では戸田《とだ》に一目《いちもく》も二目も置《お》いていたが、外面《がいめん》では、われこそ牧口門下《まきぐちもんか》の直系《ちょっけい》であると自慢《じまん》して、戸田を軽視《けいし》していた。そうした人びとにとって、実《じつ》に戸田の存在《そんざい》は、目の上の瘤《こぶ》に思《おも》えてならなかった。

宮島は、咳払《せきばら》いしながら、恩師《おんし》・牧口の獄死《ごくし》から説《と》き起《お》こし、明治憲法《めいじけんぽう》、ならびに天皇制《てんのうせい》の非《ひ》を訴《うった》えた。さらに、今こそ日本の真《しん》の民主主義化《みんしゅしゅぎか》の時代《じだい》が、幾多《いくた》の尊《とうと》い犠牲《ぎせい》のうえに到来《とうらい》した、と論理的《ろんりてき》な口調《くちょう》で、追悼《ついとう》の言葉《ことば》を結《むす》んだ。

教育者グループの話《はなし》は長《なが》く続いた。経済人《けいざいじん》グループは、いささか顔色《がんしょく》がなかった。寺川や宮島の話は、聞こえのよい話で終始《しゅうし》したが、恩師の遺志《いし》を継《つ》ぐ学会再建《がっかいさいけん》の方向《ほうこう》には、触《ふ》れようともしなかった。不祥《ふしょう》な過去《かこ》を語《かた》り、痛憤《つうふん》するだけであった。

戸田城聖《じょうせい》は、この時までに、チグハグな雰囲気《ふんいき》を感《かん》じていた。だが、静《しず》かに人びとの話《はなし》に耳《みみ》を傾《かたむ》けていた。（前掲書二三三～二三四頁）

宮島の話にも、発話主体の誠実性が感じられない。自らが退転したことについての自己批判《ひはん》や自省《じせい》が欠《か》けた天皇制批判には説得力がない。このような誤った言説に対して、戸田氏は正面から立ち向かう。

長身《ちょうしん》の彼《かれ》は、最後《さいご》に立ち上がると、低《ひく》い声《こえ》で語《かた》り始《はじ》めた。
「私は寒《さむ》い独房《どくぼう》の中で、いつも御本尊様《ごほんぞんさま》に祈《いの》っておりました。〝私は、まだ若《わか》い。先生《せんせい》は七十三歳《さい》でいらせられる。どうか、罪《つみ》は私一身《いっしん》に集《あつ》まって、先生は一日も早《はや》く帰《かえ》られますように〟と。

ところが、忘《わす》れもしない今年《ことし》一月八日、私は取《と》り調《しら》べの判事《はんじ》から、突然《とつぜん》、『牧口《まきぐち》は死《し》んだよ』と聞かされたのであります。私は独房に帰って、ただ涙《なみだ》にかきくれました。この世《よ》に、これほどの悲《かな》しみがあろうとは、思《おも》いもかけないことでありました。

先生は、死して獄門《ごくもん》を出られた。不肖《ふしょう》の弟子《でし》の私は、生きて獄門を出た。私が、何をなさねばならぬかは、それは自明《じめい》の理《り》であります」

戸田《とだ》は、ここで話を切った。そして、次《つぎ》の言葉《ことば》を探《さが》すように、しばらく皆《みな》の上に目を馳《は》せた。

うつむいて、涙を拭《ふ》いている者《もの》もいた。何を言いだすかと、敵意《てきい》すら、あらわにした目もあった。ポカンと、虚空《こくう》を見ているような目もあった。（前掲書二三四頁）

戸田氏は、牧口氏とともに投獄された。法難《ほうなん》に遭《あ》っても退転せず、信仰を守り通した。しかし、そのことを誇《ほこ》ろうとはしない。御本尊に祈っていた内容も、あくまで「牧口先生が一日も早く釈放されるように」ということだった。恩師の死に対して、客観的には戸田氏に何の責任もない。しかし、戸田氏は宗教人としての責任を強く感じる。そして、牧口氏が口癖《くちぐせ》のように述べていた事柄を実践しなくてはならないという決意を固める。

彼は、〝なんと話《はな》しにくい空気《くうき》だろう〟と思《おも》った。瞬間《しゅんかん》、話《はなし》を打《う》ち切《き》ろうとさえ考《かんが》えた。

だが、言わねばならぬことが、堰《せき》を切ったように口《くち》をついて出てきた。

彼《かれ》は、一段《いちだん》と声《こえ》を励《はげ》まして言った。

「顧《かえり》みますに、昭和《しょうわ》十八年（一九四三年）の春《はる》ごろから、先生《せんせい》は『学会《がっかい》は発迹顕本《ほっしゃくけんぽん》しなくてはならぬ』と、口ぐせのように仰《おお》せになっていました。

私たちは、『学会が発迹顕本する』とは、いったいどういうことか見当《けんとう》もつかず、戸惑《とまど》うだけの弟子《でし》でありました。先生は、『発迹顕本』の証拠《しょうこ》をあげることもできぬ私ども弟子たちが、いかにも意気地《いくじ》なく、悪《わる》いように、おっしゃる時もありました。

しかし、私たちは戸惑うだけで、どうすることも知らずに、今日まで来てしまったのであります。今にして、先生のお心《こころ》が、少《すこ》しもわかっていなかったことを知りました。私は、出《しゅつ》獄《ごく》以来《いらい》、臍《ほぞ》をかんでまいりました。

しかしながら本日《ほんじつ》、私は、牧口《まきぐち》先生にも、皆《みな》さんにも、はっきり申《もう》し上《あ》げられる。さすれば、何を悔《く》やむことがありましょう」（前掲書二三四～二三五頁）

「発迹顕本」とは、「迹を発《ひら》いて本を顕《あらわ》す」ということだ。仏が垂迹《すいじゃく》の姿を開き、その真実の姿、本来の境地《きょうち》を顕すことだ。日蓮大聖人が行ったごとく、仏の真実の姿、本来の境地を戦後日本の現実の中で顕すことが、学会員の信仰のあり方だと戸田氏は強調する。

広宣流布に励むことが信仰の核心

戸田《とだ》は、きっと顔《かお》を上げた。部厚《ぶあつ》いメガネが、キラリと光《ひか》った。皆の視線《しせん》は、一斉《いっせい》に彼《かれ》の口元《くちもと》に集《あつ》まった。

「われわれの生命《せいめい》は、間違《まちが》いなく永遠《えいえん》であり、無始無終《むしむしゅう》であります。われわれは、末法《まっぽう》に七文字《もじ》の法華経《ほけきょう》を流布《るふ》すべき大任《たいにん》を帯《お》びて、出現《しゅつげん》したことを自覚《じかく》いたしました。この境地《きょうち》にまかせて、われわれの位《くらい》を判《はん》ずるならば、所詮《しょせん》、われわれこそ、まさしく本化地涌《ほんげじゆ》の菩薩《ぼさつ》であります」

戸田《とだ》は、「四信五品抄《ししんごほんしょう》」の一節《いっせつ》を読《よ》み上《あ》げた。

「請《こ》う国中の諸人我《しょにんわ》が末弟《まってい》等を軽《かろん》ずる事勿《ことなか》れ進《すす》んで過去《かこ》を尋《たず》ぬれば八十万億劫《まんのくこう》に供養《くよう》せし大菩薩なり豈熈連一恒《あにきれんいちごう》の者《もの》に非《あら》ずや退《しりぞ》いて未来《みらい》を論《ろん》ずれば八十年の布施《ふせ》に超過《ちょうか》して五十の功徳《くどく》

を備《そな》う可《べ》し天子《てんし》の襁褓《むつき》に纏《まと》われ大竜《だいりゅう》の始《はじ》めて生《しょう》ずるが如《ごと》し蔑如《べつじょ》すること勿れ蔑如すること勿れ」（御書《ごしょ》三四二ジペー）

〈国中の人びとに求《もと》めたい。私の弟子《でし》たちを軽《かろ》んじてはならない。私の弟子たちは、その過去を探求《たんきゅう》すれば、八十万億劫《おっこう》という長期間《ちょうきかん》にわたり、仏《ほとけ》を供養した大菩薩である。熈連河《きれんが》やガンジス川の砂《すな》の数《かず》ほどの仏のもとで修行《しゅぎょう》した衆生《しゅじょう》であることは間違いない。また未来を論じれば、八十年の間、一切《いっさい》衆生に無量《むりょう》の財宝《ざいほう》を布施する功徳をはるかに超《こ》えて、五十展転《てんでん》の功徳を備《そな》えるのである。私の弟子《でし》は、たとえば国王《こくおう》の子が、産衣《うぶぎ》を着《つ》けているようなものであり、大竜《だいりゅう》の子が、初《はじ》めて生まれてきたようなものである。蔑《さげす》んではならない。蔑んではならない〉

戸田《とだ》は、この御文《ごもん》を通《とお》して、御本尊《ごほんぞん》を受持《じゅじ》して広宣流布《こうせんるふ》に励《はげ》む学会員《がっかいいん》の境涯《きょうがい》が、いかに偉《い》大《だい》なものであるかを自覚《じかく》させていったのである。（前掲書二三五〜二三七頁）

創価学会にとって、広宣流布に学会員が励むことが信仰の中核《ちゅうかく》であるということがここで強調されている。そして、ここで戸田氏が述べた事柄を池田大作SGI会長が発展的に継承し、世界広宣流布が、創価学会の活動の中核となっている。日本の地から始まった日蓮仏法は創価学会によって、いまや世界宗教に発展しつつあるのだ。

信仰を貫いたゆえに真の弟子が現れた

ここで戸田氏は、学会員一人ひとりが地涌の菩薩であるという現実を認識することの重要性について説く。

「話《はなし》に聞いた地涌《じゆ》の菩薩《ぼさつ》は、どこにいるのでもない、実《じつ》に、われわれなのであります。私は、この自覚に立って、今、はっきりと叫《さけ》ぶものであります。――広宣流布は、誰《だれ》がやらなくても、この戸田が必《かなら》ずいたします。地下《ちか》に眠《ねむ》る先生《せんせい》、申《もう》し訳《わけ》ございませんでした。先生――先生の真《しん》の弟子として、立派《りっぱ》に妙法《みょうほう》流布にこの身《み》を捧《ささ》げ、先生のもとにまいります。今日《きょう》よりは、安《やす》らかにお休《やす》みになってください」

戸田の一言一句《いちごんいっく》は、並《な》みいる人びとの心《こころ》を、電撃《でんげき》のように打《う》った。みんなは、一瞬《いっしゅん》、毒気《どっけ》を抜《ぬ》かれたように、われを忘《わす》れて聞いていたが、その瞬間《しゅんかん》が過《す》ぎると、ざわつきだした。ほっと、ため息《いき》をつく人もいた。ヒソヒソと隣《となり》の人に話《はな》しかける人もいた。ニヤリと口《くち》もとに笑《わら》いを浮《う》かべて、戸田《とだ》の法螺《ほら》が始《はじ》まったと言わんばかりに、うつむく人もあった。生意気《なまいき》に何を言うかと、昂然《こうぜん》と敵意《てきい》を示《しめ》す人もあった。

皆《みな》、一瞬《いっしゅん》の表情《ひょうじょう》であったが、彼《かれ》らの心《こころ》は隠《かく》せなかった。（前掲書二三七〜二三八頁）

戸田氏は正しいことを述べた。また、戸田氏の生き方は、仏法を信じる者としても正しい。国家権力の不当逮捕によって投獄されたときも退転しなかった。牧口氏の法要に集まっているのは信仰の同志たちのはずだ。しかし、戸田氏の話を虚心坦懐《きょしんたんかい》に受け止めることができない人々がいる。こういう人々の反応は「一瞬の表情」のうちに現れるというのは、事柄の本質を突《つ》いた洞察だ。

秋《あき》の日は、既《すで》に深《ふか》く静《しず》かに暮《く》れていた。戸外《こがい》は真《ま》っ暗《くら》になり、電灯《でんとう》がついていた。

寺川《てらかわ》や宮島《みやじま》のグループは、遺族《いぞく》にあいさつすると、真っ先《さき》に玄関《げんかん》へ立った。参会者《さんかいしゃ》は、一人《ひとり》ひとり逃《に》げるように去《さ》っていった。

戸田は、最後《さいご》に丁重《ていちょう》に、遺族を送《おく》り出《だ》した。本堂《ほんどう》には、彼と数人《すうにん》の人が残《のこ》った。

「戸田さん、くれぐれもお体《からだ》を大事《だいじ》にしてくださいよ」

堀米《ほりごめ》は、彼にこう言って、庫裏《くり》へ行《い》った。

戸田は、ガランとした本堂に立った。自分《じぶん》の真意《しんい》を汲《く》んだ者《もの》の一人としていないことに、気づかねばならなかった。激《はげ》しい孤独感《こどくかん》が、またもや彼を襲《おそ》った。（前掲書二三八頁）

激しい孤独感に襲われても、戸田氏は徹底して信仰に生きた。それだから、戸田氏の意志を継承する池田大作氏が現れるのである。池田大作氏は、牧口常三郎初代会長の法要について書くことを通じて、創価学会三代会長を貫く、「学会が発迹顕本する」ということの意味を説き明かしているのだと思う。

第14章 一人立てる時に強きものは、真正の勇者なり

「一人立つ」（二三八～二四二頁）

「信仰は体、事業は影」

宗教者にとって、もっとも辛《つら》いのは、信仰の同志であるはずなのに、不十分な信仰しかもっていない人々と教団運営をしなくてはならないときだ。そういうときに、教団指導者は、信仰の強い人々で教団を固めようとする誘惑に陥ることがある。しかし、そういう「純粋化」を目指す教団は、例外なくカルト化し、広範な民衆に影響を与えることができなくなる。

戸田城聖氏は、偉大な宗教指導者であるので、腹の中では「許しがたい」と思うようなことがあっても、ぐっと堪《た》えて、日蓮仏法を一人でも多くの人々に伝えようとする努力を怠らない。牧口常

三郎初代会長の法要の際に目撃した経済人たちの立ち居振る舞いは、戸田氏からすれば許しがたいことだった。しかし、戸田氏は経済人を非難したり叱責したりするのではなく、激励した。

数人の人びとと、彼は連れ立《だ》って駅《えき》に向かった。彼は、いつになく不機嫌《ふきげん》であった。経済《けいざい》人《じん》グループの誰彼《だれかれ》が話しかけても、返事《へんじ》すらしなかった。そのうえ肌寒《はだざむ》い秋の夜気《やき》は、彼の心を、ますます引《ひ》き締《し》めた。

駅近《えきちか》くになって、戸田《とだ》は、やっと口《くち》を開いた。

「どうか諸君《しょくん》も、これから悔《く》いない信心《しんじん》をしていただきたい。後《あと》になって、法華経《ほけきょう》に名《な》を残《のこ》すか、残さないかは、ここ二、三年の信仰《しんこう》いかんで決まってしまう。信仰は体《たい》、事業《じぎょう》は影《かげ》であると大聖人《だいしょうにん》は仰《おお》せなのだから、信仰を中心《ちゅうしん》として、学会《がっかい》の発展《はってん》と事業の成長《せいちょう》を、ともに願《ねが》っていこうじゃないか」

戸田は、何を思《おも》ったか、急《きゅう》にそう言って、経済人《けいざいじん》グループを激励《げきれい》した。（池田大作『人間革命　第1巻』聖教ワイド文庫、二〇一三年、一二三八～一二三九頁）

創価学会の再建にとって現在は重要な時期だ。内紛《ないふん》を起こすようなことは避《さ》けなくてはならない。信仰の弱い者に対して、日蓮大聖人の〈信仰は体、事業は影〉という認識を戸田氏は、今、この場で甦《よみがえ》らせることが重要と考えている。創価学会員にとって信仰と行為が分離することはない。信仰即行為なのである。信仰を中心に生きていくことにより、事業も成功する。戸田氏は、〈信仰を中心として、学会の発展と事業の成長を、ともに願っていこうじゃないか〉と経済人たちに呼びかける。ここで戸田氏は「あなたたちがもっと真剣に信仰すれば、事業も発展する」と経済人たちを諭《さと》しているのだ。戸田氏の言葉がこの場にいた人たちの心にどこまで届いたかはわからない。ただし、所与《しょよ》の条件の下で創価学会の再建を図《はか》るしかないと戸田氏は腹を括《くく》るのである。戸田氏の決意が以下の詩に端的に表れている。

彼《かれ》は歩《あゆ》みながら、未来《みらい》への決意《けつい》を心《こころ》に秘《ひ》め、自作《じさく》の詩《し》を一人《ひとり》、静《しず》かに歌《うた》い始《はじ》めた。

我《われ》いま仏《ほとけ》の　旨《むね》をうけ
妙法流布《みょうほうるふ》の　大願《だいがん》を
高くかかげて　独《ひと》り立つ
味方《みかた》は少《すく》なし　敵《てき》多し

誰《だれ》をか頼《たよ》りに　闘《たたか》わん
丈夫《じょうぶ》の心《こころ》　猛《たけ》けれど
広《ひろ》き戦野《せんや》は　風叫《かぜさけ》ぶ
捨《す》つるは己《おの》が　命《いのち》のみ

捨つる命は　惜《お》しまねど
旗持《はたも》つ若人《わこうど》　何処《いずこ》にか
富士《ふじ》の高嶺《たかね》を　知らざるか
競《きそ》うて来《き》たれ　速《すみ》やかに

歌《うた》いつつ、彼《かれ》は、かつてない感動《かんどう》を抑《おさ》えることができなかった。あふれんばかりの情熱《じょうねつ》と、確信《かくしん》と、決意《けつい》とに、身《み》を震《ふる》わせていた。（前掲書二三九〜二四〇頁）

次世代の若い指導者の出現を予告

真実の仏法を民衆に伝えなくてはならないという強い決意がここにある。〈妙法流布の大願を高くかかげて独り立つ〉というのは、鎌倉時代に日蓮大聖人が掲《かか》げた大願を、戦後の日本に甦らせるということだ。戸田氏は、今、時空《じくう》を超《こ》えて、日蓮大聖人とつながっているのである。そして、池田大作氏は、このときの状況を小説という文学形態で見事に表現することによって、世界広宣流布の大願に基づき信仰生活を送る創価学会員を日蓮大聖人と結びつけているのである。

戸田氏は〈味方は少なし　敵多し〉という現状認識を表明する。しかし、同時に戸田氏は信仰の闘いを続けることで、味方が増え、敵が減るという展望を持っている。戸田氏はこの信仰の事業には時間がかかることをよく理解している。それだから、

捨つる命は　惜しまねど
旗持つ若人　何処にか
富士の高嶺を　知らざるか
競うて来たれ　速やかに

と強調する。この箇所は、創価学会が発展するためには、文字通り自らの命を賭《と》して信仰の闘いで指導的役割を果たす若い世代の指導者が現れることを予告している。言い換えると、池田大作氏の出現を予告しているのである。

この詩を歌っているうちに、戸田氏はある重要な事柄を直観する。

ふと、彼の頭《あたま》に、ある言葉《ことば》が浮《う》かんだ。

——師子《しし》は伴侶《はんりよ》を求《もと》めず。

これまで、彼を襲《おそ》った異様《いよう》な孤独感《こどくかん》は、暗々裏《あんあんり》に伴侶を求めていたことからきている。彼《かれ》の弱《よわ》い心《こころ》の仕業《しわざ》であったかもしれぬ。

師子《しし》は伴侶《はんりよ》を求《もと》めず——伴侶を心待《こころま》ちにした時、百獣《ひやくじゆう》の王《おう》、師子は失格《しつかく》する。師子には、絶対《ぜったい》、孤独感《こどくかん》はない。伴侶は求めずして、ついて来るものだ。広宣流布《こうせんるふ》の実践《じっせん》は、師子の仕事《しごと》である。自分《じぶん》が師子でなければならぬなら、伴侶は断《だん》じて求むべきではない。

自分が真《しん》の師子ならば、伴侶は自《みず》ら求めて、自分の後《あと》についてくるにちがいない。

要《よう》は、自分が真の師子であるかどうかにかかっている。まことの地涌《じゆ》の菩薩《ぼさつ》であるか、否《いな》かだ。

〝俺《おれ》は、師子でなければならない。師子だ。百獣であってはならない〟

彼は、一瞬《いっしゅん》にして悟《さと》った。（前掲書二四〇～二四一頁）

「師子は伴侶を求めず」

ここで重要なのは、〈師子は伴侶を求めず〉という言葉が突然、思い浮かんだことだ。戸田氏のこれまでの信仰生活、とりわけ信仰を貫いたが故に投獄された経験を踏まえて、戸田氏がつかんだ宗教指導者の実践的指針が〈師子は伴侶を求めず〉という言葉で示されているのだ。師子は百獣の王だ。このことから、類比《るいひ》的に戸田氏は、あらゆる宗教のなかの王者として、創価学会会長は行動しなくてはならないと考え、行動する。それが、一九五八年三月十六日の「広宣流布記念の日」につながっていく。この日の意義について、創価学会公式サイトから引用する。

広宣流布の模擬試験
3月16日は「広宣流布記念の日」です。1958（昭和33）年のこの日、戸田第二代会長のもとに、男女青年部の精鋭6000人が集って「広宣流布の模擬試験」と呼ばれる式典が開かれました。

　前年の暮れ、生涯の願業である会員75万世帯を達成した後、病の床にあった戸田第二代会長が、池田名誉会長（当時、青年室長）に「将来のために広宣流布の模擬試験、予行演習となる式典をしておこう」と提案して行われたのが、この式典でした。

　これは、広宣流布の後事のいっさいを、次代を担う青年たちに託すために、広宣流布の成就を想定した模擬的な儀式を行うことを意味していました。

バトンを青年部に託す

　12時40分、池田室長の司会で、式典が始まりました。戸田会長は、急の知らせを受けて全国から馳《は》せ参じた6000人の青年に対し、「われわれには広宣流布を断じてなさねばならぬ使命がある。それを今日、私は君たち青年に託しておきたい。未来は君たちに任せる。頼むぞ広宣流布を！」と叫びました。そして「創価学会は、宗教界の王者であります」と、戸田会長が生涯をかけた広宣流布の勝利の宣言をしました。式典は、戸田会長が、広宣流布のバトンを青年たちに託す儀式となったのです。
　池田名誉会長は、「3・16」の意義について、次のように語っています
「3・16は、師から弟子への『継承』の日であり、『後継』の弟子が立ち上がる日である。その意味で、この日は、永遠の『出発』の日である」（SOKAnet「3月の広布史」、https://www.sokanet.jp/kaiin/kofushi/03.html）

〈創価学会は、宗教界の王者であります〉という戸田氏の宣言は実に力強い。創価学会が宗教界の王者であるのは、「民衆こそ王者である」という認識に基づいているからだ。そこには、一部の仏教教団に見られる法主《ほっす》や貫首《かんず》を絶対とするような発想は見られない。

さらに、広宣流布は、世代を継いで行われていく。それだから「広宣流布記念の日」には、師から弟子への継承という意味がある。すなわち、師弟不二を再確認し、広宣流布への決意を新たにし、実践する出発の日なのでもある。

「宗教界の王者」という自覚

創価学会にとって、真理は具体的だ。戸田氏は、集まった青年たちを「豚汁」で歓迎する。小さな出来事のように見えるかもしれないが、このようなきめ細かい配慮を積み重ねることで、師から弟子への信仰が身体的に継承されていくという重要なエピソードだ。

3・16の式典当日の早朝、全国各地から続々と到着する青年たちを待っていたのは、身も心も温まる「豚汁」でした。「皆に何か温かいものを食べさせてやりたい」との戸田会長の配慮によるものです。師の慈愛が、若き青年たちを温かく包みました。

この時、身体が衰弱し歩行が困難な戸田会長のために、池田室長は車駕《しゃが》を作りました。

『三国志』に登場する蜀《しょく》の丞相《じょうしょう》・諸葛孔明《しょかつこうめい》が、五丈原《ごじょうげん》の戦いで四輪の車に乗って指揮をとった故事になぞらえたものでした。それを見た戸田会長は「大きすぎて、実戦には向かぬ！」と、闘将の気迫を、身をもって愛弟子《まなでし》に伝えようと叱咤《しった》しました。しかし、真心に応え、車駕に乗って悠然と会場に向かいました。

後に池田名誉会長は、この時を振り返り、「最後の最後まで、命を振り絞っての、愛弟子への訓練であった。そのありがたさに、私は心で泣いた」と記しています。（SOKAnet「3月の広布史」、https://www.sokanet.jp/kaiin/kofushi/03.html）

この場で宣言された広宣流布は、現在、池田大作ＳＧＩ会長の指導により、世界広宣流布となり、創価学会は世界宗教に発展しつつあるのだ。

話を『人間革命』のテキストに戻す。

連《つ》れ立《だ》った連中《れんちゅう》に、彼は力強《ちからづよ》く言った。

「それでは、今日《きょう》は、これでお別《わか》れしよう。来年《らいねん》十一月十八日の先生《せんせい》の三回忌《さんかいき》には、盛大《せいだい》な法要《ほうよう》を営《いとな》もう。一年の辛抱《しんぼう》だ。その時、学会《がっかい》の総会《そうかい》もやるんだ……」

連れの人びとには、今夜《こんや》の戸田《とだ》は、どうかしていると思《おも》えてならなかった。不思議《ふしぎ》そうに、ただ、彼《かれ》の顔《かお》をのぞくばかりであった。

戸田《とだ》は、生き生きとした表情《ひょうじょう》で、人なつこい笑顔《えがお》を浮《う》かべていた。

今、戸田は、一周忌《いっしゅうき》に集《あつ》まった人びとの様相《ようそう》から、ただ一人《ひとり》、妙法広布《みょうほうこうふ》へ、前進《ぜんしん》の指揮《しき》を執《と》らねばならぬと立ち上がったのである。こうして、この夜は、戸田城聖《じょうせい》が広宣流布《こうせんるふ》の第一《だいいっ》声《せい》を放《はな》った、歴史的《れきしてき》一日となった。（前掲、『人間革命　第1巻』二四一～二四二頁）

戸田氏が、広宣流布を通じた創価学会の大躍進を考え、具体的な戦略を練っているのが、信仰の同志であるはずの経済人たちにはわからないのだ。心の底から信頼に足る者が周囲にいないときには「一人立つ」という決意を持って、創価学会は「宗教界の王者」という自覚に基づいて、広宣流布に邁進《まいしん》していくことが重要なのである。

しかし、この時、誰人《たれびと》も、戸田の決意《けつい》のただならぬものであることを知らなかった。集まった人びとは、法要《ほうよう》をすませた心安《こころやす》さで、ただ家路《いえじ》を急《いそ》ぐばかりであった。秋《あき》の夜の空気《くうき》は、戸田の心と同じように澄《す》んでいた。空《そら》には、星《ほし》が美《うつく》しく瞬《また》き、彼の未来《みらい》の輝《かがや》く勝利《しょうり》を、祝福《しゅくふく》しているかのようであった。時折《ときおり》、木枯《こが》らしを思《おも》わせる風《かぜ》が、木々《きぎ》の葉《は》を揺《ゆ》さぶり、灯火《とうか》のついた窓《まど》を叩《たた》いていた。

シラーは言った。

〝一人立てる時に強《つよ》きものは、真正《しんせい》の勇者《ゆうしゃ》なり〟と。（前掲書二四二頁）

〈一人立てる時に強きものは、真正の勇者なり〉という戸田氏の認識が正しかったことは、その後の創価学会の発展によって証明されるのである。

第15章　「国家神道」の宗教史的考察

「千里《せんり》の道」（二四四〜二五二頁）

人間にとって「神」とは何か

一九四五年の秋は、米の収穫が想定外に低かった。政府は、戦後の混乱を考慮しても七五〇万トンは収穫できると考えていたが、実際の収穫は六〇〇万トンに及ばなかった。深刻な食糧危機が到来した。戸田城聖氏はこの危機を、日蓮仏法に照らして考察した。

何よりも、食糧の絶対量《ぜったいりょう》が足《た》りないのである。食《た》べ物《もの》の恨《うら》みほど恐《おそ》ろしいものはないという。食物《しょくもつ》をめぐって、家庭内《かていない》のいざこざが、あちこちに起《お》こり、殺人騒《さつじんさわ》ぎまで引き起こした。

全国民《ぜんこくみん》が、ことごとく血眼《ちまなこ》になり、食糧の確保《かくほ》に、ただ狂奔《きょうほん》しなければならなかった。

　戸田城聖《とだじょうせい》は、これらの世相《せそう》に心《こころ》を痛《いた》めた。そして瑞穂《みずほ》の国が、飢《う》えたる国になっている実《じっ》相《そう》に、目を凝《こ》らしていた。

　彼《かれ》は、考《かんが》えた。

〝もし、諸天善神《しょてんぜんじん》がいたとすれば、敗戦《はいせん》という、国民《こくみん》にとって最大《さいだい》の不幸《ふこう》な事態《じたい》にいたった現在《げんざい》、せめて豊作《ほうさく》となって、われわれを守《まも》ってくれたはずだ。この悲惨極《ひさんきわ》まりない状況《じょうきょう》は、天照大神《てんしょうだいじん》も、諸天善神も、日本の国には、いなかった証拠《しょうこ》ではないか〟

　戦前《せんぜん》、初代会長《しょだいかいちょう》の牧口《まきぐち》は、常々《つねづね》、神《かみ》についての正《ただ》しい認識《にんしき》を与《あた》えようとして、神を三つの視点《してん》から分類《ぶんるい》して教《おし》えていた。

　第一は、天地《てんち》を創造《そうぞう》したと考《かんが》えられている神。第二は、祖先《そせん》を神として崇《あが》めるもの。第三は、仏法《ぶっぽう》で説《と》く神である。

　そして、彼《かれ》は、神についての人びとの考え方《かた》が混乱《こんらん》しており、また、権力者《けんりょくしゃ》も宗教統一《しゅうきょうとういつ》などという間違《まちが》った考え方に陥《おちい》っている状況を憂《うれ》えていた。その混乱は、国家神道《こっかしんとう》を根本《こんぽん》として教育《きょういく》された結果《けっか》にほかならなかった。（池田大作『人間革命　第1巻』聖教ワイド文庫、二〇一三年、二四四～二四五頁）

　優れた宗教人である戸田氏は、この食糧危機を諸天善神の不在が現象化したものと考えた。そして、諸悪の根源が、国家神道という国家と癒着《ゆちゃく》した特権的地位を持つ「宗教」（実態は国家イデオロギー）にあることを見抜いた。さらに深く諸宗教における神概念を比較する。以下のアプローチは理性を根本に据《す》えた宗教学者と同じである。

戸田《とだ》は、牧口の神についての分析《ぶんせき》を思《おも》い浮《う》かべながら、さまざまに思索《しさく》をめぐらせていった。

神への崇拝《すうはい》という視点から、世界《せかい》の宗教を分類すれば、多神教《たしんきょう》と一神教《いっしんきょう》に分《わ》けられる。インドのヒンドゥー教《きょう》や日本の神道は多神教に分類され、ユダヤ教、キリスト教、イスラム教《きょう》などは典型的《てんけいてき》な一神教《いっしんきょう》である。

森羅万象《しんらばんしょう》のさまざまな存在《そんざい》がもつ、不可思議《ふかしぎ》な働《はたら》きに神《かみ》を見いだしたのが多神教《たしんきょう》とすれば、それらの働きを究極《きゅうきょく》の存在に統一《とういつ》したのが一神教といえるだろう。

戸田《とだ》は、思《おも》った。

〝いずれの神であれ、本質的《ほんしつてき》には、人びとの生活《せいかつ》に影響《えいきょう》を与《あた》える、なんらかの働きを、人格《じんかく》化《か》したものにほかならない。であるならば、これらすべての神々《かみがみ》は、仏教《ぶっきょう》に説《と》かれる神の概《がい》念《ねん》に含《ふく》まれてしまうものではないか。

日蓮大聖人《にちれんだいしょうにん》は、「治病大小権実違目《じびょうだいしょうごんじついもく》」に仰《おお》せになっている。

「法華宗《ほっけしゅう》の心《こころ》は一念三千《いちねんさんぜん》・性悪性善《しょうあくしょうぜん》・妙覚《みょうかく》の位《くらい》に猶備《なおそな》われり元品《がんぼん》の法性《ほっしょう》は梵天《ぼんてん》・帝釈《たいしゃく》等と顕《あら》われ元品の無明《むみょう》は第六天《だいろくてん》の魔王《まおう》と顕われたり」（御書《ごしょ》九九七㌻）

神は、人間《にんげん》の心がつくりだしたものであり、生命《せいめい》のもつ働きを具象化《ぐしょうか》したものといえる。

その働きが、人間生活に価値《かち》をもたらす場合《ばあい》には、梵天・帝釈という諸天善神《しょてんぜんじん》としてとらえられ、悪をもたらす場合には、魔王と位置《いち》づけられるのであり、善悪両方《りょうほう》の働きを、生命はもっているのだ。（前掲書二四五〜二四六頁）

〈いずれの神であれ、本質的には、人びとの生活に影響を与える〉というのは、客観的な事実である。仏教でも神道でも、キリスト教、ユダヤ教、イスラム教でも、これらの宗教が説く神は人間の生活に現実的な影響を与える。法華経に照らして考えるならば、元品（根本）が重要になる。根源的に無明（迷い）の世界にいる人間は、悪にからめとられてしまう。この悪が具現化したものが魔王だ。満州事変から太平洋戦争の敗北まで、日本の指導者は、悪に取り憑《つ》かれ、魔王と化していたのだ。このような状況を脱構築《だつこうちく》しなくてはならないと戸田氏は考える。

諸天善神の役割を果たしたＧＨＱ

正《ただ》しい教《おし》えに基《もと》づいて生きれば、その人生《じんせい》には価値《かち》が創造《そうぞう》される。それが諸天善神《しょてんぜんじん》の働《はたら》きであろう。もし、誤《あやま》った教えに基づいて生きれば、反価値《はんかち》を生《しょう》じて人生に不幸《ふこう》をもたらす。それが魔王《まおう》の働きともいうべきものだ。

日本が愚《おろ》かな戦争《せんそう》に驀進《ばくしん》し、戦後《せんご》も悲惨極《ひさんきわ》まりない生活《せいかつ》を国民《こくみん》に強《し》いることになったという現実《げんじつ》は、諸天善神が働かなかったということであり、その時代《じだい》、社会《しゃかい》に、正しい指導理念《しどうりねん》がなかったことを示《しめ》している。善神が国を捨て去《さ》り、天《てん》に上《のぼ》っているとする、日蓮大聖人《にちれんだいしようにん》の「神天上《かみてんじよう》の法門《ほうもん》」とは、こうした現象《げんしよう》を教える法理《ほうり》といえる……〟

戸田《とだ》は、日蓮大聖人の仏法《ぶつぽう》の真髄《しんずい》に触《ふ》れて、初《はじ》めて、このような生命《せいめい》の法理を悟《さと》ったのであった。真剣《しんけん》な唱題《しようだい》と思索《しさく》によって、豁然《かつぜん》と悟ったのである。(前掲書二四七頁)

歴史は実に面白い。GHQが、日本における諸天善神の機能を果たす。具体的には、神道指令によって、国家神道という宗教の名を借りた国家イデオロギーを脱構築するのだ。

折《おり》も折、一九四五年(昭和《しようわ》二十年)十二月十五日、GHQ(連合国軍総司令部《れんごうこくぐんそうしれいぶ》)は「神道《しんとう》を国家《こつか》より分離《ぶんり》する」との指令《しれい》を発《はつ》した。これで、伊勢神宮《いせじんぐう》も、靖国神社《やすくにじんじや》も、国家の保護《ほご》を断《た》たれ、私的《してき》な一宗教団体《いちしゆうきようだんたい》にすぎなくなった。日本国民の大半《たいはん》が考《かんが》えもしなかったことに、GHQは手を打《う》ったのである。

GHQは、この神道《しんとう》の問題《もんだい》、すなわち国家《こつか》神道が、明治以来《めいじいらい》、日本の政治体制《せいじたいせい》の根本原理《こんぽんげんり》となっていた事実《じじつ》を突《つ》き止《と》めていたからである。これが、今後《こんご》の日本の民主化《みんしゆか》にとって、最大《さいだい》の障害《しようがい》になると見ていたのだ。物事《ものごと》は、常《つね》にその本質《ほんしつ》を論《ろん》じ、見極《みきわ》めることが大事《だいじ》である。

GHQは、よく本質を見極めていたといえる。(前掲書二四七〜二四八頁)

ここで重要なのは、戸田氏がGHQの神道指令が場当《ばあ》たり的な政策ではなく、近代日本の宿痾《しゆくあ》がどこにあるかをよく調査した上で取られた戦略的政策と見ていることだ。

神道を国家から分離《ぶんり》する指令《しれい》が発表《はっぴょう》されるや、神官《しんかん》や神道の信奉者《しんぽうしゃ》たちは、大きなショックを受けた。だが、一般《いっぱん》の民衆《みんしゅう》は、それほどの衝撃《しょうげき》は受けなかった。ただ、戸田城聖《とだじょうせい》一人《ひとり》が、敗戦《はいせん》の悲哀《ひあい》を超《こ》えて、なおかつ、わが意《い》を得《え》た快事《かいじ》であると喜《よろこ》んだ。

彼《かれ》は、日本の国が敗戦の道《みち》を突き進《すす》んでいった足跡《そくせき》を、一つ一つたどってみた。そして神道が、明治初年《しょねん》の王政復古《おうせいふっこ》に際《さい》して、国家建設《けんせつ》の礎石《そせき》として利用《りよう》されたことを、はっきりと再確認《さいかくにん》した。

明治政権《せいけん》は、天皇《てんのう》の名《な》のもとに国家統治《とうち》を進めるうえで、「神《かみ》」をもち出した。天皇を神格化《しんかくか》することが、最良《さいりょう》の方法《ほうほう》と考《かんが》えたわけである。そのために、千年以上《いじょう》も昔《むかし》に編纂《へんさん》された『古事記《こじき》』『日本書紀《しょき》』等の神話《しんわ》が、その権威《けんい》づけの根拠《こんきょ》として使《つか》われた。

「葦原《あしはら》の千五百秋《ちいほあき》の瑞穂《みつほ》の国は、是《これ》、吾が子孫《うみのこ》の王《きみ》たるべき地《くに》なり。爾皇孫《いましすめみま》、就《い》でまして治《しら》せ。行矣《さきくませ》。宝祚《あまのひつぎ》の隆《さか》えまさむこと、当《まさ》に天壌《あめつち》と窮《きはま》り無《な》けむ」

『日本書紀《しょき》』に記《しる》された天照大神《てんしょうだいじん》の神勅《しんちょく》の一つである。後《のち》に学校教科書《がっこうきょうかしょ》などでも、多く引用《いんよう》された一節《いっせつ》である。

天皇《てんのう》は、神《かみ》の子孫《しそん》だというのだ。日本は、天照大神の子孫が王《おう》となって、永遠《えいえん》に治《おさ》めるべき地だとしているのである。天皇による国家統治《こっかとうち》の原理《げんり》として、これ以上《いじょう》の武器《ぶき》はない。

これらの神話《しんわ》には、もともとは、古代《こだい》国家のはつらつたる息吹《いぶき》が込《こ》められていたかもしれない。しかし、それが、そのまま近代《きんだい》国家で天皇を絶対《ぜったい》とする、国家統治の根拠《こんきょ》として使《つか》われた時に、既《すで》に挫折《ざせつ》への第一歩《だいいっぽ》は始《はじ》まったといってよい。(前掲書二四八～二四九頁)

神権国家の体裁を整えた明治憲法

ここからしばらく続く記述は、国家神道がどのような過程で生まれたかを宗教史的に考察する優れた内容だ。『人間革命』が創価学会の「精神の正史」であることの特徴が、このような記述に表れている。諸悪の根源は、明治維新の際に、日本古来の原始宗教を近代日本国家の中に包摂《ほうせつ》しようとしたことにあると戸田氏は考える。

政府《せいふ》は、神道《しんとう》と称《しょう》するわが国古来《こらい》の原始《げんし》宗教《しゅうきょう》を、祭政一致《さいせいいっち》の古代社会《しゃかい》にならって、新国家のなかに取り入れていった。

全国《ぜんこく》の神社《じんじゃ》は、天照大神を頂点《ちょうてん》として、そこに祭《まつ》られた神が、天皇に近《ちか》いか遠《とお》いかで、それぞれ格付《かくづ》けされ、国家管理《かんり》のもとに置《お》かれた。先祖《せんぞ》を神として祭る神道を使って、天照大神《てんしょうだい》の子孫《しそん》ということになっている天皇《てんのう》を、国民《こくみん》が崇《あが》めていくようにしたのである。

一方《いっぽう》、一八八九年(明治《めいじ》二十二年)に発布《はっぷ》された明治憲法《けんぽう》では、天照大神の神勅《しんちょく》を根拠《こんきょ》にして、天皇の宗教的権威《しゅうきょうてきけんい》を、「天皇ハ神聖《しんせい》ニシテ侵《おか》スヘカラス」と、第三条《じょう》で明確《めいかく》に条文化《じょうぶんか》した。天皇を絶対化《ぜったいか》し、国家統治《とうち》の権力《けんりょく》の一切《いっさい》を天皇に帰《き》することによって、国家《こっか》の統一《とういつ》、安泰《あんたい》を図《はか》ろうとしたのである。

こうして、天皇という一人《ひとり》の人格《じんかく》において、政治《せいじ》と宗教は完全《かんぜん》に一致《いっち》してしまった。この天皇崇拝《すうはい》は、やがて、天皇そのものを現人神《あらひとがみ》とする「宗教」になっていくのである。（前掲書二四九～二五〇頁）

天照大神を頂点にする神々を天皇との距離でランク付けしていくという発想は、カトリック教会や、上意下達《じょういかたつ》の監督制をとるルター派教会に強い。明治政府は近代化の過程でプロイセン（現在のドイツの一部）をモデルにした。プロイセンでは、国家と教会（ほとんどがルター派）が一体となる制度が取られていた。制度的観点からは、プロテスタント教会の悪《あ》しき伝統が近代日本に取り入れられたのである。大日本帝国憲法（明治憲法）は、第三条の「天皇ハ神聖ニシテ侵スヘカラス」として神権《しんけん》国家の体裁《ていさい》を整えた。しかし明治憲法には、このような神権国家とは馴染《なじ》まない信教の自由も規定されている。

ところが、近代《きんだい》国家として列強《れっきょう》に伍《ご》するために、先進国《せんしんこく》の憲法《けんぽう》にならって、明治憲法には、信教《しんきょう》の自由《じゆう》を明瞭《めいりょう》にうたわなければならなかった。

それは第二十八条に、「日本臣民《しんみん》ハ安寧秩序《あんねいちつじょ》ヲ妨《さまた》ケス及《および》臣民タルノ義務《ぎむ》ニ背《そむ》カサル限《かぎり》ニ於《おい》テ信教ノ自由ヲ有《ゆう》ス」と規定《きてい》された。

この結果《けっか》、徳川時代以来《とくがわじだいいらい》のキリスト教禁圧《きょうきんあつ》や、封建的《ほうけんてき》な数々《かずかず》の宗教政策《せいさく》は撤廃《てっぱい》された。

しかし、政府《せいふ》は、天皇《てんのう》の権威《けんい》と一体《いったい》の関係《かんけい》にあった神道《しんとう》に対《たい》してだけは、特別《とくべつ》な政策《せいさく》を一貫《いっかん》して取り続《つづ》けた。神社《じんじゃ》の格《かく》に応《おう》じて、国家予算《こっかよさん》をつけ、公費《こうひ》を支出《ししゅつ》、あるいは神官《しんかん》・神職《しんしょく》に、官位《かんい》を与《あた》えて官吏《かんり》とするなど、他の宗教《しゅうきょう》と明《あき》らかに異《こと》なる扱《あつか》いをしていた。また、皇室《こうしつ》や国の式典《しきてん》は、天皇の威信《いしん》を示《しめ》すものとして、神道式の儀式《ぎしき》が次々《つぎつぎ》と定《さだ》められ、これに参列《さんれつ》することは、一般《いっぱん》官吏の義務《ぎむ》とした。（前掲書二五〇～二五一頁）

天照大神を信仰する神道が宗教ということになると、他の宗教と同列になる。そこで、明治政府は、神道は宗教ではなく「臣民の慣習」であるという言説を展開する。慣習ならば、すべての国民が従わなくてはならない。その結果、神社参拝や伊勢神宮の神札を受領することが「臣民の慣習」として強要されるようになる。

信教の自由を脅かす「非宗教化」の論理

一九〇〇年（明治《めいじ》三十三年）には、宗教一般を統括《とうかつ》していた社寺局《しゃじきょく》から神社を切《き》り離《はな》して、新設《しんせつ》の内務省《ないむしょう》神社局の管轄《かんかつ》とした。

こうして神道は、明治以来《いらい》、他の宗教と区別《くべつ》され、国教的性格《こっきょうてきせいかく》を強《つよ》めていった。後に、国家神道といわれるものを、国家がつくりだしていったのである。

これら神道を特別扱いする国家方針《ほうしん》によって、程度《ていど》の差《さ》こそあれ、やがて教育現場《きょういくげんば》などでは、神社参拝《さんぱい》が強制的《きょうせいてき》な色合《いろあ》いを増《ま》していった。しかし、特定《とくてい》の宗教への礼拝《らいはい》を強要《きょうよう》することは、憲法《けんぽう》に照《て》らし、矛盾《むじゅん》をきたすことは明らかであった。

なぜ、神道だけが特別扱いされなければならないのか。他宗教の信者《しんじゃ》にとって、神社参拝《さんぱい》の強制《きょうせい》や義務化《ぎむか》は、合憲《ごうけん》か、否《いな》か――。

「神道《しんとう》の国教的《こっきょうてき》地位《ちい》」と「信教《しんきょう》の自由《じゆう》」をめぐって、仏教《ぶっきょう》やキリスト教関係者《きょうかんけいしゃ》などから、しばしば疑問《ぎもん》が呈《てい》された。政府《せいふ》は、問題《もんだい》が起《お》きるたびに、「神社《じんじゃ》は宗教《しゅうきょう》にあらず」を建前《たてまえ》にして、苦《くる》しい答弁《とうべん》を繰《く》り返《かえ》していた。

「神社が宗教でないとしたら、いったいなんだ？」

「神社は普通《ふつう》の宗教と違《ちが》った性格《せいかく》をもっておりますので……なんと申《もう》しましょうか……、まあ、宗教以上《いじょう》のものと考《かんが》えておりますような次第《しだい》です」

国会《こっかい》では、こんな珍妙《ちんみょう》な答弁が、政府側《がわ》からなされていた。

しかし、昭和《しょうわ》に入《はい》り、軍部《ぐんぶ》が政権《せいけん》に介入《かいにゅう》し、政治《せいじ》を左右《さゆう》する時代《じだい》になると、この問題は日本国民《こくみん》のタブーとなった。国家《こっか》神道に触《ふ》れること自体《じたい》、そのまま天皇《てんのう》への不敬《ふけい》として、治安《ちあん》警察《けいさつ》に厳《きび》しく取《と》り締《し》まられ、軍部からにらまれ、過激《かげき》な国粋主義者《こくすいしゅぎしゃ》から狙《ねら》われることとなっていった。少《すこ》しでも疑問を差《さ》し挟《はさ》む学者《がくしゃ》や言論人《げんろんじん》たちは、国賊《こくぞく》のように非道《ひどう》な弾圧《だんあつ》を被《こうむ》らなければならなかった。（前掲書二五一～二五二頁）

日本において、信教の自由が侵犯《しんぱん》されるのは、国家が特定の宗教を国教と定めるときではない。

国民の中にさまざまな宗教がある状況で、国家が特定の宗教を優遇することはできない。そこで出てきたのは、特定の宗教を国民の慣習と見なすことにより、他の宗教を信じる人々もその慣習に従わなくてはならないとする「非宗教化」の論理だ。現在の日本でも、年中行事《ねんちゅうぎょうじ》を中心にして成り立っている神道を、国民の慣習と無意識のうちに受け止めている人々が少なからずいる。この国民の宗教的無関心を国家が悪用して神道を国教化する潜在的可能性を過小評価してはならない。

第16章 生命の変革が真実の民主主義と平和をもたらす

「千里の道」（二五二～二五七頁）

国家神道に迎合した戦前の宗教教団

戦前日本の宗教団体は、創価（教育）学会、大本《おおもと》、ホーリネス教団（プロテスタント系の教団）など、一部を除いて、当時の国家権力に積極的もしくは消極的に迎合した。『人間革命』で池田大作氏は、日本の宗教団体が持つ問題点を端的にこう指摘する。

宗教各界《かっかい》もまた、弾圧を恐《おそ》れて、国家神道に同調《どうちょう》し、迎合《げいごう》するしかなかった。仏教界も、明治維新《めいじいしん》の王政復古《おうせいふっこ》の際《さい》に吹《ふ》き荒《あ》れた、廃仏毀釈運動《はいぶつきしゃくうんどう》の打撃《だげき》からようやく立《た》ち直《なお》ってはいたもの、信教《しんきょう》の自由《じゆう》を賭《と》して国家神道《こっかしんとう》を糾弾《きゅうだん》するほどの勇気《ゆうき》をもってはいなかった。それどころか、明治、大正《たいしょう》、昭和《しょうわ》と、天皇《てんのう》が絶対化《ぜったいか》されていく時流《じりゅう》に乗《の》ろうとした宗教家《しゅうきょうか》も少《すく》なくなかった。

なかでも日蓮主義《にちれんしゅぎ》を標榜《ひょうぼう》する田中智学《たなかちがく》ら国柱会《こくちゅうかい》は、進《すす》んで国家神道を宣揚《せんよう》する役回《やくまわ》りを演《えん》じた。田中智学は、法華経《ほけきょう》、日蓮大聖人《だいしょうにん》の法義《ほうぎ》を、皇室神話《こうしつしんわ》に結《むす》びつけて解釈《かいしゃく》し、唯一《ゆいいつ》絶対の天皇が統治《とうち》する神国《しんこく》日本こそ、世界統一《せかいとういつ》の根本国《こんぽんこく》であると喧伝《けんでん》していた。軍国《ぐんこく》主義者らがアジア侵略《しんりゃく》のスローガンとした、「八紘一宇《はっこういちう》」なる言葉《ことば》を唱《とな》えだしたのも彼《かれ》らである。

彼らは、結果《けっか》として、国家神道の巨大《きょだい》な影《かげ》に、ひれ伏《ふ》したのである。他の宗教団体《だんたい》の多くも、これと大同小異《だいどうしょうい》であった。（池田大作『人間革命　第1巻』聖教ワイド文庫、二〇一三年、二五二～二五三頁）

天皇の神格化に対してどう対応するかが、戦前の宗教団体の宗教的良心を測る指標なのである。八紘《はっこう》とは、四方《しほう》と四隅《よすみ》のことだ。これを全世界と言い換えることができる。「宇」とは屋根のことだ。全世界を一つの屋根の下に置くというのが「八紘一宇」の意味だ。一九三七年八月の閣議決定に基づく国民精神総動員の方針のもと、「国民が永遠に愛唱すべき国民歌」が公募された。それによって生まれたのが「愛国行進曲」だ。歌詞の二番に八紘一宇の理念が端的に示されている。

起《た》て一系の　大君《おおきみ》を
光と永久《とわ》に　戴《いただ》きて
臣民我等《しんみんわれら》　皆共に
御稜威《みいつ》に副《そ》はむ　大使命
往《ゆ》け　八紘を　宇《いえ》となし
四海の人を　導きて
正しき平和　うち立てん
理想は花と　咲き薫る

このような時代の流れに牧口常三郎氏、戸田城聖氏は、徹底した非暴力による抵抗を行ったのである。しかし、時代の流れはますます悪い方向へ向かっていった。

やがて、中国大陸《ちゅうごくたいりく》での戦火《せんか》が拡大《かくだい》するにつれ、国を挙《あ》げての戦時体制《せんじたいせい》が強化《きょうか》されていった。一九三九年（昭和《しょうわ》十四年）、政府《せいふ》は、宗教団体法《しゅうきょうだんたいほう》を制定《せいてい》し、すべての宗教を国家統制《こっかとうせい》のもとに置《お》き、強制的《きょうせいてき》に各宗派《かくしゅうは》を合同《ごうどう》させるという暴挙《ぼうきょ》に出た。宗教界はこぞって、天照大神《てんしょうだいじん》を祭《まつ》り、天皇《てんのう》を絶対《ぜったい》とする挙国一致《きょこくいっち》の報国運動《ほうこくうんどう》に同調《どうちょう》していった。もはや、そこには、宗教者としての信念《しんねん》の片鱗《へんりん》すらもうかがわれなかった。また、民衆《みんしゅう》も、それになんの疑問《ぎもん》も差《さ》し挟《はさ》まなかった。否《いな》、差し挟むことは許《ゆる》されなかったのである。（前掲書二五三～二五四頁）

戦中の反省が生んだ「政教分離」の原則

創価学会と比較すると、日本のプロテスタント教会主流派の対応は、情けないほど、軍国主義に対して迎合的だった。宗教団体法に基づき、一九四一年にプロテスタントのさまざまな教会を糾合《きゅうごう》して日本基督《キリスト》教団が設立された。この経緯については、一九六七年に日本基督教団が総会議長名で「第二次大戦下における日本基督教団の責任についての告白」を発表した。一般にはあまり知られていない文書なので、全文を掲載する。

わたくしどもは、１９６６年10月、第14回教団総会において、教団創立25周年を記念いたしました。今やわたくしどもの真剣な課題は「明日の教団」であります。わたくしどもは、これを主題として、教団が日本及び世界の将来に対して負っている光栄ある責任について考え、また祈りました。

まさにこのときにおいてこそ、わたくしどもは、教団成立とそれにつづく戦時下に、教団の名において犯したあやまちを、今一度改めて自覚し、主のあわれみと隣人のゆるしを請い求めるものであります。

わが国の政府は、そのころ戦争遂行の必要から、諸宗教団体に統合と戦争への協力を、国策として要請いたしました。

明治初年の宣教開始以来、わが国のキリスト者の多くは、かねがね諸教派を解消して日本における一つの福音的教会を樹立したく願ってはおりましたが、当時の教会の指導者たちは、この政府の要請を契機に教会合同にふみきり、ここに教団が成立いたしました。

わたくしどもはこの教団の成立と存続において、わたくしどもの弱さとあやまちにもかかわらず働かれる歴史の主なる神の摂理を覚え、深い感謝とともにおそれと責任を痛感するものであります。

「世の光」「地の塩」である教会は、あの戦争に同調すべきではありませんでした。まさに国を愛する故にこそ、キリスト者の良心的判断によって、祖国の歩みに対し正しい判断をなすべきでありました。

しかるにわたくしどもは、教団の名において、あの戦争を是認し、支持し、その勝利のために祈り努めることを、内外にむかって声明いたしました。

まことにわたくしどもの祖国が罪を犯したとき、わたくしどもの教会もまたその罪におちいりました。わたくしどもは「見張り」の使命をないがしろにいたしました。心の深い痛みをもって、この罪を懺悔し、主にゆるしを願うとともに、世界の、ことにアジアの諸国、そこにある教会と兄弟姉妹、またわが国の同胞にこころからのゆるしを請う次第であります。

終戦から20年余を経過し、わたくしどもの愛する祖国は、今日多くの問題をはらむ世界の中にあって、ふたたび憂慮すべき方向にむかっていることを恐れます。この時点においてわたくしどもは、教団がふたたびそのあやまちをくり返すことなく、日本と世界に負っている使命を正しく果たすことができるように、主の助けと導きを祈り求めつつ、明日にむかっての決意を表明するものであります。

１９６７年３月26日　復活主日　日本基督教団総会議長　鈴木正久（日本基督教団ホームページ、http://uccj.org/confession）

筆者は日本基督教団に籍を置くプロテスタントのキリスト教徒だ。現在は母校の同志社大学神学部で客員教授として教鞭《きょうべん》をとっている。講義でも創価学会について言及することが多い。それは、日本のプロテスタント教徒が犯した過ちに対しては、筆者も責任を負わなくてはならないと考えているからだ。その観点から、あの戦争に対して抵抗し、法難を耐え抜き、戦後は現実的に平和を実現する教団として大躍進した創価学会の歴史から、また池田大作ＳＧＩ会長の思想と行動から虚心《きょしん》坦懐《たんかい》に学びたいのである。

池田氏は、戦時、国家神道と政治が結びついたことを厳しく批判する。

世界大戦《せかいたいせん》に突入《とつにゅう》すると、国家神道《しんとう》を中心《ちゅうしん》とした政治形態《せいじけいたい》は、祭政《さいせい》一致の古代社会《こだいしゃかい》そのままに、神《かみ》がかり的《てき》な全体主義《ぜんたいしゅぎ》の権力《けんりょく》を、容赦《ようしゃ》なく国民《こくみん》のうえに振《ふ》るい始《はじ》めた。

しかも、こうした権力が、戦争遂行《せんそうすいこう》のための思想統一《しそうとういつ》を進《すす》め、無謀《むぼう》な侵略《しんりゃく》戦争に、一国《いっこく》を駆《か》り立《た》てていったのだ。それがやがて、破綻《はたん》をきたしたのは、当然《とうぜん》のことであった。

権力が、宗教を手段《しゅだん》として国民を支配《しはい》する時、どのような悲劇《ひげき》を招《まね》いていくのか――戦前《せんぜん》の歴史《れきし》は、それを何よりも物語《ものがた》るものであろう。

戦後《せんご》の新憲法《しんけんぽう》で、「信教《しんきょう》の自由《じゆう》」を守《まも》るために、国家権力の宗教への不介入《ふかいにゅう》、中立性《ちゅうりつせい》を定《さだ》める「政教分離《せいきょうぶんり》の原則《げんそく》」が明文化《めいぶんか》されたのも、その深刻《しんこく》な反省《はんせい》に立ったものであることは言うまでもない。（前掲、『人間革命　第1巻』二五四～二五五頁）

ここで語られている通り、「政教分離の原則」とは、国家が特定の宗教を優遇もしくは忌避《きひ》することを禁止することだ。宗教団体が自らの判断で政治活動を行うことを禁止したものではない。生き死にの原理となる宗教を信じる人々にとっては、政治、経済を含むすべてが信仰と結びついている。それだから宗教団体が、自らの価値観を共有する政党を応援するのは当然のことだ。創価学会が、基本的価値観を共有する公明党を支持するのは当然のことなのである。

真の宗教こそが平和をもたらす

二〇一七年七月二日に投開票が行われた東京都議会選挙で自民党は議席を五七から二三に減らし、大敗北した。これに対して、小池百合子《こいけゆりこ》東京都知事の与党である「都民ファーストの会」が議席を六から五五に増やした。ただし、都民ファーストに風が吹いたわけではない。自民党に対する大逆風が吹いて、その反射的利益を都民ファーストが受けたというのが実態と思う。小池知事はこの現実を冷静に認識していたと思う。それだから、都議会選挙の勝利を梃子《てこ》にして小池氏自身が国政に進出するなどというリスクを取らなかったと思う。

新聞やテレビの見方とは異なるが、都議選の真の勝利者は公明党であると筆者は見ている。支持母体である創価学会のネットワークを通じて公明党は、投票日の半年前から草の根の有権者の意識を正確に把握していた。そして、既に泥舟になっている都議会自民党と付き合っていると、このまま自分も一緒に沈むリスクがあるという危機感を抱くに至った。そこに小池知事が接近したのである。公明党が小池知事に擦《す》り寄ったという見方をする政治評論家もいたが、実態は逆で、小池知事が公明党に接近したのである。例えば、小池知事は、私立高校の実質無償化に踏み切ったが、これも授業料負担の格差是正を求める公明党の主張を反映し、所得制限を年収七六〇万円未満としたものだ。都政で政治の経験を持たない都民ファーストよりも、都政と都議会の事情に通暁《つうぎょう》したベテランの多い公明党が小池知事の「頭脳」と「足腰」の役割を演ずると思う。公明党が人間主義のしっかりとした価値観を持っていることが、二〇一七年の東京都議会議員選挙でも証明されたのである。

話をもとに戻す。戸田氏は、日蓮大聖人の教えに基づいてあの戦争を解釈する。

戸田《とだ》は、思《おも》った。

〝「神国王御書《しんこくおうごしょ》」に「王法《おうほう》の曲《まが》るは小波・小風のごとし・大国《たいこく》と大人をば失《うしな》いがたし、仏法《ぶっぽう》の失《とが》あるは大風・大波の小船をやぶるがごとし国のやぶるる事疑《ことうたが》いなし」（御書一五二一ページ）とあるように、宗教《しゅうきょう》の無知《むち》による誤《あやま》りが、国家《こっか》を死滅《しめつ》に追《お》いやった。国民《こくみん》は、敗戦《はいせん》という冷《れい》厳《げん》な現実《げんじつ》に、直面《ちょくめん》せざるを得《え》なかったのだ。

国は、もはや滅《ほろ》び去《さ》った。この最悪《さいあく》の事態《じたい》に陥《おちい》った不幸《ふこう》な時に、妙法《みょうほう》が広宣流布《こうせんるふ》できないなら、真《しん》の宗教とはいえない。仏語《ぶつご》が真実《しんじつ》ならば、必《かなら》ず広宣流布は成就《じょうじゅ》し、祖国《そこく》を、民衆《みんしゅう》を救《すく》うことができるはずだ……〟

彼《かれ》の体《からだ》には、獄中《ごくちゅう》で得た、あの不可思議《ふかしぎ》な悟達《ごだつ》の感動《かんどう》が脈打《みゃくう》っていた。彼は、それをそのまま、なんとしても伝《つた》えねばならぬ使命《しめい》を感《かん》じていた。

〝それには、末法《まっぽう》の御本仏《ごほんぶつ》・日蓮大聖人《にちれんだいしょうにん》の教《おし》えに従《したが》って、人びとが妙法の五字七字《じ》を読《よ》み切《き》れば、それでいいのだ。一切《いっさい》の未来《みらい》への活動《かつどう》の源泉《げんせん》は、ここに、こんこんと湧《わ》いている。

（前掲書二五五〜二五六頁）

正しい日蓮仏法を広宣流布することこそが、日本の民衆とアジアの民衆を戦争の危機から救い出す現実的な方策なのである。日蓮大聖人を起点とすることによって日本に堅固な平和をもたらすことができると戸田氏は確信したのだ。

何よりも、生命《せいめい》の尊厳《そんげん》を、仏法《ぶっぽう》によって本源的《ほんげんてき》に知らしめねばならぬ。人間《にんげん》の生命ほど尊《とうと》いものはない。その一人《ひとり》ひとりの生命を、事実《じじつ》の活動《かつどう》のうえに尊貴《そんき》たらしめるためには、妙《みょう》法《ほう》の力《ちから》によって、偉大《いだい》な生命力《せいめいりょく》を涌現《ゆげん》させる以外《いがい》にない。

それには、仏法によって、大我《たいが》の生命を開覚《かいかく》し、真実《しんじつ》の人間復興《ふっこう》をもたらす人間革命《かくめい》を、人びとになさしめなければなるまい。政治《せいじ》や教育《きょういく》、科学《かがく》、文化《ぶんか》等の華《はな》は、そのうえに、おのずから、咲《さ》いていくものだ。すべての基盤《きばん》を人間に置《お》き、最《もつと》も人間性を尊重《そんちょう》し、平和《へいわ》で幸福《こうふく》な新社会《しんしゃかい》の建設《けんせつ》を実現《じつげん》するのだ〟

これが、彼《かれ》の信念《しんねん》であった。（前掲書二五六頁）

宗教に対する無知という壁

こうして人間革命という重要な思想が生まれた。平和も民主主義も思想だけでは不十分だ。一人ひとりの人間の価値観が変わらなくてはならないのだ。

真実の民主主義《みんしゅしゅぎ》は、単《たん》なる政治機構《きこう》や社会体制《たいせい》の変革《へんかく》だけで、出来上《できあ》がるものではない。何よりも、個人《こじん》の生命の内側《うちがわ》からの確立《かくりつ》が出発点《しゅっぱつてん》であり、土台《どだい》となる。それが、次《つぎ》の時代《じだい》の幸福生活《せいかつ》への第一歩《だいいっぽ》でなければならぬことも、戸田《とだ》は鋭《するど》く見抜《みぬ》いていた。

彼はまた、宗教《しゅうきょう》に対《たい》する無知《むち》が、人類最大《じんるいさいだい》の敵《てき》であることを、胸中《きょうちゅう》に深《ふか》く確信《かくしん》していた。この無知の壁《かべ》は厚《あつ》く、高く、牢固《ろうこ》として抜きがたく立ちふさがっていた。彼が、五カ月前までいた牢獄《ろうごく》の壁《かべ》など、この無知《むち》の壁からすれば、およそ取るに足《た》りぬものであった。

この無知の帰着《きちゃく》するところ、国は滅《ほろ》びたのだった。国が滅びても、この無知から誰一人《だれひとり》、目覚《めざ》めようとしなかった。

彼《かれ》は、凛然《りんぜん》と決意《けつい》した。

〝末法《まっぽう》の仏法《ぶっぽう》の真髄《しんずい》、日蓮大聖人《にちれんだいしょうにん》の生命哲理《せいめいてつり》を、この頑固《がんこ》な壁に、叩《たた》きつける以外《いがい》ない。そして、広宣流布《こうせんるふ》への第一歩《だいいっぽ》の実践《じっせん》を、今こそ踏《ふ》み出《だ》さなくてはならぬ。
広宣流布達成《たっせい》まで、それが千里《せんり》の道《みち》のように見えようとも、一歩一歩の前進《ぜんしん》を、決《けっ》して忘《わす》れてはならない。この一歩の前進なくして、千里の道が達《たっ》せられることはないはずだ〟
彼は、神道《しんとう》の国家的保護《こっかてきほご》が消滅《しょうめつ》したこの時、前進の一歩を、力強《ちからづよ》く踏み出したのである。

（前掲書二五六～二五七頁）

この瞬間に創価学会の新しい歴史が始まったのである。戸田氏がここで述べた広宣流布は、現在、池田大作SGI会長の指導により、世界広宣流布という形で飛躍的に発展しているのである。

第17章 広宣流布の「時」をつかむ傑出した能力

「千里の道」（二五七～二六六頁）

「石の壁」に向かって説く

戸田城聖氏は、危機的状況を乗り越えるためには仏法の原点に立ち返ることが重要と考えた。法華経講義を行い、信仰の同志たちと共に法華経を学ぶことだ。

しかし、人々は生活に追われている。そのような状況で、自分の想いが正しく伝わるかどうか、戸田氏には自信がなかった。とりあえず四人の実業家にこの構想を話してみることにした。

戸田《とだ》は、第一の壁を破《やぶ》るため、いかなる難事《なんじ》をも、乗《の》り越《こ》えていかねばならなかった。その力強《ちからづよ》い第一歩《だいいっぽ》として、彼《かれ》は、法華経講義《ほけきょうこうぎ》を始《はじ》めることを決意《けつい》した。

しかし、誰《だれ》に向かって説《と》けばよいのか。彼は、心《こころ》のなかで、数々《かずかず》の耳《みみ》を思《おも》い浮《う》かべてみた。どの耳も、何も聞こえていぬかのように思えた。今、人びとの頭《あたま》は、闇物資《やみぶっし》と食糧《しょくりょう》のことでいっぱいである。ひとたび金《かね》の問題《もんだい》になると、誰もが、それに心が移《うつ》ってしまう。同様《どうよう》に、衣服《いふく》、住居《じゅうきょ》を求《もと》める耳はあっても、法華経に耳を研《と》ぎ澄《す》ましている者《もの》が、いったいどこにいようか。

〝石《いし》の壁《かべ》に向かって、説かねばならないのか。求めている耳はない。しかし、説かねばならない〟と彼は迷《まよ》った。

その時、彼の脳裏《のうり》に、しげしげと通《かよ》って来る四人の実業家《じつぎょうか》グループが浮かんだ。どのようなつもりであろうと、ともかく、彼らは八つの耳をもって、自分《じぶん》のところにやって来る。

ある夜、戸田《とだ》は、この八つの耳に言った。

「こうやって飲《の》んでばかりいても、しようがない。どうだ、法華経の勉強《べんきょう》でも始めようじゃないか」

「なに？　ホケキョウ」

本田洋一郎《ほんだよういちろう》は、酔眼《すいがん》を見開《みひら》いて、ポカンとした面持《おもも》ちで言った。

「法華経《ほけきょう》だよ、妙法蓮華経《みょうほうれんげきょう》二十八品《ぽん》だよ。みんな久《ひさ》しくお目にかからないんじゃないか。法華経の意義《いぎ》も知らないで、いくら広宣流布《こうせんるふ》、広宣流布と言っても、話《はなし》にならない。

なんと言ったらよいかなぁ、まったく、すごい教《おし》えだぞ、法華経というのは……」（池田

大作『人間革命　第1巻』聖教ワイド文庫、二〇一三年、二五七～二五九頁）

〈石の壁に向かって、説かねばならないのか。求めている耳はない。しかし、説かねばならない〉という気持ちは、折伏を始めるときに創価学会員が感じることと思う。戸田氏もそのような心境だったのであろう。

そして、獄中で法華経と出合ったことについて熱く説く。

戸田《とだ》は、もどかしそうに、勢《いきお》い込《こ》んで話《はな》しだした。獄中《ごくちゅう》で、法華三部経《ほっけさんぶきょう》を収《おさ》めた『日蓮宗聖典』が、戻《もど》しても戻しても、不思議《ふしぎ》にも、また彼《かれ》の手に返ってきたこと。同じことが繰《く》り返された時、彼は、初《はじ》めて法華経を、しみじみと読《よ》んだ事実《じじつ》。そして、身《み》を震《ふる》わすような、生涯《しょうがい》に初めての歓喜《かんき》を知った体験《たいけん》……等々。

彼は、その時の情景《じょうけい》を明確《めいかく》に語《かた》った。

戸田の目は、メガネの奥《おく》でらんらんと輝《かがや》いていた。四人は、その話《はなし》に釣《つ》り込まれたように、いつか姿勢《しせい》を硬《かた》くして、耳《みみ》をそばだて始《はじ》めた。

「そうだろう、そうだろうとも。……戸田さんの法華経を聞かせてもらおうじゃないか……なぁ、北川君《きたがわくん》」

岩森喜三《いわもりきぞう》は、傍《かたわ》らの北川直作《なおさく》を見て、促《うなが》すように言った。

「賛成《さんせい》ですなぁ。ぼくも、一度は法華経《ほけきょう》を、とことんまで読《よ》んでみたい、と思《おも》ったことがある。しかし、そう思うだけで、漢文《かんぶん》は手ごわくて、どうにもならなかった。だが、戸田《とだ》君が教《おし》えてくれるなら、本当《ほんとう》に、それはありがたい。渡《わた》りに舟《ふね》というもんだ……」

北川は、調子《ちょうし》に乗《の》っていた。そして、いかに法華経が難解《なんかい》であるかを、くどくどと、まくしたてた。

本田《ほんだ》が、口《くち》をはさんだ。

「そんな難《むずか》しいものを、戸田君は、牢屋《ろうや》で、すらすら読めるようになったのかね……。それは不思議《ふしぎ》だなぁ」

「…………」

戸田は、顔《かお》をそむけて、しばらく無言《むごん》でいた。やがて彼《かれ》は、誰《だれ》に言うともなく静《しず》かに言った。

「でたらめを教《おし》えたら、罰《ばち》を受けることぐらいは知っているよ」

「いや、いや、戸田君《とだくん》の学識《がくしき》を疑《うたが》っているんじゃない。われわれも発迹顕本《ほっしゃくけんぽん》する時だ。戸田君、私も弟子入《でしい》りしますよ。お願《ねが》いします」

藤崎陽一《ふじさきよういち》は、例《れい》によって、人の意《い》を迎《むか》えることがうまかった。

戸田は、かつての盟友《めいゆう》の言葉《ことば》の反応《はんのう》に、がっかりした。（前掲書二五九～二六一頁）

根源的な不信仰にどう対するか

本田の〈そんな難しいものを、戸田君は、牢屋で、すらすら読めるようになったのかね……。それは不思議だなぁ〉という発言の背後には、根源的な不信仰がある。「不思議だなぁ」という発言の背後には、「本当なのだろうか」という不信がある。

しかし、戸田氏はそこで感情的にならなかった。ここで戸田氏は、四人を友人と思わずに、あたかも未知の人物であり、この人たちが持つ八つの耳に仏法を説いていこうと考えた。

〝一片《いっぺん》の世辞《せじ》にすぎないのか……。いったい、どこまで本心《ほんしん》なのか……。果《は》たして、真剣《しんけん》に求《もと》める心《こころ》が少《すこ》しでもあるのか……〟

彼《かれ》は、内心《ないしん》、暗然《あんぜん》とした。

〝待《ま》て待て、四人の旧友《きゅうゆう》と思《おも》わず、八つの耳《みみ》に説《と》いていこうと思えばよい〟

彼は、身近《みぢか》にあるこの八つの耳を、大切《たいせつ》にしようと思った。忍耐《にんたい》が、大成《たいせい》の礎《いしずえ》であることを、戸田は胸《むね》に深《ふか》く刻《きざ》んでいたのである。

夜更《よふ》けの事務所《じむしょ》は、寒《さむ》くなっていた。彼は、机《つくえ》の上の五つのコップに、残《のこ》った焼酎《しょうちゅう》をつぎ、瓶《びん》を空《から》にした。

「今夜《こんや》は、これで終《お》わりにしよう。法華経講義《ほけきょうこうぎ》のために、乾杯《かんぱい》しようじゃないか」

五つのコップは、薄暗《うすぐら》い電灯《でんとう》の下で、勢《いきお》いよく上がった。藤崎《ふじさき》は、コップを下に置《お》くと、音頭《おんど》をとって言った。

「衆議一決《しゅうぎいっけつ》したわけだが、講義《こうぎ》は、いつから始《はじ》めることにしますか」

「いつだっていいよ。明日からでも……」

北川《きたがわ》は、いささか酩酊《めいてい》して、出まかせを言った。

「そりゃ困《こま》る。ぼくは、『法華経《ほけきょう》』を持《も》っていないんだ」

本田《ほんだ》がこう言うと、岩森《いわもり》も言った。

「ぼくも、ないなぁ。これから探《さが》さにゃならん」

理事《りじ》たちの衆議一決は、実行《じっこう》となると、たちまち怪《あや》しくなった。戸田《とだ》は、なだめすかすように、笑《わら》いながら言った。

「法華経は逃《に》げやしない。これから年《とし》の暮《く》れにかかるし、お互《たが》いに落《お》ち着《つ》かないから、来年《らいねん》の元日《がんじつ》、本山《ほんざん》へそろって初登山《はつとざん》して、講義は、お山《やま》でスタートしようじゃないか。それまでには、本も手に入《はい》るだろうから」

「そうだ、そうだ」

「それがいい、グッドアイデアだ」

彼《かれ》らは、口々《くちぐち》に賛成《さんせい》の叫《さけ》びをあげながら、街路《がいろ》に出た。師走《しわす》の木枯《こが》らしが、暗《くら》い街《まち》を吹《ふ》き抜《ぬ》けていった。彼らは外套《がいとう》の襟《えり》を深《ふか》く立て、両手《りょうて》をポケットに突《つ》っ込《こ》んで、足早《あしばや》に駅《えき》に向かった。

彼らは、幸《さいわ》いにもオーバーに身《み》を包《つつ》んでいた。だが、多くの道行《みちゆ》く人、駅のプラットホームにいる人たちは、ほとんどオーバーを着《き》ていなかった。罹災者《りさいしゃ》は、冬物《ふゆもの》の衣類《いるい》を失《うしな》っていた。また、疎開荷物《そかいにもつ》の中にあったオーバーも、いつか食糧《しょくりょう》と交換《こうかん》されていた。敗戦後《はいせんご》、初《はじ》めての、恐《おそ》ろしい年《とし》の瀬《せ》であった。（前掲書二六一〜二六三頁）

世界宗教への発展の「時」

戸田氏は、時（タイミング）を大切にする。旧約聖書に「コヘレトの言葉」という書がある。そこにはこんなことが書かれている。

何事にも時があり
天の下の出来事にはすべて定められた時がある。
生まれる時、死ぬ時
植える時、植えたものを抜く時
殺す時、癒す時
破壊する時、建てる時
泣く時、笑う時
嘆く時、踊る時

石を放つ時、石を集める時
抱擁の時、抱擁を遠ざける時
求める時、失う時
保つ時、放つ時
裂く時、縫《ぬ》う時
黙する時、語る時
愛する時、憎む時
戦いの時、平和の時（「コヘレトの言葉」三章一～八節）

同じ事柄を行うにしても、いつ行うかという時が決定的に重要なのである。この時を間違えなかったので、キリスト教は世界宗教に発展することができた。戸田氏も、法華経講義を、思い立ったらすぐではなく、翌年の元日から行うことにした。ここに時をつかむ戸田氏の傑出した能力がある。

敗戦の年の暮れに庶民は生き延びるのに必死だった。正月の餅をつく余裕もなかった。

そのような状況で、GHQは、日本の政治、経済、社会の構造を抜本から変革していく。

巷《ちまた》には、失業者《しつぎょうしゃ》があふれていた。そして、ある者《もの》は闇米《やみごめ》の行商《ぎょうしょう》などをして、険《けわ》しいその日、その日を送《おく》っていた。大部分《だいぶぶん》の都会生活者《とかいせいかつしゃ》の家庭《かてい》は、正月《しょうがつ》を前にして、餅《もち》をつくこともできなかった。配給《はいきゅう》された、わずかな量《りょう》の粳米《うるちまい》では、せいぜい強飯《こわめし》をふかす程度《ていど》がやっとであった。罪《つみ》もない子《こ》どもたちが、餅のない新年《しんねん》を前にして、意気消沈《いきしょうちん》していた。

一方《いっぽう》、戦後経済《せんごけいざい》の特徴《とくちょう》であるインフレーションは、じわじわと不気味《ぶきみ》な進行《しんこう》を続《つづ》けていた。寒空《さむぞら》の日本列島《れっとう》を覆《おお》っていたものは、飢餓《きが》一歩手前《いっぽてまえ》の空腹感《くうふくかん》であった。

こうした社会生活《しゃかいせいかつ》のなかで、いわゆる「敗戦革命《はいせんかくめい》」は、GHQの手によって、強引《ごういん》に、駆《か》け足《あし》で進《すす》んでいた。人びとは利己主義《りこしゅぎ》の殻《から》に閉《と》じこもり、ただ保身《ほしん》に懸命《けんめい》であった。時代《じだい》の激流《げきりゅう》に、ただ唖然《あぜん》としていた。

十二月九日、GHQは、「農地改革《のうちかいかく》」を指令《しれい》してきた。この農地所有制度《しょゆうせいど》の大改革は、日本の経済の民主化《みんしゅか》という、大きな方針《ほうしん》の一つであった。これは、大地主《じぬし》を消滅《しょうめつ》させ、地主に従属《じゅうぞく》していた多くの小作農民《こさくのうみん》を、封建的拘束《ほうけんてきこうそく》から解放《かいほう》し、自作農家《じさくのうか》にしようとするものであった。GHQは、従来《じゅうらい》の地主制度が、日本の軍国《ぐんこく》主義を支《ささ》えた基盤《きばん》の一つであると分析《ぶんせき》していたのである。

十五日には、「国家《こっか》と神道《しんとう》の分離《ぶんり》」に関《かん》する指令である。（前掲、『人間革命　第1巻』二六三〜二六四頁）

広宣流布の基盤が整う

戦前、戦中、政府は「神道は宗教にあらず」という言説で、事実上、国家神道を国教にしていた。その結果、国家神道にまつろわない宗教団体は弾圧された。創価（教育）学会も弾圧を受け、牧口常三郎初代会長は獄中で命を奪われることになった。戸田氏も投獄され苦しんだ。一九四五年十二月十五日の「国家と神道の分離」に関する指令によって、創価学会を含むすべての宗教団体が、国家神道のくびきから解放されたのである。

改革はさらに続いた。

十七日には、衆議院議員選挙法《しゅうぎいんぎいんせんきょほう》の改正《かいせい》があって、婦人《ふじん》の参政権《さんせいけん》が認《みと》められ、大選挙区制《だいせんきょくせい》が公布《こうふ》された。翌《よく》十八日には、戦前《せんぜん》から引き続いていた翼賛議会《よくさんぎかい》の解散《かいさん》である。さらに、三十日以内《いない》に総選挙《そうせんきょ》が行《おこな》われることになったが、GHQは、政治機構《せいじきこう》の徹底的《てっていてき》な改革《かいかく》を望《のぞ》んで、選挙期日《きじつ》を、翌年《よくねん》の四月まで延期《えんき》せよと、指令《しれい》してきた。新憲法《しんけんぽう》の制定《せいてい》も準《じゅん》備中《びちゅう》であった。

占領政策《せんりょうせいさく》は、虚脱《きょだつ》した国民《こくみん》の政治的無関心《むかんしん》のうちに、短期間《たんきかん》に、どしどし実行《じっこう》されていった。

十二月二十一日になって、GHQは、日本民主化《みんしゅか》に関《かん》する基本的《きほんてき》指令が、一段落《いちだんらく》したと発《はっ》表《ぴょう》した。

また二十八日には、天皇制《てんのうせい》を形成《けいせい》する支配網《しはいもう》を除去《じょきょ》したと発表した。

「国家神道《こっかしんとう》の廃止《はいし》に伴《ともな》って、天皇制度《せいど》の支柱《しちゅう》となっていたものの最後《さいご》の邪悪《じゃあく》の根《ね》が引出《ひきだ》され、それが破毀《はき》されたことになった……」

この声明《せいめい》で、いちばん、ほっとしたのは、時の政府《せいふ》の指導者《しどうしゃ》たちであった。ともかく、天皇と皇室《こうしつ》制度の存続《そんぞく》が、安全地帯《あんぜんちたい》に入《はい》ったと思《おも》われたからである。

八月十五日以来《いらい》、日本国民にとって、未経験《みけいけん》なことばかりが重《かさ》なった。右《みぎ》に動《うご》き、左《ひだり》に揺《ゆ》れ、混迷《こんめい》のなかで戸惑《とまど》い、疲労《ひろう》と暗澹《あんたん》のうちに、一九四六年（昭和《しょうわ》二十一年）の新年《しんねん》を迎《むか》えたのである。（前掲書二六四～二六六頁）

この大きな政治、経済、社会の改革が始まり、宗教においても大改革が起きる環境が整えられたのである。言い換えると、創価学会の広宣流布の基盤が整えられたのだ。

第18章 民主主義の礎としての日蓮仏法

「千里の道」（二六六～二七四頁）

民主主義を根底で支える思想

戸田城聖氏は、時代の激動を皮膚感覚でとらえるのみでなく、その背後にある宗教的意義を正確に洞察していた。

戸田城聖《とだじようせい》は、紛動《ふんどう》されなかった。この急激《きゆうげき》な大変動《だいへんどう》の波《なみ》のなかにあって、常《つね》に仏智《ぶつち》を信《しん》じていた。彼《かれ》は、波の上を、誤《あやま》たずに舵《かじ》を取っていた。事業《じぎよう》の着実《ちやくじつ》な進展《しんてん》が、それを示《しめ》している。

現下《げんか》の救国《きゅうこく》の理念《りねん》として、民主主義思想《みんしゅしゅぎしそう》が皮相的《ひそうてき》に、全国民《ぜんこくみん》を風靡《ふうび》して、「民主化」「民主主義」という言葉《ことば》が、いたるところで交《か》わされ始《はじ》めていた。もちろん、これらの民主化を、戸田は一歩前進《いっぽぜんしん》ととらえていたが、彼の不動《ふどう》の重心《じゅうしん》は、そんな形式的《けいしきてき》な流行《りゅうこう》のなかにはなかった。その民主主義を支《ささ》える、もっと根本《こんぽん》に置《お》かれていたのである。（池田大作『人間革命第1巻』聖教ワイド文庫、二〇一三年、二六六頁）

民主主義は、機械的に移入できるような制度ではない。民主主義を支える確固たる思想が必要だ。戸田氏はそれを仏法に求めた。この考えを理解する上で重要なのが池田大作SGI会長が、二〇一一年一月二十六日に発表した第36回「SGIの日」記念提言「轟《とどろ》け！　創造的生命の凱歌《がいか》」だ。民主主義を支える根底には、人権と人道の思想がある。池田氏はそれを仏法の文脈でとらえ、こう指摘した。

不軽菩薩《ふきょうぼさつ》は、人間は誰しも尊極《そんごく》な生命を具《そな》えているとの信念に基づき、出会うすべての人に「我《わ》れは深く汝等《なんだち》を敬《うやま》い、敢《あえ》て軽慢《きょうまん》せず」と唱えて礼拝《らいはい》する実践を貫きました。しかし、混迷を深める世相にあって、人々から悪口罵詈《あっくめり》され、揶揄《やゆ》されるばかりか、時には杖で打たれたり、石を投げられたりもした。それでも、礼拝の実践を決して投げ出すことはなかった。

やがて法華経《ほけきょう》が中国に伝わり、鳩摩羅什《くまらじゅう》によって翻訳された時に、彼の名は「常に人を軽んじなかった菩薩」を意味する言葉で表現されたのです。

この名に込められた精神はまた、私ども創価学会が創立以来80年にわたって実践してきた人権闘争の魂にほかなりません。

草創期から〝貧乏人と病人の集まり〟と時に揶揄されながらも、むしろそれを最大の誉れとし、悩み苦しむ人のために尽くすことが仏法の根本精神であるとの宗教的信条を燃やす中で、地道な対話で徹して一人一人を励まし勇気づける行動を続けてきました。

法華経ではほかにも、普賢《ふげん》菩薩、薬王《やくおう》菩薩、妙音《みょうおん》菩薩、観世音《かんぜおん》菩薩など、さまざまな菩薩が自らの特性を生かして人々に尽くしていく姿が説かれています。

私どもはその精神を現代社会に敷衍《ふえん》して、誰もが自分の特性を最大に生かしながら「人権」と「人道」の担い手になることができると訴え、ともに成長を期してきたのです。

（SOKAnet, http://www2.sokanet.jp/download/teigen/proposal_SGI20110126.pdf#search=' 第36回「SGIの日」記念提言「轟け！＋創造的生命の凱歌」）

ここで池田氏は、地球的規模で通じる普遍的言語で、仏法の真理を述べている。まさに創価学会が世界宗教であるから、このような表現が可能になるのだ。戸田氏の思想はこのように池田氏において飛躍的発展を遂げているのである。

戸田氏は、日本に民主主義を定着させるためにも広宣流布が不可欠であると考えた。

広宣流布《こうせんるふ》への情熱《じょうねつ》、日蓮大聖人《にちれんだいしょうにん》の生命哲理《せいめいてつり》への盤石《ばんじゃく》な確信《かくしん》が、戸田の心《こころ》に深《ふか》く根《ね》を下《お》ろしていた。彼は、この生命哲理のみが、真《しん》の民主日本の礎《いしずえ》になることを確信しきっていた。制度《せいど》、機構《きこう》は建物《たてもの》である。その建築物《けんちくぶつ》の基礎《きそ》が強固《きょうこ》でなくて、なんで長続《ながつづ》きするものか――戸田は、そう見破《みやぶ》っていた。（前掲、『人間革命　第1巻』二六六頁）

戸田氏は、制度、機構を建物になぞらえ、基礎固めが重要であると説く。戸田氏と池田氏によって強固な基礎が構築されたからこそ、創価学会は二十一世紀の今日、世界宗教として展開することができるようになったのだ。

日蓮大聖人を象徴する巨大な富士山

戸田氏を含む四人の創価教育学会メンバーが、一九四六年元旦に大石寺に赴《おもむ》く。このときの様子が『人間革命』には詳細に記《しる》されている。『人間革命』は、創価学会の「精神の正史」である。大石寺との関係においても、抽象論ではなく、時代との文脈が重要になる。それだから、一九四六年元旦の大石寺に至る道程が詳しく記されているのだ。

一九四六年（昭和《しょうわ》二十一年）元日《がんじつ》――。

午後《ごご》三時近《ちか》く、戸田城聖《とだじょうせい》は、東海道線富士駅《とうかいどうせんふじえき》に降《お》りた。同行者《どうこうしゃ》は、藤崎陽一《ふじさきよういち》、北川直作《きたがわなおさく》、岩森喜三《いわもりきぞう》の三人であった。身延線《みのぶせん》に乗《の》り換えるには、しばらく待《ま》たねばならぬことがわかった。東京《とうきょう》からの満員列車《まんいんれっしゃ》である。立《た》ち通《どお》しで、みんな、うんざりして駅前に出た。

晴天《せいてん》であったが、風《かぜ》は寒《さむ》かった。元日というのに、寒々《さむざむ》とした家並《いえな》みには、ろくに松飾《まつかざ》りもない。ただ巨大《きょだい》な富士山だけが、真《ま》っ白《しろ》い雪《ゆき》を深々《ふかぶか》と着《き》て、晴《は》れがましく、高く空《そら》にそびえていた。

「富士は、実《じつ》にいいなぁ。いつも新《あたら》しい」

戸田は、目を細《ほそ》めて言った。

皆《みな》、その方角《ほうがく》に、一斉《いっせい》に目を向け、しばらく、たたずんだままだった。

戸田の一行《いっこう》にとっては、何年《なんねん》ぶりかで目近《めぢか》に見る富士であった。

富士は、日本の象徴《しょうちょう》であり、日本一の名山《めいざん》である。この山《やま》は、古書《こしょ》には大日蓮華山《だいにちれんげざん》とも記《しる》されている。日蓮大聖人《にちれんだいしょうにん》の名号《みょうごう》と符合《ふごう》していることも、不思議《ふしぎ》といわなければならない。山《さん》頂《ちょう》は、八葉《はちよう》の姿《すがた》となっている。八葉の蓮華《れんげ》は、法華経《ほけきょう》八巻《かん》にも通《つう》ずる。

戸田《とだ》は、思《おも》った。

〝もし、日蓮大聖人の御人格《ごじんかく》を、非情《ひじょう》の世界《せかい》になぞらえてみるならば、ちょうど秀峰富士《しゅうほうふじ》の山《やま》と考《かんが》えることができるかもしれない……〟（前掲書二六七～二六八頁）

戦争に敗れ国土も人心も荒廃している。しかし、巨大な富士山は、「あたかも何事もなかったがごとく」そびえ立っている。富士は日本の象徴であると同時に日蓮大聖人を象徴しているのである。戸田氏はここで日蓮大聖人の原点に回帰することの重要性を感じたのであろう。

この先のタクシーについての描写が興味深い。

その富士の麓《ふもと》にある大石寺《たいせきじ》までは、二十キロほどの道程《どうてい》である。彼《かれ》らは、車中《しやちゆう》の疲労《ひろう》も忘《わす》れて、口々《くちぐち》にはしゃぎながら、「歩《ある》いて行こうか」と言いだす者《もの》さえあった。

駅前《えきまえ》に、彼らが、かつてしばしば利用《りよう》したタクシー会社《がいしや》があった。ほこりっぽいガレージに、古《ふる》ぼけた車《くるま》が二台納《だいおさ》まっている。

北川《きたがわ》は、つかつかと事務室《じむしつ》に入《はい》って行《い》った。

「大石寺まで、行ってもらえませんか」

「大石寺？」

奥《おく》の部屋《へや》から姿を見せた主人《しゆじん》は、珍《めずら》しい客《きやく》が現《あらわ》れたといった表情《ひようじよう》だった。怪訝《けげん》な顔《かお》で、北川を見て、ニヤッと笑《わら》った。

「大石寺《たいせきじ》ね……。お客《きやく》さん、勘弁《かんべん》してくださいよ」

にべもない返事《へんじ》であった。

「故障《こしよう》？」

北川《きたがわ》は、ほこりだらけの自動車《じどうしや》を見て言った。

「いや、故障ではありませんがね。大石寺じゃ、どうも……。エンジンの具合《ぐあい》も、よくないしね。正月《しようがつ》ぐらい休《やす》ませてくださいよ」

主人《しゆじん》は渋《しぶ》っていた。そこへ藤崎《ふじさき》が入《はい》ってくるなり言った。

「病人《びょうにん》が一人《ひとり》いるんでね。ぜひひとつ、お願《ねが》いします」

「料金《りょうきん》は奮発《ふんぱつ》するよ。なんとか頼《たの》みますよ」

北川も重《かさ》ねて頼んだ。主人は煤《すす》けた顔《かお》をうつむけて、なかなか返事をしなかった。そして、時折《ときおり》、二人《ふたり》を上目《うわめ》づかいにチラリと見ていた。

北川は、脈《みゃく》がある、と見てとった。

「恩《おん》に着《き》るよ」

彼《かれ》は、さっと財布《さいふ》を取り出した。

主人《しゅじん》の言《い》い値《ね》は法外《ほうがい》であったが、満員列車《まんいんれっしゃ》で来て、しかも富士宮《ふじのみや》から歩《ある》くことを考《かんが》えれば、助《たす》かったと思《おも》った。（前掲書二六八～二七〇頁）

石油不足が生んだ木炭自動車

戦後の混乱で、拝金主義が人々をとらえていることがタクシー会社の主人の対応からうかがわれる。もっとも主人が行き先を大石寺と聞いて、躊躇《ちゅうちょ》したのには技術的な理由もある。馬力の弱い木炭自動車では、坂道が続く大石寺に行き着くことが出来るかどうか自信が持てなかったのである。

「途中《とちゅう》でエンコしたら、それまでと、あきらめてくださいよ」

年配《ねんぱい》の主人は、こう言いながら、仕事着《しごとぎ》に着替《きが》えた。

なにしろ木炭自動車《もくたんじどうしゃ》である。それからが大変《たいへん》であった。運転手《うんてんしゅ》も兼《か》ねている主人は、木炭の小片《しょうへん》を筒型《つつがた》の釜《かま》にザーッと入れて、送風器《そうふうき》をギイギイ回《まわ》し始《はじ》めた。やがて細《ほそ》い煙突《えんとつ》から、白《しろ》い煙《けむり》が上がった。

見るからに異様《いよう》な、こうした自動車は、占領軍将兵《せんりょうぐんしょうへい》が、上陸《じょうりく》の最初《さいしょ》に目を見張《みは》った風物《ふうぶつ》であった。彼《かれ》らは、世《よ》にも不思議《ふしぎ》な怪物《かいぶつ》を発見《はっけん》したように、好奇《こうき》の目でカメラのレンズを向けた。

「必要《ひつよう》は発明《はつめい》の母《はは》」とは、よく言ったもので、海上封鎖《かいじょうふうさ》によって石油《せきゆ》の輸入《ゆにゅう》が途絶《とぜつ》した時、発明家たちは、薪《まき》や木炭による燃料《ねんりょう》ガスで、車《くるま》を動《うご》かす考案《こうあん》をしたのである。

軍関係以外《ぐんかんけいいがい》の車は、国を挙《あ》げて、薪や木炭を自動車の燃料にあてなければならなかった。そのため、トラックも、乗用車《じょうようしゃ》も、バスにいたるまで、木炭の車に改造《かいぞう》されていった。馬力《ばりき》は小さく、故障《こしょう》は多かった。

運転手《うんてんしゅ》が、おっくうがるのも無理《むり》はない。大石寺《たいせきじ》までの二十キロほどの道《みち》は、ゆるい上《のぼ》り坂《ざか》であった。彼《かれ》は、自分《じぶん》の車《くるま》に自信《じしん》がなかったのだ。

「さぁ、お乗《の》りください」

四十分もたって、彼は、そう無愛想《ぶあいそう》に言った。その顔《かお》の鼻《はな》の穴《あな》の周辺《しゅうへん》は、真《ま》っ黒《くろ》になり、さながら炭焼《すみや》きをしたかのようである。（前掲書二七〇、二七二頁）

木炭自動車については、『トヨタ自動車75年史』（電子版）に興味深い記述がある。

豊田《とよた》自動織機《しょっき》製作所自動車部でも、陸軍三木式（陸式）薪ガス発生炉を開発した三木吉平が、１９３６年から芝浦研究所で研究を行った。三木の論文「薪自動車・木炭自動車」によると、積載重量２トン・クラスのトラックが定量積載して１００㎞走行する際、消費する揮《き》発油《はつゆ》（ガソリン）は20〜25Ｌ（４〜５㎞／Ｌ）、薪は40〜50㎏（２〜２・５㎞／㎏）であり、揮発油１Ｌは薪２㎏に相当するとされている。揮発油１缶（18Ｌ）は１円80銭《せん》、薪１，０００貫《かん》（３，７５０㎏）は30円が当時の相場で、毎日１００マイル（１６０㎞）を走行すると、１年間で揮発油なら約１，５００円、薪なら約２５０円がかかり、薪を使えば年間約１，２５０円を節約できると説明している。

三木が芝浦研究所で研究を始めた１９３６年ごろ、木炭車の技術は未熟で、十分な出力を得られなかったが、その後改良が進み、性能はかなり良くなった。１９３９年７月の広報誌『流線型』には、「木炭自動車のレベル向上に就《つ》いて」と題する記事が掲載され、鉄道省の試験で高い評価を得たことが報告されている。トヨタ自工では、引き続き木炭ガス発生炉の研究を行い、１９４５年２月には「ＡＸ型木炭ガス発生炉」を試作した。(http://www.toyota.co.jp/jpn/company/history/75years/text/taking_on_the_automotive_business/chapter2/section5/item3.html)

新型で馬力のある木炭自動車は、軍需産業に優先的に配置されたのであろう。戸田氏らが乗った地方都市のタクシーは、性能のよくない旧式の木炭自動車だったのであろう。

車は市街地《しがいち》を過《す》ぎ、荒《あ》れたデコボコ道をあえぎながら走《はし》った。富士宮《ふじのみや》の街《まち》を過ぎると、道の荒れ方《かた》は特《とく》にひどくなった。車の中は、にぎやかだった。天井《てんじょう》に頭《あたま》をぶつけることも、たびたびだった。しかし四人は、大声《おおごえ》で笑《わら》いながら、はしゃいでいた。

「難行苦行《なんぎょうくぎょう》ですな」

岩森喜三《いわもりきぞう》は、こう言いながら、持《も》ってきた二本の一升瓶《いっしょうびん》を、大事《だいじ》そうに抱《かか》え込《こ》んでいた。

冬枯《ふゆが》れの原野《げんや》は、寒々《さむざむ》としていた。暮色《ぼしょく》につつまれた富士は、西日《にしび》に映《は》えて、つややかに雪《ゆき》の肌《はだ》を見せている。道路《どうろ》の傍《かたわ》らには、ところどころに、伐採《ばっさい》された木々《きぎ》が山《やま》と積《つ》まれていた。

車《くるま》は、坂《さか》にかかると、おそろしく徐行《じょこう》をしなければならない。あえぎにあえいで、乗《の》り越《こ》えて行かねばならなかった。

「どうやら無事《ぶじ》に来たじゃないか」

黒々《くろぐろ》とした杉《すぎ》の大きな森《もり》が、視野《しや》に入《はい》った時、戸田《とだ》は、嬉《うれ》しそうに笑《わら》い声《ごえ》をたてて、皆《みな》に言った。

総本山《そうほんざん》の表門《おもてもん》である三門《さんもん》で車を降《お》りた。(前掲、『人間革命 第1巻』二七二〜二七三頁)

すたれきった総本山

三門とは、大石寺にある二階建てで一層、二層に屋根がある二重門のことだ。当時、大石寺には、理境坊という創価学会専用の坊があった。

樹齢《じゅれい》数百年の杉木立《こだち》が、すっぽりと巨大《きょだい》な朱色《しゅいろ》の三門を囲《かこ》んでいた。

三門前で唱題《しょうだい》をすますと、四人は胸《むね》を弾《はず》ませながら、せかせかと石畳《いしだたみ》を踏《ふ》んだ。

人影《ひとかげ》はなかった。辺《あた》りは、しんとした冬景色《ふゆげしき》である。境内《けいだい》に漂《ただよ》う荒廃《こうはい》した気配《けはい》を、彼《かれ》らは感《かん》じた。だが、誰《だれ》も口《くち》には出さなかった。

総本山は、三門から御影堂《みえいどう》に至《いた》るまで、一直線《いっちょくせん》の参道《さんどう》となっている。それに沿《そ》って、左右《さゆう》に六坊《ぼう》ずつ、合計《ごうけい》十二の坊が並《なら》んでいる。その左側《ひだりがわ》の坊のいちばん奥《おく》に、理境坊《りきょうぼう》がある。牧《まき》口会長《ぐちかいちょう》以来《いらい》、この坊を学会専用《がっかいせんよう》の坊として、常《つね》に使用《しよう》してきた。

理境坊《りきょうぼう》の本堂《ほんどう》に荷物《にもつ》を下《お》ろし、久《ひさ》しぶりに対面《たいめん》した住職《じゅうしょく》にあいさつした。住職は、人懐《なつ》かしい様子《ようす》で、熱《あつ》い茶《ちゃ》を入れながら、さまざまな話《はなし》を始《はじ》めた。

住職の話が、客殿焼亡《きゃくでんしょうぼう》に及《およ》んだ時、戸田《とだ》は、すっくと立ち上がった。四人は、理境坊の傍《かたわ》らの、せせらぐ小川《おがわ》にかかった板《いた》を踏《ふ》んで、裏《うら》に出てみた。

そこには、もはや客殿の姿《すがた》はなかった。広々《ひろびろ》とした焼《や》け跡《あと》だけが残《のこ》っていた。四人とも、その一角《いっかく》に立ちすくみ、しばらく茫然《ぼうぜん》としていた。

総本山《そうほんざん》は、日本の敗北《はいぼく》とともに、すたれきってしまっている。戸田は、今、総本山を再建《さいけん》することの必要性《ひつようせい》を胸中深《きょうちゅうふか》く痛感《つうかん》していた。（前掲書二七三〜二七四頁）

日本が荒廃しているときに、寺院だけがその荒廃から免《まぬか》れるということはありえない。大石寺が荒廃した理由を戸田氏は、日蓮仏法の原点に立ち返って考えるのである。

第19章 最悪な状況で宗教改革の第一歩を踏み出す

「千里の道」（二七四〜二八一頁）

戦時中の日蓮宗派の勢力図

創価学会の「精神の正史」である小説『人間革命』は、小説という文学形態を取っているが、歴史的事実についてはあくまでも忠実であろうとする。一九三九年の時点での宗教統計を掲載している。当時の日蓮正宗の影響力を正確に示すことが目的だ。

ここで、一九三九年（昭和《しょうわ》十四年）末現在《まつげんざい》の文部省宗教局調査《もんぶしょうしゅうきょうきょくちょうさ》による、日蓮正宗《にちれんしょうしゅう》と日蓮宗各派《かくは》との勢力《せいりょく》の対比《たいひ》を記《しる》してみたい。

寺院数《じいんすう》
日蓮正宗　七五寺
日蓮宗各派合計《ごうけい》　四、九六二寺
住職《じゅうしょく》
日蓮正宗《にちれんしょうしゅう》　五二人
各派合計《かくはごうけい》　四、四五一人
檀徒《だんと》
日蓮正宗　四六、八三二人
各派合計　二、〇七四、五三〇人
信徒《しんと》
日蓮正宗　四〇、二〇九人
各派合計　一、三一八、五二一人

檀徒は、①当該宗派《とうがいしゅうは》の教義《きょうぎ》を信奉《しんぽう》し、②所属寺院《しょぞくじいん》に葬祭《そうさい》を委託《いたく》し、③宗派、寺院の外護《げご》に任《にん》ずる者《もの》。信徒《しんと》は、上記《じょうき》の②を除《のぞ》く、とある。

なお、政府《せいふ》は、檀家制《だんかせい》のうえに成《な》り立《た》っていた仏教《ぶっきょう》寺院の建立《こんりゅう》・創立《そうりつ》について、徳川幕府《とくがわばくふ》以来《いらい》の方針《ほうしん》を踏襲《とうしゅう》して、厳《きび》しい制約《せいやく》を科《か》し、一般《いっぱん》には禁止《きんし》していた。この政策《せいさく》は、戦後《せんご》に至《いた》るまで続行《ぞっこう》されてきた。（池田大作『人間革命　第1巻』聖教ワイド文庫、二〇一三年、二七四～二七五頁）

明治維新政府の当初の政策は廃仏毀釈《はいぶつきしゃく》だった。国家神道を事実上の国教とし、仏教に対しては徳川幕府の統制政策を踏襲したのである。これに対して、神道やキリスト教は、宗教施設の建設について、仏教よりもかなり優遇されていたのである。一九二三年に政府は仏教教団に対する規制を緩和した。この過程について『人間革命』ではこう記されている。

一方《いっぽう》、神道《しんとう》、仏教以外《ぶっきょういがい》の諸宗教《しょしゅうきょう》については、明治憲法《めいじけんぽう》に信教《しんきょう》の自由《じゆう》をうたった建前上《たてまえじょう》、キリスト教《きょう》の教会《きょうかい》など、欧米《おうべい》など諸外国《しょがいこく》からの圧力《あつりょく》もあり、宗教宣布《せんぷ》の施設《しせつ》として、一定《いってい》の要件《ようけん》のもとに許可《きょか》してきた。

これは、仏教と他宗教の格差《かくさ》を生《しょう》じさせるものとなった。政府《せいふ》は、その是正措置《ぜせいそち》として、一九二三年（大正《たいしょう》十二年）、仏教各宗派《かくしゅうは》あるいは寺院《じいん》に所属《しょぞく》する下部機関《かぶきかん》として、宗教設備《せつび》の設立《せつりつ》を許可する法規《ほうき》（神仏道教会所規則）を定《さだ》めた。これは、各宗派が、布教《ふきょう》などのために、既《すで》に設《もう》けていた法務所《ほうむしょ》、教務所《きょうむしょ》、事務所《じむしょ》などを、正式《せいしき》に宗教施設として認《みと》めるものであった。

これによって、各宗派は、教会所建設《けんせつ》の許可を得《え》て、施設を増《ふ》やしていったのである。日蓮正宗《にちれんしょうしゅう》も、明治末年《めいじまつねん》から太平洋戦争開戦《たいへいようせんそうかいせん》までに、計《けい》三十有余《ゆうよ》の教会名目《めいもく》の寺院を造《つく》った。年鑑《ねんかん》に記《しる》された寺院数、七十五カ寺には、この教会数は含《ふく》まれていない。実際《じっさい》の全勢力《ぜんせいりょく》は、なんとか百カ寺を超《こ》えていた勘定《かんじょう》になる。

しかし、いずれにしても、まことに小さな教団《きょうだん》であったことには変わりはない。（前掲書

二七六頁）

太平洋戦争の敗北によって仏教教団は、初めて徳川時代からの拘束から解放されることになった。戸田城聖氏は、この機会を最大限に生かし、広宣流布につなげようとする。そのためには、現在、自分たちが置かれている現実を冷静に見つめる必要がある。大石寺の悲惨な状況についてこう記されている。


戸田《とだ》は、悲痛《ひつう》な思《おも》いを胸《むね》に歩《ある》きだした。そして宝蔵《ほうぞう》の前で、深《ふか》く頭《こうべ》を垂《た》れた。そのあと、三人と連《つ》れ立《だ》って、暮色《ぼしょく》につつまれた御影堂《みえいどう》の方《ほう》へ回《まわ》っていった。

御影堂の参拝《さんぱい》をすませると、四人して階段《かいだん》を下《お》りていった。この伽藍《がらん》も、雨漏《あまも》りするのではないかと、立ち止《ど》まって屋根《やね》を仰《あお》いだりした。鐘楼堂《しょうろうどう》も傾《かたむ》いていた。

戸田の強度《きょうど》な近視《きんし》では、よくわからなかったが、境内《けいだい》を一巡《いちじゅん》して、寒々《さむざむ》としたものを、身《み》にひしひしと感《かん》じた。それは夕暮《ゆうぐ》れの寒さのためなどではなかった。彼《かれ》は、歓喜寮《かんきりょう》の堀米住職《ほりごめじゅうしょく》から聞いた総本山《そうほんざん》の荒廃《こうはい》が、これほどまでに、ひどいとは思っていなかった。

戸田の受けた衝撃《しょうげき》は大きかった。

〝まさしく、闘諍堅固《とうじょうけんご》、そして白法隠没《びゃくほうおんもつ》せんとしている姿《すがた》である……〟

戸田は、口《くち》には出さなかったが、胸中《きょうちゅう》には、それだけ悔《くや》しさが、いっぱいだったのである。

（前掲書二七七頁）

「白法隠没」の危機を目の前にして

闘諍堅固《とうじょうけんご》とは、仏教界の内部で教義についての諍《いさか》いが盛んに起きるという意味だ。『大集経《だいじっきょう》』によると、釈尊滅後《めつご》二〇〇〇年から始まる末法《まっぽう》の初期五〇〇年は、釈尊の仏法の解釈をめぐってさまざまな争いが繰り返される。その結果、正しい教え（白法）が滅びて効力を失う。これが白法隠没だ。一九四六年元旦の登山によって戸田氏は、今ここにある危機を再認識したのである。

悪夢《あくむ》のような戦争《せんそう》は終《お》わった。だが、まだ悪夢が続《つづ》いているとしか思えなかった。

〝この閑散《かんさん》とした、元日《がんじつ》の初登山《はつとざん》の風景《ふうけい》は、いったい、どうしたというのだろうか……〟

理境坊《りきょうぼう》には、彼《かれ》ら四人以外《いがい》の信者《しんじゃ》は誰一人《だれひとり》いなかった。

一九四二年（昭和《しょうわ》十七年）の元日の初登山には、牧口会長《まきぐちかいちょう》を筆頭《ひっとう》に、創価教育学会《そうかきょういくがっかい》だけでも、百数十人の登山者でにぎわっていた。そして、互《たが》いに新年《しんねん》のあいさつを交《か》わし、それぞれ希望《きぼう》に燃《も》えて、新《あたら》しい年《とし》を迎《むか》えたものだった。

試《こころ》みに、終戦当時《しゅうせんとうじ》の理境坊登山者芳名録《ほうめいろく》を繰《く》ってみる。

敗戦《はいせん》の年、四五年（同二十年）の一月から十二月までの一年間の登山者は、わずか百六人となっている。このうち、八月十五日以降《いこう》、年末《ねんまつ》までの登山者は、数人《すうにん》にしかすぎない。

創価学会による月例《げつれい》の登山会が始《はじ》まったのは、五二年（同二十七年）十月のことである。

以後《いご》、三十九年間で、延《の》べ七千万人もの会員《かいいん》が登山することになるのだが、四五年当時には、想像《そうぞう》すらできないことであった。

そこにも、戸田城聖《とだじょうせい》をはじめ創価学会が、どれほど宗門発展《しゅうもんはってん》に貢献《こうけん》したかの一端《いったん》をうかがうことができよう。（前掲書二七七～二七九頁）

宗門のために創価教育学会の時代から創価学会が大きな貢献をしたことは紛《まぎ》れもない事実だ。しかし、戸田氏の発想は、宗門の発展という狭い枠にとらわれていなかった。日本人が、そして人類が、悲惨な戦争を繰り返すことがないように人間革命を地球規模で行うことを考えていたのである。白法隠没の状況を正面から見据えて、宗教改革を行うことを戸田氏は志向するのである。

戸田《とだ》の胸《むね》に湧《わ》いた闘諍堅固《とうじょうけんご》、白法隠没《びゃくほうおんもつ》という言葉《ことば》には、少《すこ》しの誇張《こちょう》もなかった。

〝闘諍堅固――太平洋戦争《たいへいようせんそう》もそうだ。これから、広宣流布《こうせんるふ》まで、日本人同士《どうし》も、人類《じんるい》も、つまらぬ悲惨《ひさん》な闘諍を繰《く》り返《かえ》していくかもしれない。

白法隠没――正法《しょうほう》の消《き》えんとしていく実相《じっそう》である。広宣流布は大地《だいち》を的《まと》とするなるべし、との御予言《ごよげん》の末法《まっぽう》流布の大白法《だいびゃくほう》が、今、まさに滅亡寸前《めっぼうすんぜん》の危機《きき》にさらされていたのだ〟

総本山《そうほんざん》の窮乏《きゅうぼう》は、終戦後《しゅうせんご》も、さらにその激《はげ》しさを増《ま》していった。戦後《せんご》の農地改革《のうちかいかく》によって、広大《こうだい》な土地《とち》を没収《ぼっしゅう》された。その苦《くる》しみは、極《きわ》めて大きかった。農地調整法《ちょうせいほう》で、第一次、第二次の適用《てきよう》を受けたのは、約《やく》九〇ヘクタールであった。田畑《でんばた》、山林《さんりん》までも、ただのように買収《ばいしゅう》され、それらを失《うしな》ったのである。

加《くわ》えて客殿焼亡《きゃくでんしょうぼう》の時には、米蔵《こめぐら》をも同時《どうじ》に焼《や》いてしまっていた。そこには、三百俵《びょう》（約一八トン）以上《いじょう》の備蓄米《びちくまい》があった。このために、総本山は、食糧難《しょくりょうなん》と、深刻《しんこく》な財政難《ざいせいなん》の二つに、見舞《みま》われていたのである。

戸田城聖《とだじょうせい》が、今、千里《せんり》の道《みち》を一人《ひとり》行くと強《つよ》く決意《けつい》したのも、宗門《しゅうもん》の、このような状態《じょうたい》を見《み》極《きわ》めたうえの思案《しあん》であった。

千里の道は、決《けっ》して単《たん》なる形容詞《けいようし》ではなかった。厳《きび》しい事実《じじつ》であった。

戸田の偉大《いだい》さは、この千里の道の第一歩《だいいっぽ》を、最悪《さいあく》の時点《じてん》において、誤《あやま》たず凜然《りんぜん》と、力強《ちからづよ》く踏《ふ》み出《だ》したという独創性《どくそうせい》にあった。（前掲書二七九～二八〇頁）

日蓮大聖人の仏法を現代に蘇生させる実践

宗門の悲惨な状況を救うために戸田氏は最初の一歩を踏み出す。池田大作氏は、〈戸田の偉大さは、この千里の道の第一歩を、最悪の時点において、誤たず凜然と、力強く踏み出したという独創性にあった〉と強調する。この独創性に創価学会の特徴があるのだ。この独創性は、二十一世紀の今日、創価学会が世界宗教になるという形で可視化されるようになった。二〇一七年十一月十八日に施行される創価学会会憲は、創価学会が世界宗教に発展する契機が、その出発の時点からあったことを明確に示している。会憲の冒頭にこう記されている。

釈尊に始まる仏教は、大乗仏教の真髄である法華経において、一切衆生を救う教えとして示された。末法の御本仏日蓮大聖人は、法華経の肝心であり、根本の法である南無妙法蓮華経を三大秘法として具現し、未来永遠にわたる人類救済の法を確立するとともに、世界広宣流布を御遺命された。

初代会長牧口常三郎先生と不二の弟子である第二代会長戸田城聖先生は、1930年11月18日に創価学会を創立された。創価学会は、大聖人の御遺命である世界広宣流布を唯一実現しゆく仏意仏勅の正統な教団である。日蓮大聖人の曠大なる慈悲を体し、末法の娑婆世界において大法を弘通しているのは創価学会しかない。ゆえに戸田先生は、未来の経典に「創価学会仏」と記されるであろうと断言されたのである。

牧口先生は、不思議の縁により大聖人の仏法に帰依され、仏法が生活法であり価値創造の源泉であることを覚知され、戸田先生とともに広宣流布の実践として折伏を開始された。第二次世界大戦中、国家神道を奉ずる軍部政府に対して国家諫暁を叫ばれ、その結果、弾圧・投獄され、獄中にて逝去された。牧口先生は、「死身弘法」の精神をご自身の殉教によって後世に遺されたのである。

戸田先生は、牧口先生とともに投獄され、獄中において「仏とは生命なり」「我、地涌の菩薩なり」との悟達を得られた。戦後、創価学会の再建に着手され、人間革命の理念を掲げて、生命論の立場から、大聖人の仏法を現代に蘇生させる実践を開始された。会長就任に当たり、広宣流布は創価学会が断じて成就するとの誓願を立てられ、「法華弘通のはたじるし」として、「大法弘通慈折広宣流布大願成就」「創価学会常住」の御本尊を学会本部に御安置され、本格的な広宣流布の戦いを展開された。戸田先生は、75万世帯の願業を達成されて、日本における広宣流布の基盤を確立された。(SOKAnet「創価学会について」、https://www.sokanet.jp/info/kaisoku01.html)

創価学会は、日蓮大聖人の御遺命に忠実に従って、世界広宣流布を行っている。会憲に〈創価学会は、大聖人の御遺命である世界広宣流布を唯一実現しゆく仏意仏勅の正統な教団である〉と記されているが、世界の仏教教団の中で、創価学会は唯一、世界宗教化を志向しているのである。仏法が東の日本から西の中国、インドへと還っていく仏法西還《せいかん》のプロセスが始まっているのだ。会憲に、戸田氏が〈戦後、創価学会の再建に着手され、人間革命の理念を掲げて、生命論の立場から、大聖人の仏法を現代に蘇生させる実践を開始された〉と記されているが、まさに本書で筆者が現在、『人間革命』の読み解きを行っているのは、戸田氏が実践を開始したときのリアリティを甦《よみがえ》らせたいからだ。

御書を輪読・音読する意義

話を『人間革命』のテキストに戻す。

四人が理境坊《りきょうぼう》に戻《もど》ると、住職《じゅうしょく》は、夜の勤行《ごんぎょう》を待《ま》っていてくれた。総本山《そうほんざん》での勤行は、二年ぶりであった。

これが終《お》わると、簡素《かんそ》だが、心温《こころあたた》まる食事《しょくじ》が整《ととの》えられていた。みんなは、大きい火鉢《ひばち》を囲《かこ》んで膳《ぜん》についた。その時、岩森《いわもり》が一升瓶《いっしょうびん》を開《あ》けようとした。

戸田は、それを見ると、苦笑《くしょう》して言った。

「岩森君、お預《あず》けだよ。後《あと》でゆっくり飲《の》もうじゃないか。法華経《ほけきょう》があるよ」

「お預けか。わしは、いっこうにかまわんが……」

岩森は、こう言って、酒《さけ》を部屋《へや》の隅《すみ》に戻した。

「我慢《がまん》している、ぼくの身《み》にも、なってもらいたいなぁ。講師《こうし》も辛《つら》いよ」

戸田《とだ》の言葉《ことば》に、北川《きたがわ》は、さもおかしそうに笑《わら》いながら言った。

「わかる、わかる。食事《しょくじ》が終《お》わったら、さっそく勉強《べんきょう》を頼《たの》みますよ」

皆《みな》、冗談《じょうだん》を言い合《あ》いながら、にぎやかなうちに食事が終わった。

一服《いっぷく》すると、藤崎《ふじさき》は、庫裏《くり》から小机《こづくえ》を二つ借《か》りてきて、本堂《ほんどう》に並《なら》べながら言った。

「いよいよ寺子屋《てらこや》だな」

戸田を囲《かこ》んで、それぞれ机《つくえ》の上に、御書《ごしょ》と、法華経《ほけきょう》の本を載《の》せた。

電灯《でんとう》は暗《くら》かった。戸田は、メガネを外《はず》し、本を顔《かお》につけるようにして、ページを繰《く》っていた。

「さぁ、序品《じょほん》第一というところから始《はじ》めよう。ぼくは、よく見えないから、順番《じゅんばん》に読《よ》んでもらおうか」

彼《かれ》は、そう言って本を置《お》いた。（前掲、『人間革命　第1巻』二八〇〜二八一頁）

御書と法華経を輪読《りんどく》する。黙読ではなく、音読することによって、テキストに生命が宿るのだ。

第20章　仏法の真髄を理解可能な言葉で表現する

「千里の道」(二八一〜二八九頁)

音読によって信仰を身体化する

江戸時代まで、音読のみを「読む」と言った。黙読は「見る」となる。法華経やキリスト教の聖書などの経典、教典は音読することが重要だ。音読によって、読んでいる人が当該テキストをどの程度理解しているかがわかる。

藤崎陽《よう》一《いち》が、読みだした。

「妙《みょう》法《ほう》蓮《れん》華《げ》経《きょう》　序品第一

如是我聞《にょぜがもん》。一時仏住王舎城耆闍崛山中《ぶつじゅうおうしゃじょうぎしゃくつせんちゅう》、与大比丘衆《よだいびくしゅ》万二千人倶《く》。皆是阿羅漢《かいぜあらかん》」（法華経七〇ページ）

藤崎《ふじさき》は、一段《いちだん》を、たどたどしく通読《つうどく》した。そして、困《こま》ったように、ため息交《いきま》じりに言った。

「何がなんだか、わからんな。チンプンカンプンだ」

みんな、どっと笑《わら》った。

「ご苦労《くろう》さん。訳読《やくどく》となっている方《ほう》を読《よ》めば、わからんこともない」と、戸田《とだ》は微笑《びしょう》しながら、促《うなが》した。

すると、北川直作《きたがわなおさく》が、抑揚《よくよう》をつけて訳読を読みだした。

「是《かく》の如《ごと》きを我《わ》れ聞きき。一時、仏《ほとけ》は王舎城《おうしゃじょう》の耆闍崛山《ぎしゃくつせん》の中に住《じゅう》したまい、大比丘衆《だいびくしゅ》、万二千人と倶《とも》なりき。皆《み》な是《こ》れ阿羅漢《あらかん》なり……」（同）

「なるほど、少《すこ》しは意味《いみ》もわかる」

岩森喜三《いわもりきぞう》は、安心《あんしん》したように言った。藤崎は、ケラケラと笑いだした。北川は、続《つづ》けて第一段を一通《ひととお》り読んだ。

本堂《ほんどう》は、森閑《しんかん》と静《しず》まり返っていた。薄暗《うすぐら》い電灯《でんとう》の下に寄《よ》り集《あつ》まった四人の周囲《しゅうい》には、真冬《まふゆ》の寒気《かんき》が、ひしひしと迫《せま》っていた。だが、相対《あいたい》した四人の顔《かお》には、明《あか》るい熱《ねつ》っぽさが流《なが》れていた。（池田大作『人間革命　第1巻』聖教ワイド文庫、二〇一三年、二八一～二八三頁）

音読を通じて法華経が身体化されるのだ。それだから、四人の顔に〈明るい熱っぽさ〉が表れたのである。創価学会員は朝晩の勤行を欠かさない。声に出すという行為である勤行によって信仰が身体化されるのである。

戸田城聖氏は、解説を始める。

戸田《とだ》は、静《しず》かに口《くち》を開いた。

「釈尊《しゃくそん》は、一説《いっせつ》では十九歳《さい》で出家《しゅっけ》、三十歳で成道《じょうどう》した、と伝《つた》えられている。三十にして成道の後、釈尊一代《いちだい》五十年間に説《と》いた教《おし》えを、天台大師《てんだいだいし》は五時八教《ごじはっきょう》に分類《ぶんるい》した。五時とは、教えが五つの時代《じだい》に区切《くぎ》られており、八教とは、教えの内容《ないよう》を分《わ》けたものです。

このように、釈尊一代の仏法《ぶっぽう》を通観《つうかん》して、五時八教を比較《ひかく》していくと、妙法蓮華経《みょうほうれんげきょう》の教えは、釈尊の仏法の最高位《さいこうい》であり、骨髄《こつずい》であり、大綱《たいこう》である。だから、妙法蓮華経を理解《りかい》せずに、釈尊の仏法の真髄《しんずい》を見ることは、決《けっ》してできない。そして、釈尊の仏法と、末法《まっぽう》の日蓮《にちれん》大聖人《だいしょうにん》の仏法との相違《そうい》を認識《にんしき》するには、また妙法蓮華経を基礎《きそ》としなければならんのです」

皆《みな》、わかったように頷《うなず》いていた。（前掲書二八三頁）

何を基点として仏法を学ぶのか

宗教で重要なのは解釈だ。キリスト教では、聖書を解釈することを釈義《しゃくぎ》という。釈義を積み重ねることで、キリスト教は各地に土着化《どちゃくか》していった。土着化することによって世界宗教となったのである。創価学会も法華経の解釈を重視する。解釈を積み重ねることによって、創価学会も世界宗教となったのだ。

戸田は講義《こうぎ》を続《つづ》けた。

「今日《こんにち》、仏法が雑乱《ぞうらん》してしまっているのは、五時八教という、勝劣判定《しょうれつはんてい》の基準《きじゅん》を知らないからです。また、釈尊《しゃくそん》の妙法蓮華経《みょうほうれんげきょう》に幻惑《げんわく》されている輩《やから》が、大聖人《だいしょうにん》の南無妙法蓮華経《なんみょうほうれんげきょう》の仏法《ぶっぽう》と混同《こんどう》しているからです。

法華経《ほけきょう》二十八品《ぼん》は、釈尊の仏法であり、南無妙法蓮華経の仏法は、大聖人の仏法であるということを、深《ふか》く、はっきりと留意《りゅうい》しなければならない。ここが、最《もっと》も大事《だいじ》なところです」

戸田《とだ》は、人びとが、宗教《しゅうきょう》、とりわけ仏法について、全《まった》く認識《にんしき》していないことを知っていた。宗教の正邪《せいじゃ》、浅深《せんじん》について、明確《めいかく》にわかっている人など、全くいないといってよいであろう。宗教と聞けば、頭《あたま》から批判《ひはん》してかかる人は多いが、それらの人びとも、釈尊と阿弥陀仏《あみだぶつ》との相違《そうい》すら知らない。まして、五重《ごじゅう》の相対《そうたい》、四重《しじゅう》の興廃《こうはい》、三重秘伝《さんじゅうひでん》などを、知っているはずがない。

戸田は、まず、宗教に対するこのような無知《むち》を、打《う》ち破《やぶ》らなければならないと思《おも》った。そうしなければ、思想《しそう》の混乱《こんらん》を正《ただ》し、不幸《ふこう》の根源《こんげん》を除去《じょきょ》することはできないからである。彼《かれ》の講義《こうぎ》は、人びとの宗教に対する無知との戦《たたか》いでもあった。（前掲書二八三〜二八四頁）

この記述に筆者は強い感銘を受けた。筆者は、同志社大学神学部に在学していたときに、宗教学特講という科目で一回生時にアビダルマ、二回生時に中観《ちゅうがん》、三回生時に唯識《ゆいしき》を学んだ。創価学会のメンバーと知り合うまで、仏法は釈尊から学ぶことが重要と思っていた。しかし、それは正しくないアプローチだった。なぜなら、われわれは末法の世に生きているからだ。それだから、末法の世で正しく仏法を説いた日蓮大聖人を基点として仏法の勉強をしなくてはならない。このことが筆者が創価学会員から学んだ重要な真理なのである。

キリスト教は、旧約聖書と新約聖書という二つの聖書を持つ。旧約聖書からキリスト教を学ぶというのは正しいアプローチではない。なぜなら、危機の時代に人間を救済するために現れたイエス・キリストで新しい時代が画《かく》されたからである。それだから、イエス・キリストから出発し、モーゼやアブラハムといった旧約聖書の預言者《よげんしゃ》に戻るのが正しいアプローチなのである。仏法を学ぶ場合でも、日蓮大聖人を基点として釈尊の仏法を学ぶのが正しいアプローチと思う。

日蓮大聖人を通じて法華経に立ち返る

戸田氏の講義の続きから学ぼう。

彼はまた、経文《きょうもん》には明《あき》らかに説《と》かれているのに、最高唯一《さいこうゆいいつ》の宗教を顕揚《けんよう》しなかった、過去《かこ》、現在《げんざい》の無能《むのう》な宗教家《しゅうきょうか》、悪侶《あくりょ》たちに対《たい》して、憤《いきどお》りを覚《おぼ》えずにはいられなかった。

彼《かれ》らは、知らないで言わなかったのか、それとも知ってはいたが、自宗《じしゅう》の教義《きょうぎ》に縛《しば》られて言わなかったのか、いずれかであろう。

しかし、求道心《きゅうどうしん》もなく、人びとを救《すく》う気力《きりょく》すらなく、ただ利養《りよう》に執着《しゅうちゃく》していたことには変わりない。これほどに非生産的《ひせいさんてき》な存在《そんざい》はない、と彼は思《おも》った。（前掲書二八四〜二八五頁）

戸田氏は、日蓮大聖人を通じて法華経に立ち返ることで、宗教改革を行うことを主張しているのだ。この宗教改革によって妙法蓮華経の実体を明らかにすることを試みる。少し長くなるが、中途で切ると内容が有機的に理解できなくなる虞《おそれ》があるので、そのまま引用する。

「さて、そこで……」と、戸田《とだ》は言って、机《つくえ》の上のコップの水《みず》を飲《の》んだ。

「お山《やま》の水はうまいなぁ。……では、妙法蓮華経《みょうほうれんげきょう》の実体《じったい》とは、いったい、何《なん》であるのか、というに、大聖人様《だいしょうにんさま》は『御義口伝《おんぎくでん》』で、こうおっしゃっている」

「妙とは法性《ほっしょう》なり法とは無明《むみょう》なり無明法性一体《いったい》なるを妙法と云《い》うなり蓮華とは因果《いんが》の二法《にほう》なり是又《これまた》因果一体なり経とは一切衆生《いっさいしゅじょう》の言語音声《ごんごおんじょう》を経と云うなり、釈《しゃく》に云《いわ》く声仏事《こえぶつじ》を為《な》す之《これ》を名《なづ》けて経と為すと、或《あるい》は三世常恒《さんぜじょうごう》なるを経と云うなり、法界《ほうかい》は妙法なり法界は蓮華なり法界は経なり蓮華とは八葉九尊《はちようくそん》の仏体《ぶったい》なり能《よ》く能く之を思う可《べ》し」（御書《ごしょ》七〇八ページ）

〈妙法を、無明と法性という次元《じげん》から解釈《かいしゃく》すれば、妙は法性であり、悟《さと》りである。法は無明であり、迷《まよ》いを示《しめ》す。したがって妙法《みょうほう》とは無明《むみょう》と法性《ほっしょう》とは一体《いったい》であることを表《あらわ》している。蓮《れん》華《げ》とは因果《いんが》の二法《にほう》を示しており、これもまた、因と果とは一体、因果倶時《ぐじ》であることを表している。経《きょう》とは、一切衆生《いっさいしゅじょう》の言語音声《ごんごおんじょう》のことである。経について章安大師《しょうあんだいし》は、『声《こえ》が衆生《しゅじょう》を救《すく》う仏《ほとけ》の振《ふ》る舞《ま》いなのであり、これを経というのである』と解釈《かいしゃく》している。また別次元《べつじげん》から言えば、過去《かこ》・現在《げんざい》・未来《みらい》と三世《さんぜ》にわたって永遠《えいえん》であることを経というのである。つまり、全宇宙《ぜんうちゅう》が妙法であり、蓮華であり、経である。また、蓮華とは、仏の生命《せいめい》である。八葉九尊《はちようくそん》は、その仏の生命を表している。よくよく以上《いじょう》のことを考《かんが》えるべきである〉

彼《かれ》は、御書《ごしょ》に、顔《かお》をつけるようにして、読《よ》んで聞かせた。

「なんだか、わかったようで、わからんだろうと思《おも》うが、要《よう》するに、こういうことだよ。大聖人様《だいしょうにんさま》がおっしゃるには、妙法蓮華経というのは、宇宙の万法《ばんぽう》それ自体《じたい》であり、宇宙万法の本体《ほんたい》が、妙法蓮華経なのである。宇宙の時々刻々《じじこっこく》に変化《へんか》する森羅万象《しんらばんしょう》こそ、妙法蓮華経そのものの姿《すがた》なんです。今の言葉《ことば》でいえば、宇宙生命ということになるでしょう」

戸田《とだ》が、ここまで言った時、北川《きたがわ》がさえぎった。

「そうすると……われわれ人間《にんげん》は、どういう存在《そんざい》になる？　宇宙《うちゅう》の万法《ばんぽう》に支配《しはい》されるというわけですか」

「そうじゃない。われわれの生命《せいめい》が、妙法蓮華経《みょうほうれんげきょう》そのものだということだよ。そのことも大《だい》聖人様《しょうにんさま》は、ちゃんと次《つぎ》のように、『当体義抄《とうたいぎしょう》』でおっしゃっている」

戸田は、またも御書《ごしょ》に目をじっと近《ちか》づけて読《よ》み上《あ》げた。

「『問《と》う妙法蓮華経とは其《そ》の体何物《たいなにもの》ぞや、答《こた》う十界《じっかい》の依正《えしょう》即《すなわ》ち妙法蓮華の当体《とうたい》なり、問う若《も》し爾《しか》れば我等《われら》が如《ごと》き一切衆生《いっさいしゅじょう》も妙法の全体《ぜんたい》なりと云《い》わる可《べ》きか、答う勿論《もちろん》なり』（御書五一〇ページ）

これも、わかるようで、わからんだろうが、つまり、十界とは例《れい》の地獄界《じごくかい》から仏界《ぶっかい》までの十種類《しゅるい》の生命境涯《きょうがい》のことです。この十種類は、宇宙のありとあらゆる生命を、境涯という観《かん》点《てん》から分類《ぶんるい》したものだ。

また、依正というのは、依報《えほう》、正報《しょうほう》のことであって、正報とは生命自体《じたい》をいい、依報とは生命の活動《かつどう》する環境《かんきょう》を指《さ》すのです」

彼《かれ》は、御書《ごしょ》に説《と》かれている生命論《せいめいろん》を、なんとか、現代的《げんだいてき》に砕《くだ》いて、わからせようと努力《どりょく》した。この完璧《かんぺき》な生命哲理《てつり》を世界《せかい》に流布《るふ》するならば、人類《じんるい》は完全《かんぜん》に、また永遠《えいえん》に救《すく》われていくことを、彼は確信《かくしん》していた。（前掲書二八五～二八八頁）

法華経をパラフレーズした戸田城聖氏の生命論

法華経の真髄を宇宙生命という現代人に理解可能な言葉で表現しようとする。これこそ解釈の極《ごく》意《い》だ。キリスト教神学で、同じ内容を別の言葉で表現することをパラフレーズ（敷衍《ふえん》）という。世界宗教としてキリスト教は文化的環境が異なる場所、異なる時代状況において、パラフレーズを繰り返してきた。創価学会にも類《たぐ》い稀《まれ》なパラフレーズの能力がある。それだから世界宗教化が可能になったのだ。

戸田氏は生命論をこう説く。

戸田《とだ》は、さらに生命論を説いていった。そして、その裏付《うらづ》けとして、文証《もんしょう》を引用《いんよう》し、講義《こうぎ》を続《つづ》けた。我見《がけん》を恐《おそ》れ、また我見でないことを証明《しょうめい》するためにも、彼は、丹念《たんねん》に文証を引用したのである。

「今の御文《ごもん》のあとにこうなっている。

――南岳大師《なんがくだいし》云《いわ》く『云何《いか》なるを名《なづ》けて妙法蓮華経《みょうほうれんげきょう》と為《な》すや答《こた》う妙とは衆生妙《しゅじょうみょう》なるが故《ゆえ》に法とは即《すなわ》ち是《こ》れ衆生法なるが故に』云云《うんぬん》、又天台釈《またてんだいしゃく》して云く『衆生法妙』と云云――（御書五一〇㌻）と。

つまり、衆生であるわれわれ自身《じしん》が、妙法蓮華経の当体《とうたい》であるということです。

衆生妙――この生命の不可思議《ふかしぎ》な様相《ようそう》を言っているのです。たとえば、皮肉骨《ひにくこつ》の調和《ちょうわ》、細《さい》胞分裂《ぼうぶんれつ》、神経作用《しんけいさよう》等々、妙としか言いようのない不可思議な働《はたら》きをしている。

また、衆生法――この不可思議な生命の働きは、しかしながら厳然《げんぜん》とした法に則《のっと》っている。たとえば、人体《じんたい》は必要《ひつよう》なタンパク質《しつ》をつくり、糖分《とうぶん》をエネルギー源《げん》として使《つか》っている。また、ホルモン等を分泌《ぶんぴつ》するのも体内《たいない》の臓器《ぞうき》の働《はたら》きである。まるで製薬工場《せいやくこうじょう》ではないか。

結局《けっきょく》、妙法《みょうほう》とは、われらの生命《せいめい》の本源力《ほんげんりょく》ということになる。なんだか、こじつけみたいに思《おも》うかもしれんが、決《けっ》してそうではない。このことを、大聖人様《だいしょうにんさま》は、また、『御義口伝《おんぎくでん》』で

明確《めいかく》におっしゃっている。そこが、大聖人様のすごいところです」（前掲書二八八〜二八九頁）

タンパク質、糖分、エネルギー源、ホルモン、製薬工場などの現代人が具体的にイメージを思い浮かべる言葉を用いて、戸田氏は法華経をパラフレーズしているのだ。妙法とは、われわれの生命の本源力であるという趣旨がリアルに伝わってくる。

第21章 「仏とは生命」という究極の真理

「千里の道」(二八九〜二九四頁)

「三人」の背後に全世界の人々を想定

戸田城聖氏は、御書を正確に引用しながら講義を進める。恣意《しい》的な解釈に陥ることを避けるためだ。

戸田《とだ》は、また御書《ごしょ》を手にした。

「そう、ここだ……」

顔《かお》に近《ちか》づけ、ページを繰《く》って見せた。

そして、電灯《でんとう》の光《ひかり》を気にして、中腰《ちゅうごし》になった。

「私が読《よ》みましょう。どこですか」

藤崎《ふじさき》が立ち上がった。戸田が開いた御書を受け取り、電灯の下で、立ったまま読み下《くだ》した。

「ここですね。『如来《にょらい》とは釈尊《しゃくそん》・惣《そう》じては十方三世《じっぽうさんぜ》の諸仏《しょぶつ》なり別《べつ》しては本地無作《ほんちむさ》の三身《さんじん》なり、今日蓮等《にちれんら》の類《たぐ》いの意は惣《そう》じては如来《にょらい》とは一切衆生《いっさいしゅじょう》なり別《べつ》しては日蓮の弟子檀那《でしだんな》なり、されば無作《むさ》の三身とは末法《まっぽう》の法華経《ほけきょう》の行者《ぎょうじゃ》なり』(御書《ごしょ》七五二㌻)」

「あっ、そこまで!」と、戸田《とだ》の声《こえ》がかかった。

彼《かれ》の語調《ごちょう》は強《つよ》く、熱《ねつ》を帯《お》びてきた。受講者《じゅこうしゃ》は、たった三人である。だが、無量《むりょう》の大衆《たいしゅう》の前で講義《こうぎ》しているような激《はげ》しさに変わっていた。

「今の『御義口伝《おんぎくでん》』を拝《はい》して、大聖人様《だいしょうにんさま》の意に準《じゅん》じて言うならば、総《そう》じては一切衆生が如来である。すなわち、妙法蓮華経《みょうほうれんげきょう》の当体《とうたい》である、ということです。

さっき拝読《はいどく》した、『当体義抄《とうたいぎしょう》』と一つも変わりない。このわれわれも如来である、妙法蓮華経の当体である、との仰《おお》せなのです。これは間違《まちが》いはない。

われわれが、自分《じぶん》のことをどう考《かんが》えようが、それは勝手《かって》です。だが、その勝手さが間違っているだけだ。どう考えようが、どう思《おも》おうが、大聖人様は、一切衆生が如来である、と断《だん》言《げん》していらっしゃる。

ところが凡夫《ぼんぷ》の拙《つたな》さで、これが信《しん》じられないのだ。したがって、六道輪廻《ろくどうりんね》で、壊《こわ》れない幸《こう》福《ふく》を築《きず》くことができない。まったく愚《おろ》かな話《はなし》です。(池田大作『人間革命　第1巻』聖教ワイ

ド文庫、二〇一三年、二八九〜二九〇頁）

受講者は三人であるが、戸田氏はその背後に全世界の人々がいることを意識している。事実、池田大作氏が『人間革命』で戸田氏の講義の内容を再現することによって、時代と地理の限界を超えて、講義の内容がすべての人々に伝わる。

池田氏は、戸田氏の講義について、〈無量の大衆の前で講義しているような激しさに変わっていた〉と描写する。この描写に、創価学会の教えが世界宗教となる方向性が示されている。総じては一切衆生が如来である。すなわち、妙法蓮華経の当体であるという日蓮仏法の真髄を現代に甦《よみがえ》らせたところに創価学会の偉大さがある。

六道輪廻《ろくどうりんね》とは、自己の身体的行為、発言、思考・感情（身口意《しんくい》の三業《さんごう》）の報《むく》いとして、過去世、現在世、未来世の三世にわたって、地獄《じごく》・餓鬼《がき》・畜生《ちくしょう》・修羅《しゅら》・人《にん》・天《てん》の六道に生死を繰り返すことを指す。創価学会の場合、興味深いのは、六道輪廻をより大きな視座の十界《じっかい》から位置づけていることだ。創価学会公式サイトでは、十界について、こう説明する。

衆生の住む世界・境涯を10種に分類したもの。仏法の生命論では人間の生命の状態の分類に用いる。地獄界［じごくかい］・餓鬼界［がきかい］・畜生界［ちくしょうかい］・修羅界［しゅらかい］・人界［にんかい］・天界［てんかい］・声聞界［しょうもんかい］・縁覚界［えんがくかい］・菩薩界［ぼさつかい］・仏界［ぶっかい］の10種。

このうち地獄・餓鬼・畜生・修羅・人・天をまとめて「六道［ろくどう］」といい、声聞・縁覚・菩薩・仏をまとめて「四聖［ししょう］」という。「六道」は、インド古来の世界観を仏教が用いたもので、もともとは生命が生死を繰り返す世界を六つに大別したもの。六道の中では、地獄・餓鬼・畜生を「三悪道［さんあくどう］」とし、この三悪道に比べれば相対的にはよいことから、修羅・人・天は「三善道［さんぜんどう］」とされる。また三悪道に修羅を加えて、「四悪趣［しあくしゅ］」ともいう。また「四聖」は仏道修行によって得られる境涯である。小乗の教えに基づき覚りを目指す声聞・縁覚は「二乗［にじょう］」と呼ばれる。これに菩薩を加えて「三乗［さんじょう］」と呼ばれる。

法華経以外の経典では、十界はそれぞれ固定化された世界・境涯としてとらえられていた。しかし法華経では、その考え方を根本的に破り、十界のうち仏界を除く九界の衆生に仏界がそなわっていることを明かし、成仏した仏にも九界の境涯がそなわることを説いて、十界は固定的な別々の世界としてあるのではなく、一個の生命にそなわる10種の境涯であることを示した。したがって、今、十界のいずれか一界の姿を現している生命にも、十界がすべてそなわっており、縁によって次にどの界の境涯をも現せることが明らかになった。このように十界の各界が互いに十界をそなえていることを十界互具という。（SOKAnet「教学用語検索」、https://k-dic.sokanet.jp）

「われわれの生命こそ妙法の当体」と喝破

重要なのは、十界が固定された世界・境涯ではなく、人である自分にも、地獄、餓鬼、畜生、修羅という四悪趣の境涯も、声聞、縁覚、菩薩、仏の四聖の境涯も内在しているということだ。

われわれ一人ひとりは生命を持っている。この生命が、妙法の当体であり、宇宙生命であることを戸田氏は説く。

「この御文《ごもん》に続《つづ》いて、末法《まっぽう》の法華経《ほけきょう》の行者《ぎょうじゃ》の宝号《ほうごう》を、南無妙法蓮華経《なんみょうほうれんげきょう》というと仰《おお》せになっている。これは、日蓮大聖人《にちれんだいしょうにん》こそ、南無妙法蓮華経、とお呼《よ》び申《もう》し上《あ》げる仏《ほとけ》であるとの御心《おこころ》です。

ですから、人《にん》に約《やく》すれば、妙法蓮華経の当体《とうたい》は、総《そう》じては末法の凡夫《ぼんぷ》である。別《べつ》しては、日蓮大聖人であられる。法に約すれば、宇宙生命《うちゅうせいめい》それ自体《じたい》が、妙法蓮華経の当体であるというのです。ゆえに、われわれの生命も、妙法の当体であり、宇宙生命と同一《どういつ》のものということができる。

だから、仏とは、総じてはこの生命のことといえるわけです！」

三人は、戸田《とだ》の顔《かお》を、じっと見つめた。驚嘆《きょうたん》の表情《ひょうじょう》が、はっきりと現《あらわ》れている。

「今夜《こんや》は、これまでにしよう。あまり最初《さいしょ》から、いっぺんに詰《つ》め込《こ》むと、入《い》れ物《もの》が小さいので、頭《あたま》が壊《こわ》れるといかんからね」

戸田は、笑《わら》いながら本を閉じた。（前掲、『人間革命　第1巻』二九一頁）

南無妙法蓮華経は、宇宙と生命を貫く根源の法であることを戸田氏はこの講義を通じて明らかにした。

三人は、われに返った。そして、三人とも、それぞれ共通《きょうつう》の疑問《ぎもん》をいだいた。それは、法華経についてではない。戸田個人《こじん》に関《かん》しての疑問であった。

〝すごい……いったい、いつ、彼《かれ》は、こんなに勉強《べんきょう》してしまったのか！〟

この夜の三人には、解《と》けぬ謎《なぞ》であった。彼らは、ちょうど、鹿野苑《ろくやおん》で釈尊《しゃくそん》の説法《せっぽう》に感激《かんげき》した、阿若憍陳如《あにゃきょうじんにょ》等の五人のようであった。北川直作《きたがわなおさく》らの三人も、講義《こうぎ》を通《とお》して、戸田《とだ》の偉大《いだい》な境涯《きょうがい》に触《ふ》れ、言うべき言葉《ことば》を知らなかったのである。

戸田の様子《ようす》は、いつもと変わりなかった。度《ど》の強《つよ》いメガネ、秀《ひい》でた額《ひたい》、機嫌《きげん》のいい笑顔《えがお》……。（前掲書二九一～二九二頁）

獄中で直観した生命の真理

戸田氏の「勉強」は、座学《ざがく》によるものではない。太平洋戦争中、国家権力により不当に弾圧され、投獄されていたときに、文字通り、命《いのち》懸《が》けでつかんだ真理なのである。この経緯について創価学会公式サイトから引用しておく。

教育者の団体として出発した学会は、ほどなく、教育改革のみならず、日蓮大聖人の仏法に基づいて生活・社会全般を変革することを目的とするようになり、仏法の実践団体になっていきました。しかし、国内の宗教団体を統制下に置こうとする軍部政府は、創価教育学会の活動に対しても、特高（特別高等警察）の刑事を派遣するなど、厳しい監視を行います。それは、1943年（昭和18年）7月の学会幹部の一斉逮捕となり、6日朝、戸田も治安維持法違反、不敬罪の容疑で検挙されました。戸田は東京拘置所に移され、2年におよぶ獄中生活を強いられました。

獄中にあった戸田は1944年（昭和19年）の元朝から、毎日1万遍の唱題（南無妙法蓮華経と唱えること）に励み、法華経全巻を読み進めていきました。

法華経を3回繰り返し読み、4回目に入ったとき、一つの壁に突き当たりました。それは法華経の序説（開経）にあたる無量義経徳行品第一の一節でした。

「其の身は有に非ず亦無に非ず　因に非ず縁に非ず自他に非ず……」と34の「非ず」が並んでいる個所です。「其の身」が仏の身を指していることは理解できましたが、34もの否定が何を表現しているのか分かりませんでした。

〝この文は何を意味しているのか〟

――戸田は深く悩み、唱題しては思索し抜く中、3月のある日、「仏とは生命である。自分の命にあり、また宇宙の中にもある、宇宙生命の一実体である」と直観したのです。

その後も法華経を読み続けるなかで、戸田は、仏から末法の広宣流布を託された「地涌の菩薩」の一人であるとの使命を深く自覚するとともに、生涯を広宣流布に捧げる決意を定めたのです。（SOKAnet「創価学会について」https://www.sokanet.jp/info/president/toda.html）

戸田氏は、獄中で直観した、〈仏とは生命である。自分の命にあり、また宇宙の中にもある、宇宙生命の一実体である〉という真理を、講義で伝えたのであるが、それが受講生の三人には、よく理解できなかったようだ。

池田氏は、その様子についてユーモアを交えつつ、こう記す。

「さぁ、初講義《はつこうぎ》も終《お》わった。正月《しょうがつ》だ。今夜《こんや》は、屠蘇《とそ》を頂《いただ》こうじゃないか。岩森君《いわもりくん》、頼《たの》むよ」

岩森は、さっきの酒《さけ》を取ってきた。そして、急《いそ》いで包装紙《ほうそうし》を破《やぶ》りながら言った。

「お屠蘇じゃない。こりゃ、いい酒だ。今夜は特別《とくべつ》ですな」

彼らは、静《しず》まり返った本堂《ほんどう》の隣室《りんしつ》で、燗《かん》をし、盃《さかずき》を酌《く》み交《か》わした。遅《おそ》くまで、時折《ときおり》、笑《わら》いを交《まじ》えた楽《たの》しそうな話《はな》し声《ごえ》が、続《つづ》いていた。

「さっきの講義だが、われわれ衆生《しゅじょう》も如来《にょらい》だというが、本当《ほんとう》かな？　ぼくには、とてもそうは思《おも》えないのだが……」

酒《さけ》に弱《よわ》い岩森《いわもり》がつぶやいた。

「なるほど、岩森君が仏《ほとけ》だとすると、ずいぶん、おかしな仏がいることになる。ハッ、ハッ、ハッ」

北川《きたがわ》が岩森をからかう。

今度《こんど》は、藤崎《ふじさき》が北川に言った。

「そういう北川君だって、あんまり感心《かんしん》した仏じゃないぜ、道楽仏《どうらくぼとけ》というのかな」

みんな、どっと笑《わら》いだした。

戸田《とだ》も笑った。

「今夜《こんや》は、ひどい仏が集《あつ》まったものだ」

笑いながらの戸田の言葉《ことば》に、岩森は真面目《まじめ》くさって、付《つ》け加《くわ》えた。

「しかし、ぼくには、仏だとはどうしても思《おも》えんな」

また爆笑《ばくしょう》が湧《わ》いた。（前掲、『人間革命　第1巻』二九二～二九三頁）

「勤行」の実践で仏の生命を自覚する

仏とは生命である。われわれ一人ひとりの生命に仏が内在しているのだ。そのことを戸田氏は、岩森氏に告げる。

戸田は、岩森に言った。

「岩森君、心配《しんぱい》するなよ。大聖人様《だいしょうにんさま》のおっしゃることが、心《こころ》から信《しん》じられないから、われわれを凡夫《ぼんぷ》というんだ。しかし、凡夫といえども、信心《しんじん》を一生懸命《いっしょうけんめい》して、それがわかれば、一人残《ひとりのこ》らず仏《ほとけ》になれるわけだ。これは間違《まちが》いない。御本尊様《ごほんぞんさま》を受持《じゅじ》し、強盛《ごうじょう》に信行学《しんぎょうがく》に励《はげ》めば、いつまでも、悩《なや》める凡夫でいるわけがない。それが、大聖人様《だいしょうにんさま》の御力《おちから》なんだ。

たとえば、大《たい》して科学《かがく》の実験《じっけん》も、研究《けんきゅう》もせずに、アインシュタインの学説《がくせつ》が、わかる道理《どうり》がないのと同じだよ」

話《はなし》は法華経《ほけきょう》に戻《もど》った。火鉢《ひばち》の火は乏《とぼ》しくなっていて、寒《さむ》い。彼《かれ》らは、身《み》を震《ふる》わせながらも、夜の更《ふ》けるのも気づかず、語《かた》り明《あ》かしたのであった。(前掲書二九三〜二九四頁)

創価学会は、勤行を生活の根幹に据《す》える。それは勤行こそが、生命変革の具体的実践だからだ。

朝晩、御本尊に向かい、法華経の二十八の品(=章)のうち、「方便品《ほうべんぽん》」と「寿量品《じゅりょうほん》の自我偈《じがげ》」を読み、「南無妙法蓮華経」と題目を唱えることを、「勤行」といいます。

「御本尊」は、宇宙と生命を貫く根源の法である南無妙法蓮華経を悟られた御本仏《ごほんぶつ》・日蓮大聖人が、御自身の仏の生命をあらわされたものです。その御本尊を信じ、読経《どきょう》し、題目を唱えていくとき、本来、私たちのなかに内在している仏界という最高の生命があらわれてきます。日々、勤行の実践を持続することで、生命が磨かれていくのです。(SOKAnet「新入会員の方へ」、https://www.sokanet.jp/shinkaiin/gongyo.html)

勤行によって、生命が磨かれていくので、そのことは日々の生活の改善に直結していく。正しい教えに触れても、それをなかなか理解することができないというのが、世間のさまざまな偏見やしがらみの中で生きている人間の実態だ。その人間を変革していく基盤は、一人ひとりが自分は仏の生命を持った存在であることを自覚するところにある。戸田氏は講義でそのことを説いているのだ。生命の尊厳を確立することが創価学会の説く価値創造の中核に据えられているのである。

第22章 国家神道に追従した宗門と「客殿焼失」

「千里の道」(二九四～三〇一頁)

「瞬間の連続が永劫」という真理

小説『人間革命』で池田大作氏は、一九四六年一月二日からの戸田城聖氏ら一行《いっこう》の大石寺における動きを時系列で記述する。時間の流れに沿った記述をする中で、時間と空間を超える仏法の真理について伝えることを池田氏は意図している。それだから、テキストの一文字一文字をたいせつにして、ていねいに読み解いていかなくてはならない。

翌《よく》二日の午前《ごぜん》、彼ら四人は、第六十三世日満《にちまん》に対面《たいめん》した。そして、宝蔵《ほうぞう》で勤行《ごんぎょう》をした。

戸田《とだ》は、勤行の間《あいだ》、身じろぎもしなかった。宝蔵にいることさえ、忘《わす》れ果《は》てた様子《ようす》であった。

彼は、宝蔵にあって力強《ちからづよ》く唱題《しょうだい》し、大御本尊に、苦難《くなん》の歳月《さいげつ》を乗《の》り越《こ》えることのできたお礼《れい》を申《もう》し上《あ》げた。さらに、広宣流布《こうせんるふ》の新《あら》たな決意《けつい》を、ひときわ強《つよ》く訴《うった》え、唱題《しょうだい》するのであった。

一瞬《いっしゅん》、過去《かこ》も、未来《みらい》も、遠《とお》く消《き》えていくように感《かん》じた。あるのは、御本尊《ごほんぞん》に向かう、一個《いっこ》の戸田城聖《とだじょうせい》だけであった。その間に流《なが》れるものは、永劫《えいごう》ともいうべき、生命感《せいめいかん》だけである。

彼《かれ》は、この時、思《おも》った。

〝永遠《えいえん》とは、瞬間《しゅんかん》、瞬間の連続《れんぞく》である。瞬間の連続が、永劫である。その瞬間の本源《ほんげん》、本体《ほんたい》こそ、南無妙法蓮華経《なんみょうほうれんげきょう》である……〟

厨子《ずし》の扉《とびら》が閉《と》じた瞬間、彼は、われに返った。五体《ごたい》には、言いようのない歓喜《かんき》が満《み》ちあふれてきた。（池田大作『人間革命　第1巻』聖教ワイド文庫、二〇一三年、二九四〜二九五頁）

戸田氏がここで瞬間的に〈永遠とは、瞬間、瞬間の連続である。瞬間の連続が、永劫である〉という真理をつかんだことが重要だ。これは創価学会の時間理解を示す重要な記述である。現在の瞬間、次に起きる瞬間、これらの瞬間が連続することによって永劫は成立するのである。言い換えるならば、永劫は今の瞬間なのである。この真実を法華経は明らかにしているのだ。

二日の午後に法華経講義に新たなメンバーが加わる。

この日も、快晴《かいせい》である。戸田は、午後《ごご》になると、再《ふたた》び法華経《ほけきょう》の講義《こうぎ》を続《つづ》けた。

夕刻《ゆうこく》、本田洋一郎《ほんだよういちろう》が姿《すがた》を現《あらわ》した。用事《ようじ》のため、一日遅《おく》れて登山《とざん》したのである。二人《ふたり》の女性《じょせい》が一緒《いっしょ》であった。清原《きよはら》かつと泉田《いずみだ》ためであった。彼らは、寒《さむ》いなかを、バスもなく、富士宮《ふじのみや》から歩《ある》いてきたのだった。「疲《つか》れた、疲れた」と言いながら、汗《あせ》を拭《ふ》いていた。

清原《きよはら》は国民学校《こくみんがっこう》の教員《きょういん》であった。泉田《いずみだ》の夫《おっと》は軍人《ぐんじん》であり、南方《なんぽう》に行《い》ったまま、いまだに復員《ふくいん》していない。生死《せいし》も不明《ふめい》であった。

にわかに、理境坊《りきょうぼう》は、にぎやかになった。

夕食《ゆうしょく》は、七人に増《ふ》えた。自然《しぜん》に話《はなし》も弾《はず》んできた。

「法華経講義《ほけきょうこうぎ》は、いいよ。実《じつ》に食べ物《もの》がうまくなる。君《きみ》は、まだこの味《あじ》を知らないだろう」

北川《きたがわ》が、とぼけて言った。

岩森《いわもり》が、また真面目《まじめ》くさった顔《かお》で付《つ》け加《くわ》えた。

「ああ、そうか。昨夜《さくや》の酒《さけ》も、本当《ほんとう》にうまかった。それは、講義のせいだったのか」

「法華経、酒の味を変える……ということか。気がつかなんだ」

藤崎《ふじさき》の言葉《ことば》にも、実感《じっかん》があった。（前掲書二九五〜二九六頁）

ここで重要なのは、女性が加わったという事実だ。法華経講義の対象者はジェンダー的に限定されていないことが、事実として示されている。当時、日本の宗教は、いずれも男権的性格を強く帯びていた。創価学会はそれとは違う原理で動く教団であることをこの記述は示している。

法華経講義に参加したことによって、食事も酒もおいしくなったというのは事実である。食べ物や飲み物の味は、客観的な物質に還元することはできない。人間がどのような心の状態で、飲み、食べるかということと深く関係しているのである。キリスト教の場合、イエス・キリストが人間を救済するために十字架《じゅうじか》にかけられて死んだことを記念する聖餐式《せいさんしき》という儀式がある。礼拝（ミサ）の中で、ぶどう酒を飲み、パンを食べるのであるが、信仰を伴って食べるパン、飲むぶどう酒には特別の味がある。世界宗教である創価学会もキリスト教も信仰によって飲食物の味を変化させる力を持つ。

真の同志を得るために一人から出発する

法華経講義が進むにつれて、参加者の仏法に対する理解が深まっていく状況が、ここでは生き生きと描写されている。


翌《よく》三日は、雨《あめ》である。

新顔《しんがお》を交《まじ》えて、午前《ごぜん》と午後《ごご》の二回、法華経講義は続《つづ》けられた。

北川《きたがわ》たちは、講義《こうぎ》が面白《おもしろ》くなってきた。必《かなら》ずしも、法華経難解難入《ほけきょうなんげなんにゅう》にあらず、などと言いだすにいたった。

翌《よく》四日、午後《ごご》の講義で、法華経方便品《ほうべんぼん》を終了《しゅうりょう》し、さらに譬喩品《ひゆほん》に入《はい》った。

この日は、快晴《かいせい》であった。暖《あたた》かである。障子《しょうじ》を開《あ》け、机《つくえ》に向かう求道者《きゅうどうしゃ》の顔《かお》も、輝《かがや》いていた。

戸田《とだ》は、彼《かれ》らを見て思《おも》った。

〝彼らが、少《すこ》しでも理解《りかい》してくれれば、実《じつ》にありがたいことだ。彼らに理解できなくても、かまわない。彼らがどうあろうとも、この講義は、最後《さいご》まで続《つづ》けよう。彼らのうち、落後《らくご》する者《もの》が出てもいい。また、新《あら》たに参加《さんか》する者も出てくるだろう。最《もっと》も大事《だいじ》なことは、ともかく今の講義を、続けきっていくことだ〟

彼は、千里《せんり》の道《みち》を、一歩《いっぽ》踏《ふ》み出《だ》せたことを喜《よろこ》んだ。（前掲書二九六～二九七頁）

ここで興味深いのは、戸田氏が法華経講義について、護送船団《ごそうせんだん》方式をとらないという方針を立てたことだ。

〈彼らのうち、落後する者が出てもいい。また、新たに参加する者も出てくるだろう。最も大事なことは、ともかく今の講義を、続けきっていくことだ〉と戸田氏は述べているが、落後する人がいても、いずれその人が学び直し、法華経の真理を理解する可能性は常に開かれている。重要なのは、法華経講義を続け、真の同志を獲得する歩みを進めることだ。出発点では一人であっても、人間革命を通じて、それは、日本全体、そして全世界に広がっていくのである。

〝師子《しし》は、千里の道を一人征《ひとりゆ》く。伴侶《はんりよ》を求《もと》めず、だ。俺《おれ》も征く。俺は、広宣流布《こうせんるふ》をめざし、障魔《しょうま》の嵐《あらし》を打《う》ち破《やぶ》り、逆巻《さかま》く怒濤《どとう》も乗《の》り越《こ》えて、断《だん》じて進《すす》む。征く、戦《たたか》う〟

彼は、心《こころ》に強《つよ》く誓《ちか》った。（前掲書二九七頁）

〈千里の道を一人征く〉という言葉に、創価学会が世界宗教に発展していく方向性が示されているのだ。

客殿焼失の意味を信仰の目からみる

テキストに即して、一九四六年一月五日の出来事を、読者と一緒に追体験したい。

翌《よく》五日も快晴《かいせい》であった。真冬《まふゆ》の富士《ふじ》は、純白《じゅんぱく》な雪《ゆき》を頂《いただ》き、すがすがしく、絶妙《ぜつみょう》の山容《さんよう》であった。

午後《ごご》は下山《げざん》である。一同《いちどう》は、境内《けいだい》を散策《さんさく》した。そして、焼亡《しょうぼう》によって今はない客殿《きゃくでん》の跡《あと》にたたずんだ。

戸田《とだ》は、思《おも》わず傍《かたわ》らの石《いし》に腰《こし》を下《お》ろした。彼《かれ》は、無言《むごん》で深《ふか》く思索《しさく》したまま動《うご》かなかった。

客殿の焼《や》け跡は、高い杉木立《すぎこだち》に囲《かこ》まれ、薄暗《うすぐら》いが、きれいに清掃《せいそう》されていた。四角《しかく》い礎石《そせき》が、一定《いってい》の間隔《かんかく》で、整然《せいぜん》と地面《じめん》に残《のこ》っていた。太《ふと》い柱《はしら》を支《ささ》えていた証拠《しょうこ》である。ところどこ

ろには枯《か》れ草《くさ》の跡さえ見えた。（前掲書二九八頁）

ここで池田氏は、太平洋戦争末期に起きた大石寺の客殿焼失を信仰の観点から深く掘り下げて解釈する。まずは、事実関係についてだ。

――一九四五年（昭和《しょうわ》二十年）六月十七日午後十時三十分ごろ、突如《とつじょ》として、対面所《たいめんじょ》の裏《うら》から出火《しゅっか》し、大奥《おおおく》、書院《しょいん》、六壺《むつぼ》、米蔵《こめぐら》を類焼《るいしょう》。翌朝四時ごろまで燃《も》え続《つづ》けた大火《たいか》で客殿が焼《しょう》失《しつ》した。敗戦《はいせん》の二カ月前のことである。

この客殿は、一八七一年（明治《めいじ》四年）に再興《さいこう》され、一九三一年（昭和六年）には、日蓮大《にちれんだい》聖人《しょうにん》の六百五十遠忌《おんき》を記念《きねん》して、大修理《だいしゅうり》を加《くわ》えられた建物《たてもの》であった。大広間《おおひろま》は約《やく》二百七十畳《じょう》で、丑寅勤行《うしとらごんぎょう》をはじめ、総本山《そうほんざん》の行事《ぎょうじ》は、ほとんどこの建物が使用《しよう》されていた。

折《おり》しも戦時《せんじ》下の軍部政府《ぐんぶせいふ》は、人員収容《じんいんしゅうよう》のために便利《べんり》な大石寺《たいせきじ》の建物に目をつけた。国家神《こっかしん》道《とう》に追従《ついじゅう》した宗門《しゅうもん》は、大石寺を軍部政府の国家総動員《そうどういん》の拠点《きょてん》として、積極的《せっきょくてき》に提供《ていきょう》した。四三年（昭和《しょうわ》十八年）六月二十日には、勤労訓練生《きんろうくんれんせい》の宿泊所《しゅくはくじょ》として、大坊《だいぼう》・大書院《だいしょいん》（二百四十畳）を提供した。

この勤労訓練所は、徴用工《ちょうようこう》を訓練しては、一カ月ごとに、次々《つぎつぎ》と軍需工場《ぐんじゅこうじょう》に送《おく》り込《こ》み、そのつど、新《あたら》しく徴用工を連《つ》れて来ては、慌《あわ》ただしく収容していった。

しかも、境内《けいだい》の坊には、東京《とうきょう》の学童《がくどう》が集団疎開《しゅうだんそかい》していた。参詣人《さんけいにん》の絶《た》えた参道《さんどう》の石畳《いしだたみ》の上

を、徴用された人びとと、疎開した児童《じどう》が行き交《か》う――それが、戦時下の総本山の光景《こうけい》であった。（前掲書二九八〜二九九頁）

客殿焼失を信仰の観点から評価した場合、宗門が国家神道に追従し、大石寺を国家総動員の拠点として積極的に当時の軍部政府に提供した事実から目を背《そむ》けることはできない。創価学会と宗門は、戦時下、国家権力との関係が緊張した時点で、対極的な選択をしたのである。さらに、大石寺には、朝鮮半島（韓半島）出身の農耕隊員もいた。

その後、韓《かん》・朝鮮半島《ちょうせんはんとう》から、日本軍の命令《めいれい》により、労働力《ろうどうりょく》として強制的《きょうせいてき》に徴兵《ちょうへい》された朝鮮兵の農耕隊《のうこうたい》がやって来た。二百数十人の駐屯所《ちゅうとんじょ》・宿舎《しゅくしゃ》として、大坊・客殿《きゃくでん》等が提供《ていきょう》された。農耕隊《のうこうたい》の幹部《かんぶ》は、すべて日本人の将校《しょうこう》・下士官《かしかん》であった。彼《かれ》らは横暴《おうぼう》であった。大坊《だいぼう》の対《たい》面所《めんじょ》に起居《ききょ》し、軍部権力《ぐんぶけんりょく》を笠《かさ》に着《き》た彼らは、まるで、大名《だいみょう》か殿様《とのさま》のように振《ふ》る舞《ま》った。また、周辺《しゅうへん》の農民《のうみん》をも見下《みくだ》し、祖国《そこく》の民《たみ》を守《まも》るどころか、ここでも民を苦《くる》しめる行動《こうどう》を、あえてしていたのである。（前掲書二九九〜三〇〇頁）

日本の朝鮮半島における植民地支配に対して、宗門が無自覚であった事実を記憶しておくことも、創価学会にとってはとても重要だ。なぜなら、隣国への植民地支配に対する日本の責任を自覚することなしに、日本で生まれた創価学会が世界宗教として発展することはできないからだ。農耕隊の幹部が、日本人の将校・下士官によって占められていたことにも、軍部が植民地の住民（当時は、大日本帝国臣民とされていた）を同胞として取り扱わず、支配し、使役《しえき》する対象としてとらえていたことが端的に示されている。

さらに、大石寺には神棚が作られ、神札が祭られていたのである。

彼らの数々《かずかず》の非行《ひこう》が重《かさ》なっていった。総本山《そうほんざん》の境内《けいだい》は、悲惨《ひさん》にも、日に日に荒《あ》らされていくばかりであった。大坊の大書院《だいしょいん》には神棚《かみだな》がつくられ、天照大神《てんしょうだいじん》の神札が祭《まつ》られた。（前掲書三〇〇頁）

まさに神札問題こそが、創価（教育）学会が軍部政府に弾圧され、牧口常三郎初代会長が獄中死する原因となった。この点で、宗門と創価学会は、対極的な対応をした。

ところで、創価学会は、紙芝居《かみしばい》を用いて信仰を伝えることにも力を入れている。創価学会公式サイトには、「手作り紙芝居」のための資料が掲載されている。そこには、戦時中の神札問題に関する資料もあるので、引用しておく。

権力に迎合した宗門

軍部政府が神札《かみふだ》をまつることを強制《きょうせい》すると、臆病《おくびょう》な宗門《しゅうもん》はそれを受《う》け入《い》れ「学会《がっかい》も神札を受けるように」と申《もう》し渡《わた》してきました。牧口先生は、権力に迎合する宗門をいさめ、「神札は絶対《ぜったい》に受けません」と宗門の要求《ようきゅう》を断固《だんこ》、拒否《きょひ》します。「一宗《いっしゅう》が滅びることではない、一国が滅びることを、嘆《なげ》くのである」と。（SOKAnet「会員サポート〈6・6牧口常三郎初代会長誕生日〉」、https://www.sokanet.jp/kaiin/kamishibai.html）

創価学会が後に宗門と決別せざるを得なくなる原因が、この時点から内包されていたのである。

客殿の火災に対して、大石寺関係者は有効に対処することができなかった。

客殿《きゃくでん》の大火《たいか》は、この大坊の対面所裏《うら》から出火《しゅっか》した。所化《しょけ》の火の不始末《ふしまつ》か、農耕隊幹部の失《しっ》火《か》か、戦時中《せんじちゅう》のことで、原因不明《げんいんふめい》のまま、うやむやに葬《ほうむ》られてしまっている。

火災《かさい》が発見《はっけん》された時には、火は既《すで》に天井《てんじょう》に迫《せま》っていた。

僧《そう》たちは、二手《ふたて》に分《わ》かれ、一組《ひとくみ》は真《ま》っ先《さき》に、客殿に飛《と》び込《こ》んでいった。ほかの一組は、宝《ほう》蔵《ぞう》に集合《しゅうごう》した。大御本尊《だいごほんぞん》を守るためである。

当時《とうじ》、総本山在勤《ざいきん》の僧侶《そうりょ》は、ほとんど徴兵《ちょうへい》され、残《のこ》っているのは、中学生《ちゅうがくせい》、小学生《しょうがくせい》の所化《しょけ》か、兵役年齢《へいえきねんれい》をはるかに過《す》ぎた老僧《ろうそう》たちばかりであった。境内《けいだい》にある十二坊《ぼう》の老僧を合《あ》わせて、わずか三十人そこそこである。これらの僧にとって、空《そら》を焦《こ》がす紅蓮《ぐれん》の炎《ほのお》は、あまりにも高く、大きすぎた。

上野村《うえのむら》の警防団《けいぼうだん》も、消防車《しょうぼうしゃ》を、石畳《いしだたみ》の上をガラガラ響《ひび》かせてやってきた。しかし、これも初老《しょろう》の人たちばかりで、若者《わかもの》は一人《ひとり》もいなかった。総本山《そうほんざん》にいた疎開学童《そかいがくどう》も、バケツリレーをして消火《しょうか》にあたったが、火を吐《は》く建物《たてもの》は、広大《こうだい》で手にあまった。

農耕隊《のうこうたい》の兵士《へいし》は、一人も消火を手伝《てつだ》わなかった。これは幹部《かんぶ》の者《もの》が、兵士の逃亡《とうぼう》を恐《おそ》れて、火災中《かさいちゅう》、一カ所に集《あつ》めて手伝わせなかったからである。（前掲、『人間革命　第1巻』三〇〇～三〇一頁）

ここで注目されるのは、軍の日本人将校と下士官の農耕隊に所属する朝鮮人、韓国人兵士に対する態度だ。火災という非常事態においても、日本人指揮官が、兵士の逃亡を恐れるというのは、日本の植民地支配が、不信の原理によって構築されていたことを端的に示すものだ。このような事実を記録することで、池田氏は、朝鮮半島に対する植民地支配の過去を、日本人は決して忘れてはいけないと説いているのだ。

第23章 「魂のバトン」を未来へ受け継ぐ

「千里の道」（三〇一～三〇六頁）

軍部政府に迎合した宗門

太平洋戦争末期の一九四五年六月十七日に大石寺で発生した大火の様子について、池田大作氏はていねいに描写する。

僧侶《そうりょ》たちは、客殿安置《きやくでんあんち》の御開山日興上人《ごかいざんにつこうしようにん》のお認《したた》めの御本尊《ごほんぞん》を、どうやら事《こと》なく裏《うら》の杉林《すぎばやし》に移《うつ》すことができた。そこで、初《はじ》めて安堵《あんど》の息《いき》を吐いた。

火勢《かせい》は、火が火を呼《よ》んで、ますます盛《さか》んになっている。

僧たちは、一、二人を残《のこ》して、御影像《みえいぞう》の搬出《はんしゅつ》に駆《か》け戻《もど》った。

夜空《よぞら》を焦がす火炎《かえん》、その火炎の反射《はんしゃ》、燃《も》える木材《もくざい》のはぜる不気味《ぶきみ》な音《おと》――僧は、小声《こごえ》で唱題していた。やがて、重宝《じゅうほう》は、ことごとく、次々《つぎつぎ》と杉林に運《はこ》ばれてきた。

「御本尊様《ごほんぞんさま》は御無事《ごぶじ》だぞ!」

彼《かれ》らの胸中《きょうちゅう》に、安堵《あんど》の喜《よろこ》びが湧《わ》いた。しかし、火勢《かせい》は、まだ、なかなか衰《おとろ》えを見せない。

そのうち、空《そら》が、かすかに白《しら》んできた。炎《ほのお》の色《いろ》も、薄《うす》らぎ始《はじ》めた。人びとの顔《かお》も、ぼんやり、互《たが》いに見分《みわ》けがついてきた。(池田大作『人間革命 第1巻』聖教ワイド文庫、二〇一三年、三〇一～三〇二頁)

御本尊を被災から防ぐことができた。そのときの関係者の安堵の様子が伝わってくる。この火災は、単なる事故ではない。国家神道に追従し、時の軍部政府に協力した宗門が国家総動員体制に協力して、大石寺の建物を積極的に提供したことに原因がある。日蓮仏法の信仰に忠実に従うならば、軍部政府に過剰に迎合《げいごう》するようなことはなかったはずだ。現に、牧口常三郎・創価学会初代会長、戸田城聖二代会長は、日蓮仏法の原則を守ったが故に投獄され、牧口先生は獄中死した。

大石寺の大火という出来事を池田氏は正しい信仰という視座から解釈している。その観点で、以下の記述が重要になる。

その時、一人《ひとり》の僧《そう》が、人びとの顔をのぞきながら、大きな声《こえ》で叫《さけ》んだ。

「御前様《ごぜんさま》は？」

僧たちは、互いに顔を確《たし》かめ合《あ》った。そして、驚愕《きょうがく》した表情《ひょうじょう》で口々《くちぐち》に叫んだ。

「御前様がいない……」

「……御前様がいないぞ」

「誰《だれ》か知らないか」

僧たちは、転《ころ》がるように、一斉《いっせい》に走《はし》りだした。ある僧は、杉林《すぎばやし》を出て、坊《ぼう》が並《なら》ぶ参道《さんどう》に向かった。ある僧は、再《ふたた》び客殿《きゃくでん》の方《ほう》へ引き返した。ある僧は、裏《うら》の杉林の方へ飛《と》び込《こ》んでいった。

一団《いちだん》の僧は、客殿の周囲《しゅうい》を慌《あわ》ただしく駆《か》け回《まわ》った。そこにも、法主《ほっす》の姿《すがた》はなかった。誰《だれ》に聞いても、知る者《もの》がなかった。

「どこかの坊《ぼう》に、いらっしゃるにちがいない」

「御影堂《みえいどう》かもしれない」

火勢《かせい》が衰《おとろ》えるにつれ、不安《ふあん》は、いよいよ募《つの》ってきた。皆《みな》、蒼白《そうはく》である。僧《そう》たちは、再三《さいさん》、境内《けいだい》のあちこちに散《ち》り、集《あつ》まり、また散っていった。

境内の十二坊を、ことごとく探《さが》し回《まわ》った。御影堂も見た。杉林《すぎばやし》にも、人影《ひとかげ》はなかった。くまなく探《たん》索《さく》した僧侶《そうりょ》たちは、自然《しぜん》とまた、客殿《きゃくでん》の焼《や》け跡《あと》に戻《もど》ってきた。

時は刻々《こっこく》と過《す》ぎ、空《そら》は明《あか》るくなった。しかし、法主《ほっす》の姿《すがた》を見た者はなかった。

誰の顔《かお》も、煤《すす》けて、目ばかりギョロリとしていた。皆、顔を見合《みあ》わせると、言い知れぬ不安を、互《たが》いの顔に読《よ》み取《と》った。
火は、大奥《おおおく》、書院《しょいん》、客殿、六壺《むつぼ》などを焼いて、ようやく消《き》えた。火事場《かじば》の、異様《いよう》な臭気《しゅうき》が漂《ただよ》っている。白《しろ》い煙《けむり》が、くすぶり続《つづ》けている。(前掲書三〇二~三〇三頁)
僧たちが必死になって、日恭《にっきょう》第六十二世法主を捜す様子が伝わってくる。しかし、結果は悲劇的であった。

僧たちの目は、期《き》せずして大奥二階《かい》の管長室《かんちょうしつ》に注《そそ》がれた。

学童《がくどう》たちは、境内《けいだい》の宿舎《しゅくしゃ》に引《ひ》き揚《あ》げていた。農耕隊《のうこうたい》の兵士《へいし》たちや、警防団《けいぼうだん》の人たちは、焼《や》け跡《あと》のところどころに固《かた》まり、がやがや話《はな》し合《あ》っていた。

一人《ひとり》の僧《そう》が、大奥《おおおく》の焼け跡の中に入《はい》っていった。

「おい、危《あぶ》ないぞ」

「気をつけろ!」

焼け跡の周囲《しゅうい》から、鋭《するど》い叫《さけ》び声《ごえ》が響《ひび》いた。人びとの目は、一斉《いっせい》に、その僧の背《せ》に注《そそ》がれた。

その僧は、棒切《ぼうき》れで叩《たた》きながら、足《あし》もとの安全《あんぜん》を確《たし》かめ、進《すす》み始《はじ》めた。

彼《かれ》の姿《すがた》が消《き》えた。

しばらくすると、激越《げきえつ》な、悲痛《ひつう》な声が聞こえてきた。

「御前様《ごぜんさま》! 御前様!……」

一瞬《いっしゅん》、人びとは息《いき》をのんだ。

その一瞬が過《す》ぎると、二、三人の僧も、焼け跡に飛《と》び込《こ》んでいった。そこには、第六十二世の法主《ほっす》・日恭《にっきょう》の遺体《いたい》があった。（前掲書三〇三〜三〇四頁）

牧口常三郎会長から受け取った魂のバトン

重要なのは、客殿等の焼失、法主の死をどのように解釈するかだ。戸田城聖氏は、ここで恩師である牧口常三郎先生の死について思いを馳せる。


戸田城聖《とだじょうせい》は、焼《や》け跡《あと》の一隅《いちぐう》に腰《こし》を下《お》ろして、在《あ》りし日の客殿《きゃくでん》のたたずまいを思《おも》い返《かえ》していた。すると、ふと恩師《おんし》・牧口常三郎《まきぐちつねさぶろう》の面影《おもかげ》が、頭《あたま》をかすめた。

彼《かれ》は、思った。

〝学会《がっかい》は壊滅《かいめつ》させられ、恩師は獄死《ごくし》された。これほどの弾圧《だんあつ》が、過去《かこ》にあっただろうか、断《だん》じてない。日蓮大聖人《にちれんだいしょうにん》の御聖訓《ごせいくん》に照《て》らして考《かんが》えるなら、日本の国が焦土《しょうど》となり、滅亡《めつぼう》したのも、まさしく、この弾圧の結果《けっか》ではないのか……〟

彼は、そこに厳然《げんぜん》たる因果《いんが》の法則《ほうそく》を見る思いがした。（前掲書三〇五頁）

創価教育学会は、断固として平和を維持しようとした。それ故に大弾圧を被った。牧口先生は獄中死することになった。戸田氏も、巡り合わせが少し異なっていれば、獄中死した可能性が十分にある。軍部政府が正しい仏法を弾圧した。大日本帝国という国家が、焦土となり、滅亡した原因は、この弾圧にある。因果の法則が作用しているのである。この現実を冷静に見据えることが重要だ。そして、宿命を転換していかなくてはならない。ここで重要なのが人だ。宗教は、ただ長く続けばいいということではない。この点について、「SEIKYO Online」の有料会員向けのサイトは、創価学会の新入会員を対象とする〈みんなで学ぶ教学～新会員教室～14　令法久住〉でこう説明している。

――それでは、長く続く宗教ほど「立派」ということですか？

いいえ、違います。たしかに世間を見渡せば、古い歴史を持つ神社仏閣は数多くありますが、仮に正しい教えであったとしても、立派な建物があるだけでは法は弘まりません。御書に「一切の仏法も又人によりて弘まるべし」（465ページ）と記されているように、日蓮仏法の焦点は「人」です。偉大な法があっても、それを受持し、弘める人がいなければ法は衰退してしまいます。

ゆえに、大聖人は、「わが一門の者たちは、二陣三陣と続き」（御書911ページ、通解）、「はじめは日蓮一人が南無妙法蓮華経《なんみょうほうれんげきょう》と唱えたが、二人・三人・百人と次第に唱え伝えてきたのである。未来もまたそうであろう」（同1360ページ、通解）と仰せです。門下に、後継の自覚を促され、妙法流布《みょうほうるふ》を訴えられたのです。

――大聖人門下として〝続く人〟が不可欠なんですね。

私たちにとって、後継者の育成こそ令法久住《りょうぼうくじゅう》の最大の鍵です。青年部・未来部を大切に育む理由は、ここにあるのです。

池田先生は、ある時は、陸上競技で用いる「バトン」を例に青年たちに次のように訴えられています。

「私は約十年間にわたって戸田先生に仕《つか》え、広宣流布の精神と原理と構想とを教えていただき、広布のバトンを受け継ぎました。私は先生の弟子として、その〝魂のバトン〟を手に、人類の幸福と平和のために、力の続く限り走り抜いてまいる決心でございます。そして、私が『広宣流布の総仕上げを頼むぞ』と、最後にそのバトンを託すのは、ほかならぬ青年部の諸君であります」

戸田氏は、客殿の焼け跡を前にして、牧口初代会長から「魂のバトン」を受け取ったことを強く認識したのである。そして、池田大作氏は、この事実を記すことによって、池田氏が戸田氏から「魂のバトン」を受け取ったという事実を読者に伝えるとともに、『人間革命』を読む創価学会員にとって重要なのは、この「魂のバトン」を受け取って、人類の幸福と平和のために、力の続く限り走り抜くことであると伝えているのだ。

「大悪」をバネにする人間革命の実践

話を『人間革命』のテキストに戻す。

彼は、杉木立《すぎこだち》の梢《こずえ》を見上《みあ》げた。広々《ひろびろ》とした大空《おおぞら》に目を放《はな》った。大聖人の御書《ごしょ》の一節《いっせつ》を、彼は、われ知らず、かみしめていた。

「大悪《だいあく》を《起》これば大善《だいぜん》きたる」（御書一三〇〇ジペー）

御金言《ごきんげん》は、間違《まちが》いない。それならば、未曾有《みぞう》の興隆《こうりゅう》の時は、今をおいて絶対《ぜったい》にない。今、この道《みち》は、千里《せんり》の道に見えようとも、それは、凡夫《ぼんぷ》の肉眼《にくがん》の距離《きょり》にすぎない。死身弘法《ししんぐほう》の精神《せいしん》があるならば、広宣流布《こうせんるふ》は必《かなら》ず成就《じょうじゅ》できる。

彼は、閑散《かんさん》とした境内《けいだい》を眺《なが》めつつ、腰を上げた。

「さぁ、いよいよ始《はじ》まるぞ」

彼《かれ》は、静《しず》かに力強《ちからづよ》く言った。皆《みな》も一緒《いっしょ》に立ち上がった。だが、いったい何が始まるのか、誰《だれ》にもわからなかった。

この日の午後《ごご》、一同《いちどう》は、そろって下山《げざん》した。富士宮駅《ふじのみやえき》でも富士駅でも、長《なが》い間《あいだ》、列車《れっしゃ》を待《ま》たなければならなかった。

寒《さむ》い、暗《くら》い、東京《とうきょう》に着《つ》いた。

戸田《とだ》が帰宅《きたく》してみると、時計《とけい》は午前零時《ごぜんれいじ》を回《まわ》っていた。（前掲、『人間革命　第1巻』三〇五～三〇六）

太平洋戦争で国土は焦土となった。大日本帝国は崩壊した。大石寺の客殿は焼失し、創価教育学会の組織も壊滅させられた。しかし、この大悪に打ちのめされてしまってはいけないのである。日蓮大聖人の教えを継承する人間として、〈大悪をこれば大善きたる〉という真理を堅く信じることが重要なのだ。このことが人間革命の原点なのである。〈大悪をこれば大善きたる〉ということの意味を、創価学会公式サイトではこう説明している。


「人間革命」とは、自分自身の生命や境涯をよりよく変革し、人間として成長・向上していくことをいいます。

戸田先生が理念として示し、池田先生が信仰の指標として展開しました。

人間革命とは、現在の自分自身とかけ離れた特別な存在になることでもなければ、画一的な人格を目指すことでもありません。万人の生命に等しく内在する、智慧と慈悲と勇気に満ちた仏の生命を最大に発揮することで、あらゆる困難や苦悩を乗り越えていく生き方です。

また、日蓮大聖人は、「冬は必ず春となる」「大悪を（起）これば大善きたる」などと、人生において直面するいかなる困難をも前向きにとらえ前進のバネとしていく変革の生き方を説いています。この哲学を根本に、会員は人間革命の実践に日々取り組んでいます。
(SOKAnet「創価学会について」、https://www.sokanet.jp/info/kmav7s000006eld.html)

世界広宣流布と「三代会長」の意義

人間は誰であっても、自分が置かれている家族、国家、社会の状況から逃れることはできない。戸田氏は、太平洋戦争という大悪を大善につながる契機として前向きにとらえたのだ。そして、会員に人生において直面するいかなる困難をも前向きにとらえ前進のバネとしていく変革の生き方を説き、それを実践した。その結果が、今日の世界宗教としての創価学会なのである。創価学会の会憲では、「三代会長」の意義についてこう記す。

牧口先生、戸田先生、池田先生の「三代会長」は、大聖人の御遺命《ごゆいめい》である世界広宣流布を実現する使命を担って出現された広宣流布の永遠の師匠である。「三代会長」に貫かれた「師弟不二」の精神と「死身弘法《ししんぐほう》」の実践こそ「学会精神」であり、創価学会の不変の規範である。日本に発して、今や全世界に広がる創価学会は、すべてこの「学会精神」を体現したものである。

池田先生は、戸田先生も広宣流布の指揮をとられた、「三代会長」の師弟の魂魄《こんぱく》を留める不変の根源の地である信濃町に、創価学会の信仰の中心道場の建立を発願《ほつがん》され、その大殿堂を「広宣流布大誓堂」と命名された。

2013年11月5日、池田先生は、「大誓堂」の落慶入仏式を執り行なわれ、「広宣流布の御本尊」を御安置され、末法万年《まっぽうまんねん》にわたる世界広宣流布の大願をご祈念されて、全世界の池田門下に未来にわたる世界広宣流布の誓願の範を示された。

世界の会員は、国籍や老若男女を問わず、「大誓堂」に集い来り、永遠の師匠である「三代会長」と心を合わせ、民衆の幸福と繁栄、世界平和、自身の人間革命を祈り、ともどもに世界広宣流布を誓願する。

池田先生は、創価学会の本地と使命を「日蓮世界宗創価学会」と揮毫《きごう》されて、創価学会が日蓮大聖人の仏法を唯一世界に広宣流布しゆく仏意仏勅《ぶついぶっちょく》の教団であることを明示された。

そして、23世紀までの世界広宣流布を展望されるとともに、信濃町を「世界総本部」とする壮大な構想を示され、その実現を代々の会長を中心とする世界の弟子に託された。

創価学会は、「三代会長」を広宣流布の永遠の師匠と仰ぎ、異体同心の信心をもって、池田先生が示された未来と世界にわたる大構想に基づき、世界広宣流布の大願を成就しゆくものである。（SOKAnet「創価学会について」、https://www.sokanet.jp/info/kaiken.html）

まさに世界宗教に向けての「千里の道」の第一歩を一九四六年一月に戸田氏は踏み出したのである。

第24章 信仰で固く結ばれた父子の絆

「胎動」（三〇七～三一五頁）

事実上の国教だった国家神道

日本の国家制度を転換する上で、一九四六年一月一日の人間宣言はとても重要な意味を持つ。小説『人間革命』においては、この人間宣言の意義と限界についての考察が進められている。

戸田城聖《とだじょうせい》が、総本山大石寺《そうほんざんたいせきじ》の宿坊《しゅくぼう》で、第一回の法華経講義《ほけきょうこうぎ》を始《はじ》めた一九四六年（昭和《しょうわ》二十一年）一月一日、この日、天皇《てんのう》の詔書《しょうしょ》が発表《はっぴょう》された。

「……朕《チン》ト爾等《ナンジラ》国民《コクミン》トノ間ノ紐帯《チュウタイ》ハ、終始相互《シュウシソウゴ》ノ信頼《シンライ》ト敬愛《ケイアイ》トニ依《ヨ》リテ結《ムス》バレ、単《タン》ナル神話《シンワ》ト伝説《デンセツ》トニ依リテ生《シヨウ》ゼルモノニ非《アラ》ズ。天皇ヲ以《モツ》テ現御神《アキツミカミ》トシ、且《カツ》日本国民ヲ以テ他ノ民族《ミンゾク》ニ優越《ユウエツ》セル民族ニシテ、延《ヒイ》テ世界《セカイ》ヲ支配《シハイ》スベキ運命《ウンメイ》ヲ有《ユウ》ストノ架空《カクウ》ナル観念《カンネン》ニ基《モト》クモノニモ非ズ……」

幣原喜重郎首相《しではらきじゅうろうしゅしょう》が起草《きそう》したといわれる詔書で、「天皇人間宣言《にんげんせんげん》」として、今日《こんにち》では歴史的《れきしてき》文献《ぶんけん》となっている。これは前年《ぜんねん》の十二月十五日に出された「神道指令《しんとうしれい》」、いわゆる神道を国《こっ》家《か》から分離《ぶんり》するという、マッカーサー指令への、最初《さいしょ》の具体的《ぐたいてき》な対応《たいおう》であったといえよう。

こうして、天皇《てんのう》の神格化《しんかくか》を、天皇自《みずか》ら否定《ひてい》した。しかし、人間宣言《にんげんせんげん》の文書《ぶんしょ》に、相変《あいか》わらず「朕《チン》」という代名詞《だいめいし》が使《つか》われていた。これは、本来《ほんらい》、天命《てんめい》を受けて人民《じんみん》を治《おさ》める天子《てんし》が、「われ」の意味《いみ》で用《もち》いる言葉《ことば》である。

戸田城聖《とだじょうせい》が帰宅《きたく》したのは、六日の午前零時過《ごぜんれいじす》ぎであった。積《つ》み重《かさ》ねてあった新聞《しんぶん》から、元《がん》日付《じつづけ》の新聞を手にした。その一面《めん》に、じっと目を凝《こ》らし、おそろしく真面目《まじめ》な表情《ひょうじょう》で、傍《かたわ》らに新聞を置《お》いた。

「朕か」

そして彼《かれ》は、彼の寝床《ねどこ》の傍らで、安《やす》らかな寝息《ねいき》をたてている喬一《きょういち》の寝顔《ねがお》に、じっと目を注《そそ》いだ。（池田大作『人間革命　第1巻』聖教ワイド文庫、二〇一三年、三〇七～三〇八頁）

戦前・戦中の日本は帝国だった。帝国は、宗主国《そうしゅこく》と植民地によって構成される。そして、自らの版図《はんと》を統治するためにイデオロギーが必要になる。日本の場合、このイデオロギーは、国家神道という神話によって構築されていた。神道は日本の伝統に根差す自然宗教だ。しかし、明治維新以後、政府が形成した国家神道は、伝統的神道とは質を異にするイデオロギーだった。それは、神道は、宗教ではなく、大日本帝国臣民の慣習であるという形態で作られた事実上の国教であった。臣民の慣習であるならば、すべての人が国家神道の神社を参拝し、神社が発行する神札を受領することが義務となる。神社参拝を拒否し、神札を受け取らない者は非国民として断罪される。牧口常三郎氏、戸田城聖氏が軍部政府によって逮捕、投獄されたのも、国家神道の強要に対して異議を申し立てたからである。

天皇の神格化を、天皇自ら否定した人間宣言自体には、神道を国家から分離するという重要な意義がある。しかし、その詔勅《しょうちょく》の文書に、もはや存在しないはずの国家神道と結びついた「朕《ちん》」という言葉が用いられている。政治エリートだけでなく、マスメディア、そして多くの国民もこのことに対して違和感を覚えていない。このような状況だと再び国家神道というイデオロギーが甦《よみがえ》ってくるかもしれない。このことに対して、池田大作氏は、創価学会の「精神の正史」である『人間革命』において、警鐘《けいしょう》を鳴らしているのだ。

二十一世紀の日本でも、一部に「神道は宗教ではない」という立場で教育を行うことを掲げた小学校を建設しようとする人がいる。「神道は宗教ではない」という立場で教育を行うことは、神道は日本国民の慣習なので誰もが従うべきであるという、事実上、神道を国教として、学童に強要するということだ。このような危険な思想に対する日本社会の警戒感が薄い。幸《さいわ》い、この小学校の建設は頓挫《とんざ》したが、注意しないと再びこのような動きが出てくるかもしれない。このような危険に対する感度を研《と》ぎ澄《す》ます上でも、『人間革命』はとても重要な作品なのである。

信仰で結ばれた父と息子

人間宣言に関する考察の後、場面は戸田氏と息子の喬一との関係に切り替わる。

彼の頰《ほお》は、ほころんだ。雪焼《ゆきや》けした、わが子の顔《かお》に手をそっと置いて、なでてみる。

〝坊主《ぼうず》、元気《げんき》だな〟

二年半《はん》ぶりに見る喬一であった。彼の入獄中《にゅうごくちゅう》、学童疎開《がくどうそかい》が始《はじ》まる直前《ちょくぜん》、岩手県《いわてけん》・一関《いちのせき》の妹《いもうと》の家《いえ》に、疎開させていたのである。彼は、瞬間《しゅんかん》、揺《ゆ》り起《お》こしたい衝動《しょうどう》に駆《か》られたが、じっと、こらえた。

喬一《きょういち》は、都会《とかい》の食糧難《しょくりょうなん》も知らず、山間《やまあい》の学校《がっこう》に元気《げんき》に通学《つうがく》して、終戦《しゅうせん》を迎《むか》えた。戸田《とだ》は、終戦後、東京《とうきょう》の学校が、まだ授業再開《じゅぎょうさいかい》の見通《みとお》しもおぼつかない状態《じょうたい》であると判断《はんだん》して、そのまま一関《いちのせき》に喬一を置《お》いていた。

世《よ》の中《なか》の秩序回復《ちつじょかいふく》を待《ま》ったのである。

ところが喬一は、冬休《ふゆやす》みに入《はい》り、雪《ゆき》に閉《と》じ込《こ》められると、両親《りょうしん》のもとへ帰《かえ》ると言って聞かなかった。農家《のうか》も正月休《しょうがつやす》みで、戸田の妹《いもうと》は、汽車《きしゃ》の切符《きっぷ》をようやく手に入れ、喬一を連《つ》れて、久々《ひさびさ》に上京《じょうきょう》してきた。

戸田は、正月登山《とざん》で留守《るす》であった。喬一は、正月の餅《もち》をぎっしり詰《つ》めた、小さなリュックサックを、わが家《や》の茶《ちゃ》の間《ま》に下《お》ろしたのであった。

〝坊主《ぼうず》、苦労《くろう》したな〟

彼《かれ》は、寝転《ねころ》んで、喬一の顔《かお》をなでさすった。二年前の坊《ぼっ》ちゃん刈《が》りは、クリクリ坊主の頭《あたま》に変わっていた。幼児《ようじ》の面影《おもかげ》はさらにない。いつか、いたずら好《ず》きの、国民《こくみん》学校初等科《しょとうか》四年生の、たくましい少年《しょうねん》に成長《せいちょう》していた。（前掲書三〇八〜三〇九頁）

〈坊主、苦労したな〉という言葉に、戸田氏の息子に対する愛情が表れている。戸田氏は、宗教者として筋を通した。その結果、官憲《かんけん》によって逮捕、投獄されることになった。喬一も「非国民の息子」として、いじめられたであろう。そのようなことも含め、戸田氏はここで〈苦労したな〉という言葉をかけたのだと思う。

戸田《とだ》は、仏壇《ぶつだん》の前に正座《せいざ》した。そして、勤行《ごんぎょう》しながら、わが子のことで、尽《つ》きせぬ感謝《かんしゃ》の祈《いの》りを捧《ささ》げるのであった。

仏壇には、喬一《きょういち》の背負《せお》ってきた真《ま》っ白《しろ》い鏡餅《かがみもち》が、そっと供《そな》えられていた。妙法《みょうほう》のための幾《いく》多《た》の苦難《くなん》を経《へ》て迎《むか》えた、まことの一家《いっか》の春《はる》である。

翌朝《よくあさ》、喬一は起《お》き出すと、戸田の後をついて回《まわ》った。そして、何か聞かれても、ただ、「うん」「うん」と短《みじか》く答《こた》えるだけであった。

茶《ちゃ》の間《ま》の食卓《しょくたく》に、みんなして落《お》ち着《つ》いた。話《はなし》が、一関《いちのせき》の、二年余《あま》りの喬一の生活《せいかつ》に入《はい》ると、少年《しょうねん》は、雪国《ゆきぐに》の雪崩《なだれ》について、尻上《しりあ》がりのアクセントで語《かた》り始《はじ》めた。

「戦争《せんそう》は、なんにも怖《こわ》いことなかったけど、お父《とう》さん、雪崩って、おっそろしいぞ」

戸田は、ニヤニヤ笑《わら》いながら聞いていた。だが最後《さいご》には、とうとう噴《ふ》き出して、大声《おおごえ》で笑いだしてしまった。少年は、東北弁《とうほくべん》になっていたからである。

戸田の哄笑《こうしょう》につられて、妻《つま》の幾枝《いくえ》も笑いだした。

少年は、キョトンとして、澄《す》んだ眼《まなこ》で、両親《りょうしん》の顔《かお》を見《み》比《くら》べて言った。

「何が、おかすぃのだべ？」

両親《りょうしん》は、また笑《わら》った。

「喬一《きょういち》、東北弁《とうほくべん》が、やけにうまくなったな」

戸田《とだ》は、少年《しょうねん》に笑いかけた。

「嘘《うそ》だ、東北弁じゃあねぇべ！」

少年は、こう言って、真《ま》っ赤《か》になって抗弁《こうべん》してきた。

受難《じゅなん》の一家《いっか》は、一家和楽《わらく》の家庭《かてい》へと変わっていた。（前掲書三一〇～三一一頁）

子どもには、環境に順応《じゅんのう》する力がある。喬一が東北弁を話すようになったことにそれが表れている。何よりも重要なのは、疎開先の今までと違う環境においても喬一が題目を忘れず、日蓮仏法の信仰を貫き通したことだ。父と息子の間は、親子の愛情だけでなく信仰によっても結びついているのだ。それだから、戸田氏は喬一に空襲で荒廃した東京の風景を見せることにした。「この現実から、創価学会の再建が始まるのだ」という決意を戸田氏は喬一に伝えたかったのだと思う。

戸田は、この日、西神田《にしかんだ》の事務所《じむしょ》に、少年を連《つ》れて行《い》った。

戦災《せんさい》で荒廃《こうはい》した東京《とうきょう》の中心街《ちゅうしんがい》の姿《すがた》を、ひと目、男《おとこ》の子の脳裏《のうり》に刻《きざ》み込《こ》んでおきたかったのである。そこには、少年が、将来《しょうらい》、平和《へいわ》に寄与《きよ》する人になってもらいたいという、戸田の願《ねが》いが込められていた。

少年は、非常《ひじょう》な好奇心《こうきしん》と興奮《こうふん》を示《しめ》した。電車《でんしゃ》の中では、両側《りょうがわ》の窓《まど》から、交互《こうご》に間断《かんだん》なく、広《ひろ》い焼《や》け野原《のはら》を見た。そして、そのなかにうごめく蟻《あり》のような人間《にんげん》の姿から、目を離《はな》さなかった。

静《しず》かで平和な東北の山河《さんが》と、正反対《せいはんたい》の世界《せかい》である。少年の頭脳《ずのう》は、混乱《こんらん》したようであった。

（前掲書三一一～三一二頁）

これに続く戸田氏と喬一のやりとりが興味深い。戦争で、戸田氏の家が焼け残り、戸田氏が獄中から生還し、家族が生き残ったという現実の宗教的意義が明らかにされるからだ。

「お父《とう》さん、爆弾《ばくだん》が、ずいぶん落《お》ちたんだね。お家《うち》も、みんな、なくなったんだね」

「うん、そうだよ」

「ぼくの家は、焼《や》けなかったんだね」

「そうさ」

「どうして、焼けなかったんかなぁ」

「どうして？　焼けた方《ほう》が、よかったのかい」

「ううん……違《ちが》うけどさ」

少年《しょうねん》は、強《つよ》く首《くび》を振《ふ》った。

「お父さん、怖《こわ》かっただべ？」

「父さんは、その時、家にいなかったよ」

「あ、そうだ……牢屋《ろうや》だったんだね」

「うん、そうだよ」

戸田《とだ》は、渋《しぶ》い顔《かお》をした。少年は、思《おも》いめぐらすように、続《つづ》けて言った。

「ぼくは、一関《いちのせき》にいた。お母《かあ》さん、一人《ひとり》でかわいそうだったね」

「そうだ。かわいそうだった。母さん一人で、家を守《まも》っていたんだよ。

喬一《きょういち》、御本尊様《ごほんぞんさま》が、ちゃんと御覧《ごらん》になり、お家《うち》も、父《とう》さんも、母さんも、喬一も、お守りくださったんだよ」

「ぼくも、お題目《だいもく》を、一関であげたよ」

少年《しょうねん》は、にっこり笑《わら》い、得意《とくい》そうであった。（前掲書三一二〜三一三頁）

〈喬一、御本尊様が、ちゃんと御覧になり、お家も、父さんも、母さんも、喬一も、お守りくださったんだよ〉という戸田氏の言葉の中に、創価学会の信仰が集約されている。御本尊に対する信仰が、戸田氏と家族、そして家を守ったのだ。そのことは、戸田氏たちに特別の宗教的使命が与えられていることを意味することでもある。喬一もその使命を無意識のうちに理解している。それが、〈ぼくも、お題目を、一関であげたよ〉という発言に体現されている。獄中と疎開先に離れていても、父と子は信仰による同盟で固く結ばれていたのだ。

法華経講義から創価学会再建へ

「お父さんの、手紙《てがみ》は読《よ》んだかい？」

「ああ、父子同盟《おやこどうめい》の手紙だね。読んだよ。おばさんが仏壇《ぶつだん》の引き出しにしまっている」

西神田《にしかんだ》の事務所《じむしょ》で半日遊《はんにちあそ》んで、喬一は帰宅《きたく》した。荒廃《こうはい》しきった東京《とうきょう》の街《まち》は、少年の神経《しんけい》には刺激《しげき》が強《つよ》すぎた。少年は、グッタリ疲《つか》れ、夕食《ゆうしょく》が終《お》わると、さっさと寝《ね》てしまった。

戸田《とだ》は、夜遅《よるおそ》く帰宅すると、また少年の寝顔《ねがお》を、珍《めずら》しそうにのぞいていた。

戸田夫妻《ふさい》は、この夜、珍しく喬一のことで議論《ぎろん》した。

戸田《とだ》は、喬一《きょういち》を、このまま東京《とうきょう》に残《のこ》すことを主張《しゅちょう》した。妻《つま》の幾枝《いくえ》は、食糧《しょくりょう》事情《じじょう》が好転《こうてん》するまで、東北《とうほく》に預《あず》けておきたいと譲《ゆず》らない。学校《がっこう》も、四月の新学期《しんがっき》から東京へ移《うつ》した方《ほう》が、区《く》切《ぎ》りがいいという理由《りゆう》もあった。

深夜《しんや》の結論《けつろん》は、少年《しょうねん》の自由意思《じゆういし》に任《まか》せることに落《お》ち着《つ》いた。

翌朝《よくあさ》、目が覚《さ》めると、東京か一関《いちのせき》か、少年は二者択一《にしゃたくいつ》の回答《かいとう》を迫《せま》られた。

少年は、しばらく考《かんが》えてから、はっきりと言った。

「一関が、いいや」

「のんきな坊主《ぼうず》だなー」

戸田は、苦笑《にがわら》いしながら、妻の顔《かお》を見た。幾枝は、食器《しょっき》を食卓《しょくたく》に並《なら》べながら、少年を眺《なが》めて言った。

「それがいい、それがいい。東京は、まだ子《こ》どもの住《す》む街《まち》ではありません」

喬一は、冬休《ふゆやす》みが終《お》わると、親戚《しんせき》の人に連《つ》れられ、雪《ゆき》の一関に帰《かえ》って行《い》った。(前掲書三一三～三一四頁)

いま、引用した箇所には、戸田氏の教育観がよく表れている。子どもの選択について、両親の間で見解が分かれた場合には、子どもの意思を尊重する選択を取った方がいいという指針だ。戸田氏は、東京で法華経講義を始める。この活動が創価学会再建の要《かなめ》になる。


戸田城聖《じょうせい》の、熱情《ねつじょう》と全精魂《ぜんせいこん》を込《こ》めた法華経講義《ほけきょうこうぎ》は、続《つづ》けられていった。週《しゅう》一回ないし二回、夜になると必《かなら》ず、日本正学館《しょうがっかん》の二階《かい》で行《おこな》われた。

電力事情《でんりょくじじょう》の悪化《あっか》から、停電《ていでん》の夜もしばしばであった。五人の机《つくえ》の上には、太《ふと》いロウソクがともされた。炎《ほのお》が揺《ゆ》らぎ、壁《かべ》や天井《てんじょう》に、不気味《ぶきみ》な明暗《めいあん》の影《かげ》をつくった。戸田《とだ》の極度《きょくど》の近眼《きんがん》では、ロウソクの火で活字《かつじ》をたどることは無理《むり》である。彼《かれ》は、耳《みみ》を澄《す》ました。そして、誰《だれ》かが読《よ》むのを聞いていた。その文《もん》を、直《ただ》ちに解釈《かいしゃく》し、深遠《しんえん》な説明《せつめい》をするのであった。

自在《じざい》に、日蓮大聖人《にちれんだいしょうにん》の御書《ごしょ》を引いて説明した。しばしば、「御義口伝《おんぎくでん》」を引用《いんよう》して、講義《こうぎ》は続《つづ》けられた。

法華経《ほけきょう》の一字一句《いちじいっく》にいたるまで、大聖人の御書の端々《はしばし》まで、ことごとく彼の脳髄《のうずい》に詰《つ》まっているようであった。

岩森《いわもり》は、ある夜、戸田に尋《たず》ねた。

「いったい、いつ、そんなに勉強《べんきょう》したんですか。覚《おぼ》えるだけでも大変《たいへん》だ。なんとも不思議《ふしぎ》に思《おも》っているんだよ」

ほかの三人も、同じことを考《かんが》えていた。(前掲書三一四〜三一五頁)

次章では、戸田氏が獄中で法華経と新たな出合いをしたことについて解説したい。

第25章 民衆を救済する真実の仏法の再発見

「胎動」（三一六〜三二三頁）

生命に内在する仏法の真理

戸田城聖氏は、獄中体験で自らの信仰を再発見した。その経緯について創価学会公式サイトにはこう記されている。

教育者の団体として出発した学会は、ほどなく、教育改革のみならず、日蓮大聖人の仏法に基づいて生活・社会全般を変革することを目的とするようになり、仏法の実践団体になっていきました。しかし、国内の宗教団体を統制下に置こうとする軍部政府は、創価教育学会の活動に対しても、特高（特別高等警察）の刑事を派遣するなど、厳しい監視を行います。それは、1943年（昭和18年）7月の学会幹部の一斉逮捕となり、6日朝、戸田も治安維持法違反、不敬罪の容疑で検挙されました。戸田は東京拘置所に移され、2年におよぶ獄中生活を強いられました。

獄中にあった戸田は1944年（昭和19年）の元朝から、毎日1万遍の唱題（南無妙法蓮華経と唱えること）に励み、法華経全巻を読み進めていきました。

法華経を3回繰り返し読み、4回目に入ったとき、一つの壁に突き当たりました。それは法華経の序説（開経）にあたる無量義経徳行品第一の一節でした。

「其の身は有に非ず亦無に非ず　因に非ず縁に非ず自他に非ず……」と34の「非ず」が並んでいる個所です。「其の身」が仏の身を指していることは理解できましたが、34もの否定が何を表現しているのか分かりませんでした。

〝この文は何を意味しているのか〟

――戸田は深く悩み、唱題しては思索し抜く中、3月のある日、「仏とは生命である。自分の命にあり、また宇宙の中にもある、宇宙生命の一実体である」と直観したのです。

その後も法華経を読み続けるなかで、戸田は、仏から末法の広宣流布を託された「地涌の菩薩」の一人であるとの使命を深く自覚するとともに、生涯を広宣流布に捧げる決意を定めたのです。（SOKAnet「創価学会について」、https://www.sokanet.jp/info/president/toda.html）

この過程を、池田大作氏は、小説という形態で、戸田氏の内在的論理がよくわかるような形で丹念に記述する。それだから、〈仏とは生命である。自分の命にあり、また宇宙の中にもある、宇宙生命の一実体である〉という戸田氏の直観を読者が追体験できる見事な構成で記述する。ここでカギになるのが、〈難に遭って、牢屋で真剣に唱題し、勉強したら、思い出してきたらしい〉という表現だ。


戸田《とだ》は、淡々《たんたん》として言った。

「さぁ、なんと言ったらいいか……。八万法蔵《はちまんほうぞう》といっても、わが身《み》のことだ。難《なん》に遭《あ》って、牢屋《ろうや》で真剣《しんけん》に唱題《しょうだい》し、勉強《べんきょう》したら、思《おも》い出《だ》してきたらしい。それ以前《いぜん》は、金儲《かねもう》けに忙《いそが》しく、思い出す暇《ひま》がなかったわけだろう」

「思い出した？」

彼《かれ》らは、一様《いちよう》に首《くび》をかしげるだけであった。（池田大作『人間革命 第1巻』聖教ワイド文庫、二〇一三年、三二六頁）

大難によって戸田氏は仏法の真理を再発見したのである。その真理は抽象的な理屈ではなく、戸田氏の生命に内在していることを思い出したのである。

戸田城聖《じょうせい》は、ある確信《かくしん》をもっていた。それは、仏法《ぶっぽう》には、民族《みんぞく》を復興《ふっこう》させ、文化《ぶんか》を興隆《こうりゅう》させる歴史的原動力《れきしてきげんどうりょく》ともいうべき力《ちから》があるということであった。

インドでは、釈尊《しゃくそん》の教《おし》えを根底《こんてい》にして、文化の繁栄《はんえい》をみた時代《じだい》があった。たとえば、アショーカ大王《だいおう》の時代には、民衆《みんしゅう》が平和《へいわ》を謳歌《おうか》する社会《しゃかい》が実現《じつげん》されたし、後のカニシカ王の時代もそうであろう。中国《ちゅうごく》においても、天台大師《てんだいだいし》が仏法を正《ただ》して正法《しょうほう》を宣揚《せんよう》して以来《いらい》、隋《ずい》、唐《とう》などの世界的《せかいてき》な文化の花《はな》を咲《さ》かせていった。

日本では、仏教《ぶっきょう》を信奉《しんぽう》した聖徳太子《しょうとくたいし》の時代を中心《ちゅうしん》に飛鳥《あすか》文化が花開き、伝教《でんぎょう》大師が比叡山《ひえいざん》に大乗《だいじょう》仏教の基礎《きそ》を確立《かくりつ》した平安《へいあん》時代に、絢爛《けんらん》たる王朝《おうちょう》文化の開花《かいか》をみた。

しかし、これらの時代《じだい》は専制政治《せんせいせいじ》の時代であり、仏教《ぶっきょう》も支配階級《しはいかいきゅう》を中心《ちゅうしん》に広《ひろ》まった。すなわち、貴族《きぞく》仏教と言われるゆえんが、ここにある。民衆《みんしゅう》の大地《だいち》から燃《も》え上《あ》がり、民衆と直結《ちょっけつ》した、仏法流布《ぶっぽうるふ》の形態《けいたい》とは、およそほど遠《とお》い。時代として、やむを得《え》なかったとはいえ、ここに大きな限界《げんかい》があったといってよい。（前掲書三一六～三一七頁）

末法における正しい仏法の実践

民衆を救済する真実の仏法を戸田氏が再発見したことは、宗教史上の大事件である。キリスト教との類比で述べるならば、マルティン・ルターによる信仰の再発見に匹敵する。そして、戸田氏による真実の仏法の再発見は、池田大作ＳＧＩ会長によって飛躍的に発展し、創価学会は世界宗教に成長していくのである。ここで重要なのは、現在が末法であるという時代認識だ。

今は、末法《まっぽう》である。釈尊《しゃくそん》の仏法の真髄《しんずい》である法華経《ほけきょう》も、過去《かこ》の教説《きょうせつ》となった。日蓮大聖人《にちれんだいしょうにん》の南無妙法蓮華経《なんみょうほうれんげきょう》の法華経によって、新時代の文化《ぶんか》を築《きず》くことができる。やっと訪《おとず》れた平和《へいわ》の春《はる》を、断《だん》じて悲惨《ひさん》な暗黒《あんこく》の世界《せかい》にしてはならない。自由主義陣営《じゆうしゅぎじんえい》と社《しゃ》会《かい》主義陣営の対立《たいりつ》を、日蓮大聖人の生命哲理《せいめいてつり》によって、乗《の》り越《こ》えていかねばならない――これが、戸田《とだ》の確信《かくしん》であった。（前掲書三一七頁）

筆者は、同志社大学神学部に在学したとき、一回生でアビダルマ、二回生で中観《ちゅうがん》、三回生で唯識《ゆいしき》の基礎を勉強した。しかし、そこで知ったのはインド仏教に関する知識のごく一部であった。筆者が信仰としての仏法に触れたのは創価学会員との具体的な人間的信頼関係を通じてである。末法の時代（キリスト教神学の用語に転換するならば、終末論的危機の時代）において、仏法を理解するためには日蓮大聖人を基点としなくてはならない。その認識を創価学会の信仰を実践する人々の生き方を通じて、筆者は抱くに至った。異なる宗教を信じる筆者であるが、創価学会員の人生のすべての中心に信仰を据《す》える生き方から筆者は強い影響を受けている。

話を『人間革命』のテキストに戻す。

彼《かれ》の講義《こうぎ》は、決然《けつぜん》として進《すす》められていった。

本田洋一郎《ほんだよういちろう》も、戸田の深遠《しんえん》な仏法哲理の講義と確信に、胸《むね》を打《う》たれた一人《ひとり》であった。彼は、戸田と、小学校時代《しょうがっこう》の同級生《どうきゅうせい》であった。少年時代《しょうねん》の戸田、そして今日《こんにち》までの戸田を、誰《だれ》よりも知っているつもりであった。しかし、今は、彼の想像《そうぞう》もしなかった戸田が、出現《しゅつげん》してきたのである。

彼《かれ》は、思《おも》いあぐねて言った。

「城聖先生《じょうせいせんせい》が、こんなに法華経《ほけきょう》が説《と》けるようになっているとは、まったく驚《おどろ》いた。論《ろん》より証拠《しょうこ》だ。人間業《にんげんわざ》とは思えなくなったよ。この事実《じじつ》に、私も、戸田君《とだくん》の言うことを認《みと》めるよ」

「いや、ぼくは、凡夫《ぼんぷ》のなかの凡夫だよ。ただ、信心《しんじん》によって、会得《えとく》したにすぎないよ。君《きみ》たちも、しっかり頑張《がんば》りたまえ」

ロウソクの炎《ほのお》に照《て》らされた、皆《みな》の顔《かお》を見回《みまわ》しながら、戸田は言った。

「大聖人様《だいしょうにんさま》は、末法《まっぽう》で南無妙法蓮華経《なんみょうほうれんげきょう》と唱《とな》える者《もの》は、地涌《じゆ》の菩薩《ぼさつ》だとおっしゃっている。『地涌の菩薩の出現《しゅつげん》に非《あら》ずんば唱へがたき題目《だいもく》なり』（御書《ごしょ》一三六〇ジペー）とご決定《けってい》になっている。ところが自分《じぶん》では、さっぱり自覚《じかく》できないものだ。しかし御本尊様《ごほんぞんさま》を受持《じゅじ》し唱題《しょうだい》していれば、まぎれもなく地涌の菩薩なんだ。人を救《すく》い、法《ほう》を弘《ひろ》めていくためには、互《たが》いに大事《だいじ》な体《からだ》だ。決《けっ》して粗末《そまつ》にしてはいけない。

大聖人様の御金言《ごきんげん》を、実践《じっせん》していく決意《けつい》が大事なんだ。大聖人様の御言葉《おことば》に、間違《まちが》いがあるわけがない。でたらめを言う仏《ほとけ》がおるものか。それなのに、大聖人様の御言葉に、間違《まちが》いがあるように思《おも》って、疑《うたが》ったり、否定《ひてい》してみたり……。まったくご苦労《くろう》なことだね、われわれ末法《まっぽう》の凡夫《ぼんぷ》は」

みんな、どっと笑《わら》いだしてしまった。（前掲書三一七〜三一九頁）

人間は合理的思考ができる。しかし、人間の生命を合理性のみに還元することはできない。信仰の奥義《おうぎ》は合理性を超えたところにある。二世紀のキリスト教神学者テルトゥリアヌスは「不合理（不条理）故に我信《われしん》ず（Credo quia absurdum.）」と述べた。〈大聖人様の御言葉に、間違いがあるわけがない。でたらめを言う仏がおるものか〉との戸田氏の認識は、テルトゥリアヌスに通底するものがある。

人間革命こそが本源的な革命

戸田氏の法華経講義には生命が宿っている。そのことを池田大作氏は次のように描写する。


法華経講義《ほけきょうこうぎ》の面白《おもしろ》さは、戸田城聖《とだじょうせい》の魅力《みりょく》にあった。

四人の受講者《じゅこうしゃ》たちは、戦前《せんぜん》の戸田と、戦後《せんご》の戸田の急激《きゅうげき》な変化《へんか》を知って、驚《おどろ》き、そしてうらやんだ。

〝既《すで》に彼《かれ》には、なんと偉大《いだい》な力《ちから》が具《そな》わっていることか！〟

戸田の魅力が、彼らには、日増《ひま》しに輝《かがや》いて感《かん》じられた。この一人《ひとり》の人間《にんげん》の変化は、不可解《ふかかい》でもあったが、事実《じじつ》は事実なのである。

彼らが、その変化の源泉《げんせん》を尋《たず》ねると、戸田は、「仏法《ぶっぽう》の真髄《しんずい》たる日蓮大聖人《にちれんだいしょうにん》の生命哲理《せいめいてつり》の実践《じっせん》だよ」と言った。さらに戸田は、「正法《しょうほう》を、真実《しんじつ》に、勇敢《ゆうかん》に実践し、宿命打開《しゅくめいだかい》をしていくことを、人間革命《かくめい》というのだ」と語《かた》った。

そして、一人の人間の根底的《こんていてき》な変革《へんかく》は、仏法の法理《ほうり》に則《のっと》り、それぞれの主体性《しゅたいせい》を確立《かくりつ》して、大いなる生命力《せいめいりょく》を涌現《ゆげん》させることによって、なされるのであると訴《うった》えた。さらに、その人間《にんげん》の変革《へんかく》が、一切《いっさい》の生活《せいかつ》や文化《ぶんか》、政治《せいじ》、教育《きょういく》、社会《しゃかい》の変革につながる最《もっと》も近《ちか》い道《みち》であること、しかも本源的《ほんげんてき》な革命《かくめい》であることを、彼《かれ》は強調《きょうちょう》してやまなかった。

講義《こうぎ》は、はや一カ月半《はん》を過《す》ぎた。四人も、時間を厳守《げんしゅ》するようになってきた。世故《せこ》に長《た》けた彼らの目も、時には純粋《じゅんすい》な光《ひかり》を、キラキラ放《はな》つ時もあった。そして、講義後の会食《かいしょく》、酒宴《しゅえん》は、何よりの楽《たの》しみでもあった。法華経《ほけきょう》講義の時間は、彼らの事業《じぎょう》と生活のなかで、最も嬉《うれ》しい、大切《たいせつ》な時間となっていたのである。（前掲書三一九～三二〇頁）

政治革命は、表面的な出来事に過ぎない。真の革命を行うためには、革命を行う主体である人間が変わる必要がある。正法を、真実に、勇敢に実践し、宿命打開をしていくことが人間革命だ。そのことは、日蓮大聖人の生命哲理の実践なのである。この生命哲理は、社会的現実との相互作用の中で実践されるのである。それだから『人間革命』においては、一九四六年の経済的危機について詳述《しょうじゅつ》するのだ。

一歩《いっぽ》外《そと》に出れば、殺伐《さつばつ》たる敗戦後《はいせんご》の旋風《せんぷう》が、厳《きび》しく吹《ふ》きまくっていた。彼ら経済人《けいざいじん》には、いつ足《あし》をさらわれるかもしれない危機《きき》が、常《つね》に待《ま》っていた。瞬時《しゅんじ》も油断《ゆだん》のならない、一日一日であった。

当時《とうじ》、恐《おそ》るべき経済的危機が、日本全国《ぜんこく》を襲《おそ》いつつあった。それは、行き着《つ》くところを知らぬ、インフレーションの進行《しんこう》である。

一九四六年（昭和《しょうわ》二十一年）二月十六日、政府《せいふ》は、突如《とつじょ》、金融緊急措置令《きんゆうきんきゅうそちれい》、日本銀行券預《ぎんこうけんよ》入令《にゅうれい》などを発表《はっぴょう》し、翌日《よくじつ》から実施《じっし》した。

激化《げきか》するインフレーションの進行《しんこう》を、阻止《そし》するためであった。

政府《せいふ》は、新《あたら》しい紙幣《しへい》、いわゆる新円《しんえん》を発行《はっこう》し、それまで流通《りゅうつう》していた五円以上《いじょう》の紙幣、いわゆる旧円《きゅうえん》については、一人《ひとり》百円まで新円との交換《こうかん》を認《みと》め、それ以外《いがい》は、すべて金融機関《きんゆうきかん》に強制的《きょうせいてき》に預《あず》けさせて封鎖《ふうさ》した。しかも、三月三日以降《いこう》は、旧円は無効《むこう》とするとしたのである。

そして、金融機関からの新円での引き出しは、世帯主《せたいぬし》は月額《げつがく》三百円、家族《かぞく》は月額百円までに制限《せいげん》し、勤労者《きんろうしゃ》の賃金《ちんぎん》の現金支給《げんきんしきゅう》も、月額五百円までとし、それ以上は封鎖預金《よきん》とされた。

つまり、俸給生活者《ほうきゅうせいかつしゃ》は、いくら高給取《こうきゅうと》りであっても、現金としてもらえるのは、一カ月五百円に制限されたのだ。

国民《こくみん》のこの耐乏生活《たいぼうせいかつ》で、インフレーションを阻止することができたであろうか。いや一カ月で、不可能《ふかのう》なことが判然《はんぜん》とした。すべての物《もの》の値段《ねだん》が、一年もたたないうちに、二倍《ばい》、三倍とはね上がっていった。

たとえば、四六年（昭和《しょうわ》二十一年）の三月には十キログラム約《やく》二十円であった米《こめ》が、十一月には四十円近《ちか》くになり、翌年《よくねん》七月には百円近くになっていた。（前掲書三二〇〜三二二頁）

民衆を不幸に陥れた政府の無策

筆者は、外交官としてモスクワの日本大使館に勤務しているときに一九九一年十二月のソ連崩壊とその後のロシア社会の混乱を体験した。一九九二年一月二日に、基礎食料品や水道光熱費などを除いて、物価の自由化がなされた。その結果、この年のインフレ率は二五〇〇パーセントに達した。このインフレは、庶民の生活に大打撃を与えた。それだから筆者は『人間革命』に記されている経済的混乱が、ある程度まで皮膚感覚で理解できる。ロシアでも食糧の確保に人々は多くのエネルギーを割《さ》いていた。良質の食料品は、高額でルイノック(自由市場)で購入することになった。戦後日本の闇市場《やみしじょう》に似たような状況だった。一九四六年時点の庶民の生活について『人間革命』はこう記す。


それどころか、主食《しゅしょく》の遅配《ちはい》から、庶民《しょみん》は、泣《な》く泣く高い闇物資《やみぶっし》をあさって、食糧《しょくりょう》を確保《かくほ》したのである。さもなければ、生命《せいめい》の保全《ほぜん》すら困難《こんなん》であった。

生活難《せいかつなん》は、日ごとに絶望的様相《ぜつぼうてきようそう》を帯《お》びていった。愚《おろ》かな政治《せいじ》が、どれほど恐《おそ》ろしく、不幸《ふこう》をもたらすものであるかを、人びとは身《み》をもって知った。

結局《けっきょく》、この措置令《そちれい》は、金融資本《きんゆうしほん》の一時的危機《いちじてききき》を防《ふせ》いだが、多くの民衆《みんしゅう》を犠牲《ぎせい》にする以外《いがい》の何ものでもなかった。

ともかく、食糧をはじめ、一切《いっさい》の物《もの》がないのである。この経済的《けいざいてき》危機は、突如《とつじょ》として襲《おそ》ったものではない。終戦直後《しゅうせんちょくご》、無策《むさく》な政府《せいふ》は、本土決戦《ほんどけっせん》のために蓄《たくわ》えられていた、当時《とうじ》の金額《きんがく》で一千億円《おくえん》を超《こ》えるともいわれた膨大《ぼうだい》な物資《ぶっし》を、占領軍《せんりょうぐん》の接収《せっしゅう》を免《まぬか》れるためとして、無責任《むせきにん》にも軍需企業《ぐんじゅきぎょう》などに放出《ほうしゅつ》して、隠匿《いんとく》させた。

これは、まさに国民《こくみん》の財産《ざいさん》の横領《おうりょう》であった。そのうえ、軍需産業《さんぎょう》の大企業には、終戦時に残《のこ》っていた莫大《ばくだい》な臨時軍事費《りんじぐんじひ》を、製品《せいひん》の納入《のうにゅう》をしていない分《ぶん》まで、代金《だいきん》として支払《しはら》い、ばらまいたのである。

何千万《なんぜんまん》の民衆《みんしゅう》が苦《くる》しみ、虚脱状態《きょだつじょうたい》にあった時である。大会社《だいがいしゃ》は、軍需物資《ぐんじゅぶっし》を隠匿《いんとく》し、横領《おうりょう》し、あまつさえ臨時軍事費《りんじぐんじひ》まで手に入れた。しかも、大会社は、苦労《くろう》して生産《せいさん》に力《ちから》を入れることを避《さ》けた。製品《せいひん》を作《つく》るより、配給《はいきゅう》された原材料《げんざいりょう》や、隠匿物資《ぶっし》の値上《ねあ》がりを待《ま》って、ヤミ売《う》り、投機《とうき》売りで稼《かせ》ぐ方《ほう》が、自《みずか》らの資本《しほん》を守《まも》るには、はるかに有利《ゆうり》な計算《けいさん》となったからである。

大会社が、意識的《いしきてき》に生産活動《かつどう》を停止《ていし》したり、縮小《しゅくしょう》したため、大量《たいりょう》の労働者《ろうどうしゃ》が解雇《かいこ》され、消費《しょうひ》物資の欠乏《けつぼう》をもたらし、物資の値上がりを激化《げきか》させた。こうして、政府《せいふ》の無為無策《むいむさく》は、混乱《こんらん》した経済《けいざい》の悪循環《あくじゅんかん》を加速《かそく》させていったのである。(前掲書三二二～三二三頁)

戦後になっても、政府は民衆の生活を守ることができなかったのである。

第26章 正しい信仰が正しい経営を支える

「胎動」（三二三〜三三二頁）

信仰に裏付けられた経済活動

小説『人間革命』には、経済の話が多い。これは、他の宗教書と比べると異例の構成である。それは創価学会の救済観と密接に関係しているからと筆者は見ている。創価学会は、抽象的な教学理論を構築することに宗教の目的があるとは考えていない。重要なのは、目の前にある人間の具体的な苦しみを解決することである。資本主義社会で生きていくためには、必要となる物やサービスを商品として購入しなくてはならない。経済問題の解決は、宗教人にとって無視できない重要問題なのである。経済は、社会現象なので、時代的な制約条件を持つ。太平洋戦争後の厳しい状況で、戸田城聖氏は創価学会を再建するためには、教団の経済的基盤を確立することが重要と考えた。戸田氏の経済活動が強い信仰に裏付けられていることが『人間革命』のテキストから伝わってくる。

戦後のインフレの猛威《もうい》についてこう記されている。

そのうえ、政府の支出《ししゅつ》は、際限《さいげん》がなかった。軍需補償《ぐんじゅほしょう》、占領軍《せんりょうぐん》の施設《しせつ》、復員《ふくいん》のための費用《ひよう》等、日銀券発行残高《にちぎんけんはっこうざんだか》は、太平洋戦争直前《たいへいようせんそうちょくぜん》の、四一年（昭和《しょうわ》十六年）十二月の約《やく》五十億《おく》が、敗《はい》戦《せん》の四五年（同二十年）八月には、既《すで》に三百億へと膨張《ぼうちょう》していた。さらに、翌年《よくねん》二月には、実《じつ》に六百億を超《こ》えてしまった。敗戦後、最《もっと》も恐《おそ》れていたインフレが、現実《げんじつ》に猛然《もうぜん》と進《すす》み始《はじ》めたのである。

新円《しんえん》が、日々《ひび》に入《はい》る商人《しょうにん》はまだよかった。生活費《せいかつひ》は制限《せいげん》され、預金《よきん》は封鎖《ふうさ》され、貨幣価値《かへいかち》はどんどん下落《げらく》し、そのなかで生きていかなければならぬ俸給生活者《ほうきゅうせいかつしゃ》は、最《もっと》も悲惨《ひさん》であった。

生活防衛《ぼうえい》のために、労働組合《ろうどうくみあい》が、急速《きゅうそく》に結成《けっせい》されていった。

四四年（昭和《しょうわ》十九年）には、組合数はゼロであったが、労働組合法が新《あら》たに公布《こうふ》された四五年（同二十年）十二月には、約《やく》五百組合、三十八万人となり、翌年《よくねん》六月には、約一万七千組合、四百八十万人という激増《げきぞう》を示《しめ》した。そして、激《はげ》しいストライキの波《なみ》により、全国各地《ぜんこくかくち》に争議《そうぎ》が展開《てんかい》され始《はじ》めた。

資本家《しほんか》の生産活動《せいさんかつどう》の縮小《しゅくしょう》に対抗《たいこう》し、組合は、自分《じぶん》たちで生産活動を運営《うんえい》、管理《かんり》する「生産管理」という非常手段《ひじょうしゅだん》に出た。騒然《そうぜん》とした一日一日であった。

このように、経済社会《けいざいしゃかい》の危機《きき》は、人びとの生活を、根底《こんてい》から、大地震《おおじしん》のように揺《ゆ》り動《うご》かしていった。人びとは、国家《こっか》や、社会のためよりも、まず自《みずか》らの生存《せいぞん》のために、歯《は》を食《く》いしばって、戦《たたか》わなければならなかったのである。（池田大作『人間革命　第1巻』聖教ワイド文庫、二〇一三年、三二三〜三二四頁）

このような状況で、急進的な労働運動を指導する共産党が影響力を拡大していく。しかし、共産党は分配の問題にしか関心を持たない。また、資本主義社会は絶対悪で、革命によってしか世の中は変わらないと考える。それだから、労働者や人民を革命闘争に起ちあがらせるためには「状況が悪ければ、悪いほど革命に近づく」という歪《ゆが》んだ倫理観が生まれる。

事業拡大でインフレに対抗

このような共産党の目的のために手段は合理化されるというような発想と根本的に異なる価値観に基づいて戸田城聖氏は、目の前にある経済的問題を解決する。それは自らが事業を興《おこ》すという方法によってだ。出版事業によって、民衆に正しい情報と優れた作品を提供するという、自らの宗教的良心と経済的利益が合致する連立方程式を戸田氏は作った。

戸田城聖《とだじょうせい》の事業《じぎょう》は、早《はや》くから、一応《いちおう》、軌道《きどう》に乗《の》りかけていた。だが、インフレの大波《おおなみ》は、やはり被《かぶ》らねばならなかった。
通信教授《つうしんきょうじゅ》の申《もう》し込《こ》みは、膨大《ぼうだい》な数《かず》に達《たっ》していたし、三カ月、半年《はんとし》という予納金《よのうきん》も、順調《じゅんちょう》に入《はい》るとはいえ、見る間《ま》に騰貴《とうき》する紙代《かみだい》と、印刷費《いんさつひ》には、とうてい追《お》いつけなくなってきた。かといって、三カ月の前金《まえきん》を途中《とちゅう》から値上《ねあ》げすることもできない。材料費高騰《ざいりょうひこうとう》を理由《りゆう》に、追加金《ついかきん》を取るわけにもいかない。さりとて、大企業《だいきぎょう》のように、隠《かく》し持《も》っている物資《ぶっし》があるわけではなかった。

ただ、幸《さいわ》いなことに、紙のルートと、印刷のルートは確保《かくほ》できていた。彼《かれ》は、ここで単行本《たんこうぼん》の出版《しゅっぱん》を思《おも》いたった。短期《たんき》で収益《しゅうえき》を確保できる事業《じぎょう》を進展《しんてん》させる企画《きかく》である。

戸田《とだ》は、何よりも大衆小説《たいしゅうしょうせつ》に着目《ちゃくもく》した。戦時中《せんじちゅう》、彼の事業傘下《さんか》の出版社は、大衆小説の連続刊行《れんぞくかんこう》で当《あ》たったことがある。それは慰問袋用《いもんぶくろよう》を目的《もくてき》にしたものであったが、それらの数多《かずおお》い作品《さくひん》のなかから、評判《ひょうばん》の良《よ》い作品を選《えら》ぶことは難《むずか》しくない。著作権《ちょさくけん》の問題《もんだい》もない。彼は、迅速《じんそく》にこの計画《けいかく》に着手《ちゃくしゅ》した。

同時《どうじ》に、知恵《ちえ》が湧《わ》いた。それは、『民主主義大講座《みんしゅしゅぎだいこうざ》』の刊行であった。戦後《せんご》、人びとはオウムのように、朝夕《あさゆう》のあいさつ代《が》わりに、民主主義《みんしゅしゅぎ》、民主主義と言いだしていた。そのくせ、民主主義の由来《ゆらい》を何も知らない。それらの風潮《ふうちょう》を、戸田《とだ》は苦々《にがにが》しく思《おも》っていた。彼《かれ》は、民主主義の理念《りねん》を、深《ふか》く知らせることが、社会《しゃかい》のためにも、事業発展《じぎょうはってん》のためにも賢明《けんめい》だと直覚《ちょっかく》したのである。

直《ただ》ちに、室伏高信《むろぶせこうしん》、今中次麿《いまなかつぎまろ》、加田哲二《かだてつじ》、堀眞琴《ほりまこと》を、責任編集者《せきにんへんしゅうしゃ》として委嘱《いしょく》した。全《ぜん》六巻《かん》

の企画《きかく》であった。（前掲書三二四〜三二六頁）

加田哲二氏は、ファシズムや福祉理論に詳しく、今中次麿氏は社会学とキリスト教に詳しい。こういう一流の知性が持つ民主主義に関する知識を民衆にわかりやすく伝えることを戸田氏は意図したのだ。

インフレに対しても戸田氏は事業拡大という正攻法で戦っていく。

戸田のインフレーション対策《たいさく》は、日本正学館《しょうがっかん》の事業を拡大《かくだい》し、出版社《しゅっぱんしゃ》として、本格的《ほんかくてき》に戦《たたか》おうということにあった。編集陣営《じんえい》を、強固《きょうこ》にした。編集長には、三島由造《みしまよしぞう》をあてた。その下に、山平忠平《やまだいらちゅうへい》ほか数人《すうにん》の青年《せいねん》編集部員を置《お》いた。

三島は、戦時中《せんじちゅう》、入獄《にゅうごく》した二十一人の幹部《かんぶ》の一人《ひとり》である。

山平は、戦前《せんぜん》、時習学館《じしゅうがっかん》の講師《こうし》をしていた大学生《だいがくせい》である。学業半《がくぎょうなか》ばに、学徒出陣《がくとしゅつじん》となり、航空兵《こうくうへい》として出征《しゅっせい》していた。九月に復員《ふくいん》すると、真《ま》っ先《さき》に時習学館の焼《や》け跡《あと》を訪《たず》ね、戸田の出獄《しゅつごく》と健在《けんざい》を知ると、飛《と》んで来て、戸田の膝下《しっか》に馳《は》せ参《さん》じた青年であった。彼は、大学に在《ざい》籍《せき》のまま、日本正学館の仕事《しごと》を手伝《てつだ》っていたのである。

編集陣《へんしゅうじん》は、張《は》り切《き》った。

当時《とうじ》の人びとは、書物《しょもつ》に渇《かわ》ききっていたといえる。出版《しゅっぱん》された書物は、渇いた大地《だいち》が水《みず》を吸《す》い込《こ》むように売《う》れていった。だが、出版社も、次第《しだい》に乱立《らんりつ》した。当時の出版事業《じぎょう》の、最大《さいだい》の問題《もんだい》は、紙《かみ》の入手難《にゅうしゅなん》であった。紙価《しか》は、日増《ひま》しに暴騰《ぼうとう》し続《つづ》けていた。戸田《とだ》も、この難関《なんかん》の克服《こくふく》に、懸命《けんめい》にならざるを得《え》なかった。彼《かれ》の豪放《ごうほう》にして細心《さいしん》な事業手《しゅ》腕《わん》が、思《おも》い切り発揮《はっき》されたのも、この時である。

戸田は、自社《じしゃ》の紙の入手に奔走《ほんそう》するばかりでなく、同業《どうぎょう》の弱小出版社《じゃくしょう》に、紙を回《まわ》してやることも、しばしばあった。弱小出版社は蘇生《そせい》し、彼らは、心《こころ》から感謝《かんしゃ》した。彼の社には、いつか衛星《えいせい》のように、大小《だいしょう》の出版社が出入《でい》りするようになっていった。

戸田の信義《しんぎ》と包容力《ほうようりょく》は、出版界の一角《いっかく》に、小さな星群《せいぐん》をつくっていった。これが、やがて後に、彼を中心《ちゅうしん》とする金融機関《きんゆうきかん》の設置《せっち》にまで、発展《はってん》するのである。（前掲書三二六～三二七頁）

ここでは今後の物語を展開するための示唆《しさ》に留まっているが、資金が逼迫《ひっぱく》した状況で、戸田氏が自らが中心となる金融機関を創設するという現実的選択を取る。そのことが後に戸田氏の事業に影を落とすことにもなる。

興味深いのは、ビジネスにおいても信仰が強い力を持つという現実だ。

ある時、戸田は、必要量《ひつようりょう》の紙を、どうしても手に入れねばならなくなった。だが、万策尽《ばんさくつ》き、計画《けいかく》は座礁《ざしょう》した。

その深夜《しんや》——彼は、ガバッと寝床《ねどこ》の上に起《お》き上がって、「諸天善神《しょてんぜんじん》、広布《こうふ》の礎《いしずえ》のための事《じ》業《ぎょう》だ。戸田城聖《とだじょうせい》のために、紙《かみ》を運《はこ》んで来《こ》ないか」と、諸天《しょてん》に叱咤《しった》の叫《さけ》びを放《はな》った。翌日《よくじつ》、交《こう》

> 渉《しょう》の途切《とぎ》れていた社《しゃ》から、思《おも》いがけず必要量《ひつようりょう》の紙が、入荷《にゅうか》する手はずになったのだった。
> 　彼《かれ》は、一つの困難《こんなん》に直面《ちょくめん》すると、全力《ぜんりょく》をあげてぶつかっていった。彼の全知《ぜんち》、全精魂《ぜんせいこん》を集《しゅう》中《ちゅう》していく姿《すがた》には、すさまじい勢《いきお》いがあった。やがて困難が去《さ》ると、ケロリとして、悠然《ゆうぜん》と将棋《しょうぎ》に夢中《むちゅう》になったり、冗談《じょうだん》を飛《と》ばして、ご機嫌《きげん》であった。
> 　どんなに、深夜《しんや》まで友人《ゆうじん》と飲《の》み、用事《ようじ》に追《お》われても、翌朝《よくあさ》は真剣《しんけん》に事業に打《う》ち込《こ》んだ。誰《だれ》よりも早《はや》く出勤《しゅっきん》し、全社員《ぜんしゃいん》を督励《とくれい》した。一日として、仕事《しごと》を休《やす》んだことなどはなかった。
> 　戸田は、夕方《ゆうがた》になると、事務所《じむしょ》での奮闘《ふんとう》の矛《ほこ》を収《おさ》め、夜は一変《いっぺん》して法華経講義《ほけきょうこうぎ》に力《ちから》を注《そそ》いだ。週《しゅう》三回、月《げつ》、水《すい》、金《きん》の三日である。四人のグループのほかに、数人《すうにん》の臨時受講者《りんじじゅこうしゃ》の姿も見えてきた。なかでも、清原《きよはら》かつや泉田《いずみだ》ためなどが、頻繁《ひんぱん》に通《かよ》うようになった。（前掲書三二七〜三二八頁）

〈諸天善神、広布の礎のための事業だ。戸田城聖のために、紙を運んで来ないか〉との祈りが強い意味を持つ。正しい経営は、正しい信仰によって支えられているのである。筆者は、創価学会員の経済人と意見交換をすることもよくあるが、日々の勤行を誠実に行っていることがビジネスの成功につながることが、伝わってくる。強い信仰を持つ人は、仕事にも全力をあげてぶつかっていくのである。戸田氏の法華経講義は、ビジネスのエンジンとしての意味も持つ。

「御本尊の使い」に礼を尽くす

この時の法華経講義は三カ月で終了した。

この講義も、三月に入《はい》ると、法華経の開結二経《かいけつにきょう》に進《すす》み、三月二十八日夜、法華経八巻と合《あ》わせ全《ぜん》十巻の講義《こうぎ》が終了《しゅうりょう》した。一月一日に始《はじ》まって、三カ月かかったわけである。

「さて、これで終《お》わった。寒《さむ》いさなか、よく通《かよ》って聴《き》いてくれた。私は、あなた方《がた》に感謝《かんしゃ》するものです。今夜《こんや》は、修了式《しゅうりょうしき》をしよう」

四人は、「感謝する」という、戸田《とだ》の言葉《ことば》に戸惑《とまど》った。感謝しなければならないのは、自《じ》分《ぶん》たちである。彼《かれ》らは、しばらく言うべき言葉を失《うしな》ってしまった。だが、読了《どくりょう》した嬉《うれ》しさは、隠《かく》せなかった。

岩森喜三《いわもりきぞう》が、代表《だいひょう》して礼《れい》を言った。

「本当《ほんとう》に、ありがとう。感謝しなければならないのは、われわれだ。なんとも、お礼の申《もう》しようもない」

あとの三人も、それぞれお辞儀《じぎ》をしながら、礼を言った。

「まったく、楽《たの》しい講義だった」

「われわれも、及《およ》ばずながら、広宣流布《こうせんるふ》のために、お役《やく》に立《た》ちたいと思《おも》う」

戸田は、何を思ったか、硯箱《すずりばこ》を開き、墨《すみ》をすり始めた。
そして何度《なんど》も、嬉《うれ》しそうに言うのである。
「いや、よく聴《き》いてくれた」
彼《かれ》は、筆《ふで》を手にすると、机上《きじょう》の巻《ま》き紙《がみ》に、自分《じぶん》から書《か》き始《はじ》めた。
「第一期修了者《しゅうりょうしゃ》
開講《かいこう》　昭和《しょうわ》二十一年一月一日
終了《しゅうりょう》　同　三月二十八日」
そして四人に、署名《しょめい》するよう促《うなが》した。（前掲書三二八～三三〇頁）

簡素な修了証書であるが、恩師の直筆《じきひつ》によるこの文書には特別の価値がある。師弟関係が文書の形で可視化されるからだ。優れた師である戸田氏は、教育を師が弟子に情報を伝達する一方的行為とは考えない。教育過程を通じて、師も弟子から多くのことを学ぶのだ。それだから戸田氏は受講生に〈いや、よく聴いてくれた〉と言ったのである。

戸田氏は高級ウイスキーを戸棚から取り出して祝賀会をする。


「さぁ、これで修了式は終《お》わった。『蛍《ほたる》の光《ひかり》』でも歌《うた》わなけりゃならんが、ドラ声《ごえ》ばかりではしようがない。今日《きょう》は、いずれ記念《きねん》の日となろう。お祝《いわ》いといこうよ」

戸田《とだ》は、形式《けいしき》が大嫌《だいきら》いである。人間味丸出《にんげんみまるだ》しの実力《じつりょく》、生活《せいかつ》、信心《しんじん》を尊《とうと》んでいた。彼は、突《とっ》然《ぜん》、席《せき》を立ち、戸棚《とだな》から、ウイスキーを持《も》ってきた。

「北川君《きたがわくん》、これを開《あ》けてくれたまえ」

当時《とうじ》は、めったにない高級《こうきゅう》ウイスキーである。北川は歓声《かんせい》をあげて、栓《せん》を抜《ぬ》いた。

「こりゃすごい……」

ウイスキーは、五つのコップに、高貴《こうき》な芳香《ほうこう》を放《はな》ちながらつがれていった。一本の角瓶《かくびん》は、空《から》になった。

「さぁ、やりたまえ。諸君《しょくん》のために、今日《きょう》まで、大事《だいじ》にしまっておいたものだよ」

五人とも、酒類《しゅるい》は大好物《だいこうぶつ》である。彼《かれ》らは、戸田《とだ》の深《ふか》い思《おも》いやりを知った。藤崎《ふじさき》はじめ四人は、さすがに恐縮《きょうしゅく》して、すぐには手が出なかった。

「これでは、話《はなし》があべこべだ。三カ月もただで教《おそ》わり、ご馳走《ちそう》にまでなるなんて、申《もう》し訳《わけ》ないと思う」

誰彼《だれかれ》となく、頭《あたま》をかきながら言うのであった。

本来《ほんらい》ならば、受講者《じゅこうしゃ》こそ、師《し》に対《たい》して礼《れい》を言うべきであった。それが、この法華経講義《ほけきょうこうぎ》では、まるで正反対《せいはんたい》であった。（前掲書三三〇〜三三一頁）

高級ウイスキーの提供の背景にも戸田氏の宗教的信念がある。法華経に基づき、御本尊の使いとして、戸田氏は受講生に感謝の意を目に見える形で示したのだ。

戸田の、受講者に対する異常《いじょう》なまでの感謝《かんしゃ》の念《ねん》が、どこから発《はっ》しているのか、誰もその胸《きょう》中《ちゅう》を察《さっ》することができなかった。

戸田の心中《しんちゅう》には、法華経の一句《いっく》が刻《きざ》まれていた。

「我《わ》が滅度《めつど》の後《のち》、能《よ》く竊《ひそ》かに一人《いちにん》の為《た》めにも、法華経の乃至《ないし》一句を説《と》かば、当《まさ》に知るべし、是《こ》の人は則《すなわ》ち如来《にょらい》の使《つかい》にして、如来に遣《つか》わされて、如来の事《じ》を行《ぎょう》ず。何《いか》に況《いわ》んや大衆《だいしゅ》の中に於《お》いて、広《ひろ》く人の為《た》めに説《と》かんをや」（法華経《ほけきょう》三五七ジペー）

滅後《めつご》の法華経とは、末法《まっぽう》における南無妙法蓮華経《なんみょうほうれんげきょう》のことである。彼《かれ》は、身《み》の福運《ふくうん》と栄光《えいこう》に感謝《かんしゃ》した。また、御本尊《ごほんぞん》の使いとして、受講者《じゅこうしゃ》にも感謝したのである。

戸田《とだ》は、一口《ひとくち》飲《の》みながら言った。

「どうした？　今夜《こんや》は、いやに神妙《しんみょう》になってしまって……どうしたんだい」

「ありがたく、頂戴《ちょうだい》しようじゃないか」

藤崎《ふじさき》は、こう言って、コップを手にした。三人も手を出した。

「うまいなぁ」

一口飲んで、北川《きたがわ》が感《かん》に堪《た》えないように言うと、どっと哄笑《こうしょう》が湧《わ》いた。（前掲書三二一〜三二二頁）

キリスト教には聖餐《せいさん》式という儀式がある。イエス・キリストが、自分が人間を救うために死ぬことを予期し、弟子たちに、パンをキリストの肉、ぶどう酒をキリストの血として記念せよと述べたことに根拠がある。聖餐式でワインを飲むことに宗教的意味があるように、このときに戸田氏と受講生たちが同じボトルから飲んだウイスキーには特別の宗教的意義がある。

第27章 「法華経講義」と創価学会の世界宗教化

「胎動」（三三一〜三四〇頁）

「最高原理」から説き起こす

戸田城聖氏の法華経講義から多くの人々が触発を受けた。法華経講義を受けた人の話を聴くことにより、自分も法華経について戸田氏から直接教えを受けたいと切望するようになった一人が清原かつだ。法華経の力が、清原の魂をとらえたのだ。創価学会員にとって、信仰は行動と直結している。信仰即行為である。以下の記述は、創価学会の信仰の在《あ》り方を見事に示している。

数日後《すうじつご》、清原《きよはら》かつは、法華経講義《こうぎ》の終《お》わったことを、本田《ほんだ》から聞いた。

ある朝《あさ》、彼女《かのじょ》は清《きよ》い瞳《ひとみ》を輝《かがや》かせて、戸田のところに現《あらわ》れた。

「先生《せんせい》、法華経の講義が終了《しゅうりょう》したそうですが、もう一度、新《あたら》しい弟子《でし》たちに、講義をお願《ねが》いします」

二十七歳《さい》の彼女《かのじょ》の態度《たいど》は、真剣《しんけん》であった。真実《しんじつ》があった。求道心《きゅうどうしん》の誠実《せいじつ》が、あふれていた。

「聴《き》きたい人がいれば、いいだろう」

「本当《ほんとう》ですか、先生《せんせい》。お願いします」

清原《きよはら》は、ペコンと頭《あたま》を下《さ》げた。屈託《くったく》のない、清純《せいじゅん》な顔《かお》である。

「聴きたがっているのは誰《だれ》だ」

戸田《とだ》の言葉《ことば》に、清原は、はたと困《こま》った。

「先生……私が、これから集《あつ》めます。いつから講義《こうぎ》していただけますか」

「学校《がっこう》と同じく、四月中旬《ちゅうじゅん》からにしようか」

清原は、戸田の承諾《しょうだく》を嬉《うれ》しく思《おも》った。だが、集めるといっても、特《とく》にこれといった心当《こころあ》たりはない。焼《や》け野原《のはら》の東京《とうきょう》である。法華経《ほけきょう》の講義を聴く余裕《よゆう》など、とても考《かんが》えられぬ時勢《じせい》であった。

しかし彼女は、真剣に題目《だいもく》をあげた。かつての、信心《しんじん》している知《し》り合《あ》いを訪《たず》ねて駆《か》けずり回《まわ》った。そして、牧口会長《まきぐちかいちょう》の第一の弟子《でし》であった戸田理事長《とだりじちょう》が、再《ふたた》び学会再建《がっかいさいけん》の活動《かつどう》を始《はじ》めたことを訴《うった》え続《つづ》けていった。

彼女《かのじょ》は、ただ嬉《うれ》しかった。それは、三年ぶりで、やっと信仰《しんこう》活動の事実上《じじつじょう》の開始《かいし》をみることができたからである。彼女は、全力《ぜんりょく》をあげて、同志《どうし》の糾合《きゅうごう》に奔走《ほんそう》した。（池田大作『人間革命 第1巻』聖教ワイド文庫、二〇一三年、三三二～三三四頁）

広宣流布の原点がここによく表れていると思う。客観的に見るならば、法華経の講義を聴く余裕など考えられない情勢だ。しかし、それを乗り越える力が信仰者には備わっている。清原は、真剣に題目をあげたという事実が重要なのである。清原という個性を通じて働く仏の力を、われわれはこのテキストを通じて追体験することができる。

四月十二日、定刻《ていこく》には、十人近《ちか》くの人びとが集《あつ》まってきた。戸田には、ほとんど面識《めんしき》のない人たちである。

彼《かれ》は、一人《ひとり》ひとりの紹介《しょうかい》も受けず、無頓着《むとんちゃく》に講義《こうぎ》を始めた。

「まず、法華経《ほけきょう》の講義といっても、要《よう》するに、大聖人様《だいしょうにんさま》の南無妙法蓮華経《なんみょうほうれんげきょう》が、いかなるものかということがわかれば、それでいいのです。そこから始めましょう。南無妙法蓮華経、さあ、説明《せつめい》になると、これが非常《ひじょう》に面倒《めんどう》であります。南無《なむ》という意味《いみ》は、南《みなみ》が無《な》いということではない」

くすくす笑《わら》う人があった。

「これは、梵語《ぼんご》であり、日本語では、帰命《きみょう》と訳《やく》します。また、帰命頂礼《ちょうらい》とも言います。われわれの信心《しんじん》の立場《たちば》から論《ろん》ずれば、大宇宙《だいうちゅう》の妙法という大法則《だいほうそく》と合致《がっち》せしめることであり、また、南無妙法蓮華経《なんみょうほうれんげきょう》という仏様《ほとけさま》と、境智冥合《きょうちみょうごう》するということでもあります。つまり、南無妙法蓮華経とは、仏様の名前《なまえ》であり、この仏様を久遠元初自受用報身如来《くおんがんじょじじゅゆうほうしんにょらい》とも申《もう》し上《あ》げ、それは日蓮大聖人様《にちれんだいしょうにんさま》のことであります。

それを、特《とく》に、南無《なむ》とはなんだ、妙法とは、蓮華とは、経とはなんだといえば、これは一つ一つ甚深《じんじん》の哲理《てつり》を含《ふく》んでおります」

皆《みな》、硬《かた》くなって聴《き》いている。

「このように、いきなりポンと、最高原理《さいこうげんり》を決めてから説《と》く方法《ほうほう》は、東洋哲学《とうようてつがく》の特徴《とくちょう》で、演繹的《えんえきてき》と言います。これが、西洋《せいよう》哲学になると、帰納的《きのうてき》と言って、だんだん論理《ろんり》をたどり、その組《く》み立《た》てのうえに、最後《さいご》の結論《けつろん》を下《くだ》すやり方《かた》です。

今日《こんにち》の日本人は、帰納的な学問《がくもん》で教育《きょういく》されてきたから、法華経《ほけきょう》の原理というものが、非常《ひじょう》に理解《りかい》しにくい頭《あたま》の構造《こうぞう》になっているんです」（前掲書三三四〜三三六頁）

戸田氏の〈われわれの信心の立場から論ずれば、大宇宙の妙法という大法則と合致せしめることであり、また、南無妙法蓮華経という仏様と、境智冥合するということでもあります〉という説明は、創価学会の信仰を端的に示している。この真実から演繹的に、戸田氏は法華経講義を行っている。この講義が、同時代の日本人に理解しにくくなっている理由を戸田氏はよくわかっている。それは、啓蒙《けいもう》主義の影響を受け、急速な近代化を進めた日本においては、事実を積み重ねることによって真理をつかんでいくという帰納法が知識人の思考様式になってしまうからだ。

例えば、一羽目の白鳥は白い、二羽目の白鳥も白い、三羽目の白鳥も白い、この手順で一〇〇〇羽の白鳥を調べたらすべて白かったので、「白鳥は白い」と結論づけるのが帰納法だ。しかし、どこかで一羽だけでも黒い白鳥が見つかれば、それは真実ではなくなる。これに対して、演繹法は最高原理から説いていくので、真実から乖離《かいり》することはない。世界宗教であるキリスト教、イスラム教においても、神学の構成は演繹的だ。戸田氏のこの講義における演繹的アプローチには、創価学会が後に世界宗教に発展する萌芽がある。

三代会長が行った歴史的宗教改革

戸田氏の講義の続きを読んでみよう。

それから彼《かれ》は、正法《しょうほう》の「行《ぎょう》」すなわち、実践《じっせん》ということを説き、科学《かがく》にまで話《はなし》を進《すす》めた。戸《と》田《だ》は、宗教《しゅうきょう》と科学との研究対象《けんきゅうたいしょう》の相違《そうい》を明確《めいかく》にし、真《しん》の宗教は、決して修養《しゅうよう》ではないことを述《の》べた。そして、「生命《せいめい》の法理《ほうり》に基《もと》づいて、われわれの生命生活《せいかつ》を、いかにすれば『幸《こう》福《ふく》』にできるかを、研究《けんきゅう》し、実践《じっせん》するのが宗教《しゅうきょう》である」と、日常《にちじょう》生活を例《れい》に引いて、説《と》いていった。

――今、七百年前の、日蓮大聖人《にちれんだいしょうにん》の仏法《ぶっぽう》の華《はな》が、咲《さ》かんとしているのだ。これから、生きた仏法を知らしめていくのである。人びとは、これまでの死《し》んだ仏法しか知らず、仏法とは、生活と無関係《むかんけい》で、難解《なんかい》なものであるとの先入観念《せんにゅうかんねん》にとらわれている。それを捨《す》てさせなければならない。

戸田《とだ》は、そう決意《けつい》していた。（前掲書三三六〜三三七頁）

創価学会の特徴は、生きている仏法を伝えるところにある。牧口常三郎先生、戸田城聖先生、池田大作先生の三代会長によって行われたのは、偉大な宗教改革なのである。インドで生まれた仏法が、鎌倉時代に日蓮大聖人によって、末法の時代に生きる人々を救済する仏法として再生された。この日蓮仏法を継承する創価学会が、二十〜二十一世紀にかけて、仏教を世界宗教にする歴史的宗教改革を行っているのである。その中核になるのが、三代会長だ。ここで創価学会会憲の第一〜五条を引用しておく。

（名　称）

第1条　この会は、「創価学会」という。

（教　義）

第2条　この会は、日蓮大聖人を末法の御本仏と仰ぎ、根本の法である南無妙法蓮華経を具現された三大秘法を信じ、御本尊に自行化他にわたる題目を唱え、御書根本に、各人が人間革命を成就し、日蓮大聖人の御遺命である世界広宣流布を実現することを大願とする。

（三代会長）

第3条　初代会長牧口常三郎先生、第二代会長戸田城聖先生、第三代会長池田大作先生の「三代会長」は、広宣流布実現への死身弘法の体現者であり、この会の広宣流布の永遠の師匠である。

2．「三代会長」の敬称は、「先生」とする。

（目　的）

第4条　この会は、日蓮大聖人の仏法の本義に基づき、弘教および儀式行事を行ない、会員の信心の深化、確立をはかることにより、各人が人間革命を成就するとともに、日蓮大聖人の仏法を世界に広宣流布し、もってそれを基調とする世界平和の実現および人類文化の向上に貢献することを目的とする。

（構　成）

第5条　この会は、「三代会長」を広宣流布の永遠の師匠と仰ぎ、第2条の教義および前条の目的を同じくする世界各国・地域の団体（以下「構成団体」という。）および会員をもって構成する。（SOKAnet「創価学会について」、https://www.sokanet.jp/info/kaiken.html）

最近、創価学会について論じる一部の人が「ポスト池田時代」などという言葉を用いて、創価学会批判を展開しているが、〈「三代会長」を広宣流布の永遠の師匠と仰ぐ〉創価学会に、「ポスト池田時代」などという概念は存在しないのである。世界宗教であるキリスト教に「ポスト・キリスト時代」などという概念が存在しないのと同じことだ。

話を『人間革命』のテキストに戻す。戸田氏は、南無妙法蓮華経の意味について講義する。

この夜、集《あつ》まった人びとは、戸田の語《かた》る仏法は、他の宗教団体《だんたい》で聞くのとは、雰囲気《ふんいき》も内《ない》容《よう》も、全《まった》く異質《いしつ》であることに驚《おどろ》いた。みんな、ただ耳《みみ》を澄《す》ましていた。

「話《はなし》が横道《よこみち》にそれてしまったが、できるだけ簡単《かんたん》に、南無妙法蓮華経《なんみょうほうれんげきょう》とは何か、ということに入《はい》りましょう。

南無《なむ》とは、さっき申《もう》した通《とお》り、梵語《ぼんご》、すなわちインド古代《こだい》の言葉《ことば》です。妙法蓮華経とは漢《かん》語《ご》です。将来《しょうらい》、この仏法が、中国《ちゅうごく》にも、インドにも、流布《るふ》される深意《しんい》があるのです。この妙《みょう》法蓮華経《ほうれんげきょう》を梵語《ぼんご》でいいますと、薩達磨《さだるま》・芬陀梨伽《ふんだりきゃ》・蘇多覧《そたらん》ということになる」

みんな、ゲラゲラ笑《わら》いだした。戸田《とだ》は、皆《みな》の笑い声《ごえ》をよそに、悠々《ゆうゆう》と説《と》いていくのであった。（前掲、『人間革命　第1巻』三三七～三三八頁）

優れた宗教人はユーモアのセンスを持っている。それだから、講義は、笑いとともに進められる。笑いは人間に特徴的な現象だ。嬉しいときだけでなく、悲しいとき、窮地《きゅうち》に陥ったときにも、人間は思わず笑ってしまう。自らの限界に接したときに人間は笑う傾向がある。

人間疎外を克服する色心不二の哲理

「みんな笑うが、ここが、いちばん大事《だいじ》なところです。

南無《なむ》とは、日本の言葉《ことば》で、帰命《きみょう》という。ですから、南無するといえば、心《こころ》も身《み》もともに、信《しん》じて捧《ささ》げることを意味《いみ》します。その帰命する対象《たいしょう》を本尊《ほんぞん》といい、これに〝人《にん》〟と〝法《ほう》〟とがある。人とは御本仏《ごほんぶつ》・日蓮大聖人《にちれんだいしょうにん》に帰命することで、法とは南無妙法蓮華経に帰命することであります。

また、帰とは色法《しきほう》、すなわち、われわれの肉体《にくたい》であり、命とは心法《しんぽう》、すなわち、われわれの心のことであります。大聖人は『色心不二《しきしんふに》なるを一極《いちごく》と云《い》う』（御書《ごしょ》七〇八ジ゙ー）とおっしゃっております。

われわれの肉体と心は、別々《べつべつ》のものでは絶対《ぜったい》にない。それが一致《いっち》しているのが、真実《しんじつ》の生《せい》命《めい》の極致《きょくち》である。体《からだ》は会社《かいしゃ》に、心は家にあるとなると、えらく面倒《めんどう》なことになる。人間《にんげん》は、自分《じぶん》の体《からだ》のあるところ、必《かなら》ず心《こころ》が一致《いっち》していなくてはならない。その一致するところが、本《ほん》当《とう》のわれわれの、生命《せいめい》の状態《じょうたい》なのです。とにかく、色心不二《しきしんふに》なる状態を南無妙法蓮華経《なんみょうほうれんげきょう》というのであります」（前掲書三三八〜三三九頁）

ここで戸田氏が説いている事柄を、哲学用語に転換すれば、疎外論《そがいろん》になる。本来、人間は、自分の体のあるところ、必ず心が一致していなくてはならないのであるが、それができない疎外された状況にある。多くの人々は自分が疎外された状況にあるということにさえ気付いていない。これに気付かせ、生命を再発見しなくてはならないと戸田氏は説いているのだ。

それから、なおも講義《こうぎ》は、一時間半《はん》も続《つづ》いた。

清原《きよはら》は、居眠《いねむ》りした人が、一人《ひとり》もいなかったことに、ほっとした。焼《や》け野原《のはら》から、自分の足《あし》で集《あつ》めた人たちである。彼女《かのじょ》は、心ひそかに誇《ほこ》りをもっていた。

ところが、一日おいて、定刻《ていこく》の夕方《ゆうがた》には、彼女と泉田《いずみだ》ための二人《ふたり》しか来《こ》なかった。清原は、身《み》のすくむ思《おも》いであった。小柄《こがら》の体を、さらに小さくして、二人して法華経《ほけきょう》のテキストに目を落《お》としたまま、恐縮《きょうしゅく》していた。

戸田《とだ》は、出席者《しゅっせきしゃ》の激減《げきげん》については、一言《ひとこと》も言わなかった。

二人は、いたたまれぬ思いで、講義が早《はや》く終了《しゅうりょう》することを願《ねが》っていた。

戸田は、予定《よてい》のところで講義を終《お》えると、最後《さいご》に言った。

「明後日《あさって》の晩《ばん》は、商売《しょうばい》のことで、ちょっと都合《つごう》が悪《わる》いから、一回抜《ぬ》いて、その次《つぎ》にしよう」

清原《きよはら》は、外《そと》に出ると泉田《いずみだ》の手を取って言った。

「さぁ、大変《たいへん》、泉田さん、どうしよう？」

「探《さが》しましょうよ。来週《らいしゅう》までに……」

二人《ふたり》の女性《じょせい》は、自信《じしん》も確信《かくしん》もなくなって、不安《ふあん》が増《ま》すだけになってきた。思《おも》いつく人びとに、速達《そくたつ》を出した。だが速達は、焼《や》け跡《あと》や、疎開《そかい》した人びとに、届《とど》くはずはなかった。手紙《てがみ》は、ほとんど戻《もど》ってきてしまったのである。（前掲書三三九～三四〇頁）

清原の危機的状況は、ある偶然によって超克《ちょうこく》される。この出来事について、次章で説明したい。

第28章 創価学会という世界宗教が生まれている

「胎動」（三四〇〜三四四頁）

目に見えない力が引き寄せた再会

宗教の歴史において、当事者には偶然のように見えることが、大きな意味を持つことがある。『人間革命』で池田大作氏は、偶然のように見える出来事の中に、仏法の観点からすると重要な意味があることを説得力のある筆致《ひっち》で描いている。その具体例が、清原かつが一九四六年の春に東京の呉服橋の近くで小西武雄と出会ったことだ。この出会いが創価学会の歴史にとって重要な意味を持つ。『人間革命』の記述を見てみよう。

そんなある日、清原は、東京駅《とうきょうえき》にほど近《ちか》い呉服橋《ごふくばし》の辺《あた》りを歩《ある》いていた。交差点《こうさてん》にたたずんだ時、バッタリと、小西武雄《こにしたけお》と会ったのである。

「よう、清原さんじゃないか。奇遇《きぐう》だな」

小西は、日に焼けた黒《くろ》い顔《かお》で、元気《げんき》に笑《わら》いかけてきた。

「まぁ、小西さん」

彼女《かのじょ》は、目をクリクリさせて驚《おどろ》いた。

路傍《ろぼう》で、近況《きんきょう》を語《かた》り合《あ》っているうちに、突然《とつぜん》、彼女の頭《あたま》には、法華経講義《ほけきょうこうぎ》のことが浮《う》かんできた。

〝そうだ、小西《こにし》さんも、講義《こうぎ》に誘《さそ》おう！〟

清原《きよはら》は、勢《いきお》いよく尋《たず》ねた。

「小西さん、信心《しんじん》やっている？」

「やっているさ。相変《あいか》わらず、罰《ばち》ばかりで弱《よわ》っているよ。だが、心配《しんぱい》しなさんな。ぼくの家は焼《や》けなかった。原山君《はらやまくん》や関君《せきくん》も、転《ころ》がり込《こ》んで、一緒《いっしょ》にいるんだよ……。世間《せけん》も、面白《おもしろ》くないし、金《かね》もないし、酒《さけ》もないし、三人で暇《ひま》さえあれば、御書《ごしょ》の勉強を始《はじ》めたところだ。信心の方《ほう》は大いにやっているよ……」

牧口会長《まきぐちかいちょう》の精神《せいしん》は、ここにも消《き》えずに脈々《みゃくみゃく》と流《なが》れていたのであった。

清原は喜《よろこ》んだ。（池田大作『人間革命　第1巻』聖教ワイド文庫、二〇一三年、三四〇～三四一頁）

軍部政府の弾圧の下でも、牧口常三郎氏の教えを忠実に守り、信心を続けていた人はいるのだ。そして、真実の信仰を持つ人々は、目には見えないが確実に存在する力によって引き寄せられて、団結することになる。清原かつと小西武雄の出会いの背後にも仏法の偉大な力が働いている。清原は、小西をはじめとする信仰の同志を戸田城聖氏の法華経講義に誘うという歴史的に重要な使命を担ったのである。

小西はさらに、話《はなし》を続《つづ》けた。

「座談会《ざだんかい》も、この間《あいだ》やってみた。今どきの若《わか》い者《もの》は、生意気《なまいき》に屁理屈《へりくつ》ばかりこねて、あきれたものだ。いよいよ五濁悪世《ごじょくあくせ》ということになってきたね」

なかなか元気《げんき》で、精悍《せいかん》である。頼《たの》もしい牧口門下生《もんかせい》の姿《すがた》に清原は嬉《うれ》しくなった。

「戸田先生《とだせんせい》に、お目にかかった？」

「ああ、理事長《りじちょう》は出獄《しゅつごく》されて、えらくお体《からだ》が悪《わる》いと聞いたが……」

「嘘《うそ》よ、嘘よ、戸田先生《とだせんせい》、大変《たいへん》、お元気《げんき》よ。会社《かいしゃ》が西神田《にしかんだ》にあって、法華経《ほけきょう》の講義《こうぎ》までなさっているわ」

「そりゃ、知らなかった。お会いしたいなぁ」

信心《しんじん》の絆《きずな》で結《むす》ばれた同志《どうし》は、一瞬《いっしゅん》にして心《こころ》が解《と》け合《あ》うのである。

小西《こにし》は、蒲田《かまた》の国民学校《こくみんがっこう》の教員《きょういん》であった。戦時中《せんじちゅう》は、学童集団疎開《がくどうしゅうだんそかい》で、東北《とうほく》の山寺《やまでら》にいた。

終戦《しゅうせん》の年《とし》の秋半《あきなか》ば、帰京《ききょう》して元《もと》の学校に戻《もど》っていた。

仲《なか》のいい、同僚《どうりょう》の原山幸一《はらやまこういち》も、関久男《せきひさお》も、場所《ばしょ》は違《ちが》ったが、同じ東北に、学童を連《つ》れて疎開していた。終戦後、東京《とうきょう》の家を焼《や》かれた原山と関は、しばらく小西の家の二階《かい》に同居《どうきょ》していたのである。この〝蒲田の三羽烏《さんばがらす》〟は、戦時中の弾圧《だんあつ》の折《おり》、当局《とうきょく》のいやがらせには遭《あ》ったが、学会《がっかい》の上層部《じょうそうぶ》でもなかったので、無事《ぶじ》であった。空襲下《くうしゅうか》に寄《よ》り集《あつ》まって、「開目抄《かいもくしょう》」を読《よ》み合ったりしていたのである。（前掲書三四一～三四二頁）

小西も原山も関も、戦時下、当局による嫌がらせから巧みに身を躱《かわ》して、学童たちの生活と学業を保障するという重要な仕事を担っていた。どのような厳しい状況においても、今、自分が直面している状況で、他者のために誠実に生きるという創価学会員の倫理観がここに表れている。

新しいメンバーを迎えて戸田氏の法華経講義は生命力を増す。特に重要なのは、若い世代の参加者が増えたことだ。

広宣流布への胎動を直観する

法華経講義は、活気《かっき》づいてきた。蒲田の三人の同志も来た。日本正学館《しょうがっかん》の編集部《へんしゅうぶ》の三島《みしま》、山平《やまだいら》、会計主任《かいけいしゅにん》の奥村《おくむら》まで参加《さんか》した。第一回の講義《こうぎ》とは、がらりと空気《くうき》が変わった。戸田《とだ》より若《わか》い人たちの集《あつ》まりである。真面目《まじめ》に求《もと》める息吹《いぶき》があった。戸田のまだよく知らぬ、牧口《まきぐち》門下生《もんかせい》が、集まって来たわけである。

戸田の机《つくえ》の真《ま》ん前《まえ》には、清原《きよはら》が座《すわ》っていた。嬉《うれ》しいのだ。自分《じぶん》が連絡《れんらく》して集めた人たちである。さらに、新《あたら》しい学会《がっかい》の、広布《こうふ》の師匠《ししょう》ができたのだ。彼女《かのじょ》は、弟子《でし》らしく振《ふ》る舞《ま》える自分を、誇《ほこ》らしくさえ思《おも》えた。

戸田は、真剣《しんけん》に講義を続《つづ》けた。新しい、手応《てごた》えを感《かん》じた。新しい、弟子を感じた。

〝広宣流布《こうせんるふ》への胎動《たいどう》は、始《はじ》まっている〟

新しい学会の誕生《たんじょう》を、戸田は、早《はや》くも感じていた。

受講者《じゅこうしゃ》もまた、戸田の、ただごとでない情熱《じょうねつ》を感じた。決意《けつい》も読《よ》み取《と》った。しかし、彼《かれ》らには、未来《みらい》の学会の方向《ほうこう》は、皆目《かいもく》わからなかった。ただ、戸田理事長《りじちょう》につく以外《いがい》、その方途《ほうと》を知る術《すべ》もないことを知ったのである。（前掲書三四二〜三四三頁）

清原の喜びは、真実の仏法を一人でも多くの人に伝える使命を担っているとの充実感からくる。広宣流布が創価学会の活動の基本であることがよくわかる。ここで戸田氏が述べている〈広宣流布への胎動は、始まっている〉という言葉には、とても重要な意味が込められている。この時点では、恐らく戸田氏も認識していなかったであろうが、池田大作SGI会長の指導で、世界宗教に発展していく必然性が戸田氏の言葉には内包されているのである。創価学会の「精神の正史」である『人間革命』と創価学会会憲を併せて勉強することが重要である。会憲では、戸田氏から池田氏に広宣流布のバトンが渡され、創価学会が世界宗教に発展していく過程とその必然性が簡潔に記されている。

戸田先生は、牧口先生とともに投獄され、獄中において「仏とは生命なり」「我、地涌《じゆ》の菩薩《ぼさつ》なり」との悟達《ごだつ》を得られた。戦後、創価学会の再建に着手され、人間革命の理念を掲げて、生命論の立場から、大聖人の仏法を現代に蘇生させる実践を開始された。会長就任に当たり、広宣流布は創価学会が断じて成就するとの誓願を立てられ、「法華弘通《ほっけぐつう》のはたじるし」として、「大法弘通慈折《じしゃく》広宣流布大願成就」「創価学会常住」の御本尊を学会本部に御安置され、本格的な広宣流布の戦いを展開された。戸田先生は、75万世帯の願業を達成されて、日本における広宣流布の基盤を確立された。

第三代会長池田大作先生は、戸田先生の不二《ふに》の弟子として、広宣流布の指揮をとることを宣言され、怒濤《どとう》の前進を開始された。

日本においては、未曾有《みぞう》の弘教拡大を成し遂げられ、広宣流布の使命に目覚めた民衆勢力を築き上げられた。とともに、牧口先生と戸田先生の御構想をすべて実現されて、大聖人の仏法の理念を基調とした平和・文化・教育の運動を多角的かつ広汎に展開し、社会のあらゆる分野に一大潮流を起こし、創価思想によって時代と社会をリードして、広宣流布を現実のものとされた。

会長就任直後から、全世界を駆け巡り、妙法の種を蒔《ま》き、人材を育てられて、世界広宣流布の礎を築かれ、1975年1月26日には、世界各国・地域の団体からなる創価学会の国際的機構として創価学会インタナショナル（ＳＧＩ）を設立された。それとともに、世界においても仏法の理念を基調として、識者との対談、大学での講演、平和提言などにより、人類普遍のヒューマニズムの哲学を探求され、平和のための善の連帯を築かれた。池田先生は、仏教史上初めて世界広宣流布の大道を開かれたのである。（SOKAnet「創価学会について」、https://www.sokanet.jp/info/kaisoku01.html）

戸田氏の〈広宣流布への胎動は、始まっている〉という宗教的直観が、池田氏の下で、〈仏教史上初めて世界広宣流布の大道〉という形で実ったのである。日本発の創価学会が、仏教を世界宗教化するという画期的な時代にわれわれは生きているのだ。この歴史的現実を正視眼で認識することがすべての人に求められている。

常に生成過程にある改革を進める教団

『人間革命』のテキストに戻る。太平洋戦争の敗北後、日本人の精神的空白を埋めようとする新しい宗教団体やイデオロギー的一致を重視する政治団体が生まれた。出発の時点で、創価学会は、いわば大海に乗り出す小さな船であった。

このころ世間《せけん》では、幾《いく》つもの新興《しんこう》の宗教《しゅうきょう》が、それぞれの目標《もくひょう》を掲《かか》げて、胎動し始めていた。

多くの、民主主義《みんしゅしゅぎ》を標榜《ひょうぼう》する団体《だんたい》も、活動《かつどう》を開始《かいし》していた。

かつて、三千人の会員《かいいん》を擁《よう》した創価教育学会《そうかきょういくがっかい》は、今、散《ち》り散《ぢ》りばらばらになっていた。だが、新出発《しんしゅっぱつ》した学会丸《まる》は、わずかな人を乗《の》せ、未来《みらい》に襲《おそ》い来る波浪《はろう》や怒濤《どとう》も覚悟《かくご》のうえで、崇高《すうこう》な広宣流布《こうせんるふ》の理想《りそう》に向かって船出《ふなで》したのである。（前掲、『人間革命　第1巻』三四三〜三四四頁）

この船が、その後に襲いかかる波浪や怒濤を乗り越え、世界宗教に発展する上で重要な出来事が、従来の宗教団体からの脱皮である。そのためには創価教育学会から創価学会への発展が必然だったのである。

戸田《とだ》は、この時、既《すで》に大きな決断《けつだん》を下《くだ》していた。それは、創価教育学会からの脱皮《だっぴ》であった。

〝仏法《ぶっぽう》による救済《きゅうさい》と革命《かくめい》は、ひとり教育界のみを対象《たいしょう》とするものではない。仏法を、苦悩《くのう》に沈《しず》む一億《おく》の民衆《みんしゅう》のなかに、広《ひろ》く、深《ふか》く浸透《しんとう》させ、幸福《こうふく》を実現《じつげん》していくことこそ、日蓮大聖人《にちれんだいしょうにん》が示《しめ》された広宣流布の道《みち》ではないか。学会は、全民衆を対象とした、広宣流布のための教団《きょうだん》であらねばならぬ〟

そう考《かんが》えた戸田は、その新《あたら》しき出発のために、「創価教育学会」という名称《めいしょう》を、「創価学会」と発展的《はってんてき》に改《あらた》めたのである。

日本正学館《しょうがっかん》には、新しい「創価学会本部《ほんぶ》」の看板《かんばん》が掲《かか》げられた。その文字《もじ》は、春《はる》の日差《ひざ》しを浴《あ》びて、希望《きぼう》の輝《かがや》きを放《はな》っていた。（前掲書三四四頁）

創価学会は、日蓮大聖人の示された道に立ち返り、偉大な宗教改革を開始した。その目的は仏法を苦悩に沈む民衆の中に、広く、深く浸透させ、幸福を実現していくことだ。そのために創価学会は、常に生成過程にある改革を進める教団なのである。そして、創価学会にとっての救済は、彼岸《ひがん》への待望や抽象的理念ではなく、此岸《しがん》において、いま、ここにいる人間の具体的救済なのである。そして、創価学会は、日本という一国家の枠組みを超えて、世界宗教に発展しつつあるのだ。この点についても『人間革命』のテキストを会憲と併せて勉強することが重要である。会憲にはこう記されている。

牧口先生、戸田先生、池田先生の「三代会長」は、大聖人の御遺命《ごゆいめい》である世界広宣流布を実現する使命を担って出現された広宣流布の永遠の師匠である。「三代会長」に貫かれた「師弟不二」の精神と「死身弘法《ししんぐほう》」の実践こそ「学会精神」であり、創価学会の不変の規範である。日本に発して、今や全世界に広がる創価学会は、すべてこの「学会精神」を体現したものである。

池田先生は、戸田先生も広宣流布の指揮をとられた、「三代会長」の師弟の魂魄《こんぱく》を留める不変の根源の地である信濃町に、創価学会の信仰の中心道場の建立を発願《ほつがん》され、その大殿堂を「広宣流布大誓堂」と命名された。

２０１３年11月5日、池田先生は、「大誓堂」の落慶入仏式を執り行なわれ、「広宣流布の御本尊」を御安置され、末法万年《まっぽうまんねん》にわたる世界広宣流布の大願をご祈念されて、全世界の池田門下に未来にわたる世界広宣流布の誓願の範を示された。

世界の会員は、国籍や老若男女を問わず、「大誓堂」に集い来り、永遠の師匠である「三代会長」と心を合わせ、民衆の幸福と繁栄、世界平和、自身の人間革命を祈り、ともどもに世界広宣流布を誓願する。

池田先生は、創価学会の本地と使命を「日蓮世界宗創価学会」と揮毫《きごう》されて、創価学会が日蓮大聖人の仏法を唯一世界に広宣流布しゆく仏意仏勅《ぶついぶっちょく》の教団であることを明示された。

そして、23世紀までの世界広宣流布を展望されるとともに、信濃町を「世界総本部」とする壮大な構想を示され、その実現を代々の会長を中心とする世界の弟子に託された。

創価学会は、「三代会長」を広宣流布の永遠の師匠と仰ぎ、異体同心の信心をもって、池田先生が示された未来と世界にわたる大構想に基づき、世界広宣流布の大願を成就しゆくものである。（SOKAnet「創価学会について」、https://www.sokanet.jp/info/kaisoku01.html）

人類に希望の輝きを放つ創価学会

筆者は創価学会員ではない。日本基督《キリスト》教団に所属するプロテスタントのキリスト教徒だ。元外交官で、現在は作家として活動しているが、神学者でもある。キリスト教も世界宗教の一つである。その視座から、日本発の創価学会という世界宗教が生まれている過程を、この教団の「精神の正史」である『人間革命』を読み解くことで明らかにすることをこの連載では試みた。創価学会は、人類に希望の輝きを放っているという現実を筆者なりに表現することに全力で投球した。

〈一人の人間における偉大な人間革命は、やがて一国の宿命の転換を成し遂げ、さらに全人類の宿命の転換をも可能にする〉という池田大作先生の言葉を、歴史的現実の中で具体的に表現していくことが、筆者にとって、生涯の重要な課題になると考えている。

あとがき

池田大作著『人間革命』は、創価学会の「精神の正史」である。この現実から出発しないと『人間革命』を正確に読み解くことはできないと私は考えている。創価学会の外側で、宗教学者や創価学会ウオッチャーなる人たちも『人間革命』について論じている。しかし、残念ながら、そのような本の多くが特定の政治的、宗教的思惑《おもわく》から、池田大作SGI（創価学会インタナショナル）会長や創価学会を誹謗中傷《ひぼうちゅうしょう》する目的で『人間革命』を取りあげている。『人間革命』は、そのような宗教学者や創価学会ウオッチャーのために書かれているのではない。創価学会員の信仰の書として書かれている。末法の世に日蓮大聖人によって開かれた仏法を、創価学会は、現代に地球的規模で甦《よみがえ》らせているのだ。この宗教的現実の理解を欠いては、『人間革命』の真髄《しんずい》に触れることはできないと私は考えている。

本文でも繰り返し述べたが、私は創価学会員ではない。日本におけるプロテスタントの最大教派である日本基督《キリスト》教団に所属するキリスト教徒だ。同志社大学神学部と大学院神学研究科で組織神学（キリスト教の理論）を学び、その後も神学研究を続けている。外交官をしながらもモスクワ国立大学哲学部で現代プロテスタント神学について講義した。職業作家に転じてからも、同志社大学神学部で後輩たちに組織神学を教えている。宗教の専門家として、創価学会の内在的論理を解き明かしたいと思って本書を書いた。特に留意《りゅうい》したのが、創価学会が世界宗教として発展しつつあることだ。私は外交官だったので、現在も国際関係を注意深く観察している。この機会に、そう遠くない将来に創価学会をめぐって起きる大きな変化について予測しておく。

二〇一八年九月二十二日、ローマ・カトリック教会の教皇庁（バチカン）と中国政府が、高位聖職者である司教の任命に関する暫定《ざんてい》合意ができたと発表した。

バチカンによると、中国が独自に任命したもののローマ法王が破門した司教7人について、司教として認める内容が盛り込まれた。バチカンと中国は1951年に国交を断絶したが、双方を隔ててきた最大の争点で歩み寄ったことで、今後、国交正常化の動きが加速する可能性がある。／これまで中国は、ローマ法王が全世界の教区ごとに司教を任命する制度を認めず、政府公認の「中国天主教愛国会」が独自に司教を選んできた。（二〇一八年九月二十二日「朝日新聞デジタル」）

中国では、過去に欧米の帝国主義国がキリスト教の宣教団（ミッション）を用いて植民地化を進めたという認識から、外国に本拠を持つ宗教団体が活動することに強い制限を加えている。プロテスタント教会の場合、中国人が運営し、外国の支援を受けない三自愛国《さんじあいこく》教会に所属する教会は政府から公認されているが、外国の宣教団とつながる教会は公認されておらず「家の教会」（地下教会）

として密かに活動を展開している。

カトリック教会の場合、ローマ教皇（法王）を頂点とする上意下達型の組織なので、高位聖職者である教区司教の人事権はバチカンが持っている。中国政府はこの人事を認めずに、中国人によって運営され、共産党と良好な関係を持つ中国天主教愛国会《てんしゆきようあいこくかい》が選出した司教のみを認めていた。今回、天主教愛国会による人事をバチカンが追認したことにより、中国とバチカンの関係は劇的に改善することになる。

バチカンは、カトリック教会の総本山であるとともにバチカン市国という国家でもある。バチカン市国は台湾と外交関係を維持している。


暫定合意について、バチカンのバーク報道官は「目的は政治的なものではなく、中国当局の認めた司教も信者とともにあることを許すものだ」とコメント。台湾外交部も「バチカンから合意は政治・外交に関するものではないと聞いている」との声明を出した。だが、中国外交筋は「当然、バチカンとの国交は念頭にある。今回は大きな進展だ」とする。（前掲、「朝日新聞デジタル」）


現時点でバチカンは政治的目的を否定しているが、今回の暫定合意で中国との外交関係樹立の障害はなくなった。いずれかの時点でバチカンが中国と国交を樹立することになろう。

その結果、中国で外国に拠点を置く宗教団体の活動規制が緩和される。ＳＧＩの活動が中国で解禁される可能性が出てくる。中華人民共和国ＳＧＩが誕生すれば、アジアの宗教地図が大きく変化する。尖閣《せんかく》問題や歴史認識問題をめぐる日中間の対立もＳＧＩの民間外交によって緩和されていく可能性がある。中国の宗教政策の変化は、日本の安全保障環境にも肯定的影響を与える。こうして創価学会は平和を実現する世界宗教として発展していくのである。

『潮』連載時に幅武志氏、末永英智氏、堀田知己氏に伴走していただきました。幅氏は、本書を単行本化するにあたって編集の労をとってくださいました。深く感謝申し上げます。

二〇一八年十一月十八日

佐藤　優

本書は、総合月刊誌『潮』二〇一五年十二月号から二〇一八年十月号（休載号あり）まで連載された「二十一世紀の宗教改革――小説『人間革命』を読む」を加筆・修正したものです。

佐藤　優（さとう・まさる）
1960年東京都生まれ。同志社大学大学院神学研究科修了後、
専門職員として外務省に入省。在ロシア日本大使館に勤務、
帰国後は外務省国際情報局で主任分析官として活躍。
2002年、背任と偽計業務妨害容疑で逮捕・起訴され、09年6月に
執行猶予付き有罪確定（13年6月に満了し、刑の言い渡しが効力を失った）。
『国家の罠』（毎日出版文化賞特別賞）、
『自壊する帝国』（新潮ドキュメント賞、大宅壮一ノンフィクション賞）、
『創価学会と平和主義』『地球時代の哲学 池田・トインビー対談を読み解く』
『佐藤優の「公明党」論』、『創価学会を語る』（松岡幹夫氏との共著）、
『いま、公明党が考えていること』（山口那津男代表との対談）
など著書多数。

21世紀の宗教改革――小説『人間革命』を読む

2019年1月2日　初版発行

著　者　　佐藤　優
発行者　　南　晋三
発行所　　株式会社潮出版社
〒102-8110
東京都千代田区一番町6　一番町SQUARE
電話／03-3230-0781（編集）
03-3230-0741（営業）
振替口座／00150-5-61090
印刷・製本　中央精版印刷株式会社

ISBN978-4-267-02165-7 C0095

佐藤 優◎好評既刊

地球時代の哲学
池田・トインビー対談を読み解く

20世紀最大の歴史家・トインビー氏と創価学会SGI会長・池田大作氏が紡いだ珠玉の対談集『二十一世紀への対話』を徹底解説。28言語に翻訳出版された世界的名著から人類的課題解決への方途を探る。

「池田大作 大学講演」を読み解く
――世界宗教の条件

池田大作SGI会長によって、世界諸大学、学術機関、創価大学で行われた15の講演の解説集。なぜ創価学会は世界宗教と成り得たのか――池田氏の思想と言葉の力に迫ることで、その謎を解明する。

対談 山口那津男
いま、公明党が考えていること

国民的議論が巻き起こった「平和安全法制」「軽減税率」から「中小企業対策」「福祉」などの重要政策、そして、公明党の存在意義まで、〝知の巨人〟が公明党代表に問いかけ、同党の全容を明らかにする。

対談 ナイツ
人生にムダなことはひとつもない

青春時代、仕事、友情、夫婦関係、オカネなど、作家とお笑い芸人が〝人生と信仰〟を語りつくす！逆境に負けない〝生きるヒント〟が満載!!